中小企業の生き残り戦略
価値創造のイノベーション

広瀬幸雄
渡辺直人

まえがき

　企業の成長、発展にとって、新製品開発は不可欠の要件である。
　とくに中小企業にあっては、これからの時代、この厳しい経済状況の中で生き残り、企業繁栄の基礎を強固なものとするために、新製品開発による事業展開、企業多角化への転換は不可欠である。

　中小企業経営の源泉は経営資源である。
　中小企業の経営資源としては、
　①トップマネジメント力（経営者の理念と人柄）
　②技術力（保有技術を支える社員と設備）
　③組織力（全社員の報・連・相コミュニケーション）
　④財務力（資金調達と資金運用のバランス）
　などが考えられる。
　この限られた経営資源を最大限に活用し、創造的な新製品開発に挑戦することが中小企業の生き残り戦略といえよう。

　不確定要素の多い新製品開発には、なによりも、前向きで積極的な発想が必要である。
　企業経営にもサイクルがある。企業も経営資源を新陳代謝させながら環境の変化に適応できる体質をつくるためには、絶えることのない新製品開発をつづける必要がある。成熟期から再生への道へ脱出する方法は、創造的な新製品開発に挑戦する以外にないからである。
　その活動のために、企業はすべてのエネルギーを傾注しなければならない。

稲作農業従事者は、苗代をつくり、田に苗を植え、水を管理し育て、秋に収穫する。
　漁業従事者は魚を求めて場所を探し、予測し、道具を準備し、魚を捕獲する。
　この農・漁業従事者の行動様式は、研究開発型の企業として生き残るための経営戦略にとって、大きな参考になる。
　新製品とは、他の製品とくらべて、斬新で、きわめて優れていて、目で見てわかる、使ってみてわかる製品である。
　顧客は斬新で高度な技術、感性の豊かさを求めている。いいかえれば、優れた品質、他社製品との差別化、適正な価格であれば、顧客のニーズを満足させ、購買意欲をそそらせることができる。
　顧客が買う気持ちを持ってくれなければ、いくら売り手（新製品開発企業）が、売れるはずだ、売りたいと思っても、売ることはできない。
　顧客の欲求（ニーズ）を知り、必要な情報を入手するには、情報感度を高めておくことが重要である。

　また、中小企業が開発型の企業になるためには、経営者の陣頭指揮のもと全社員がそれぞれの場で創造性を発揮し、リスクに挑戦するベンチャー精神を浸透させ、燃える集団をつくらなければならない。
　さらに、企業が、新製品開発力を発揮するには、有能なリーダーが必要である。
　優れた技術者が必ずしも有能なリーダーであるとは限らない。
　これからの時代に生き残り、新しい価値、新製品をつくり出すためには、己を知り、勇気・忍耐・英知・愛情の意味を深く理解して、人間愛に根ざした実務を推進できるリーダーが必要だと思う。
　形式主義主導型や発想の転換ができないリーダー（自主行動型、謹厳実直型）では、真の新製品開発はできないし、次代を担う人材も育たない。

研究開発者の意欲を結集できるもっともいいテーマは、企業の生死を賭けるようなテーマである。人間は、自分の仕事を自分の責任で動かしているのだ、という実感を持っているときに意欲的になる。
　また、新製品開発はスピードも求められるが、タイミングも重要である。
　経営者や開発担当者は世界、アジア、日本の社会情勢、技術動向などの情報の収集に励み、自らのアンテナの感度を磨き、つねに問題意識を持ち、時代のニーズを読み取り、新製品開発に反映させる鋭敏な感性を持つことである。

　中小企業の新製品開発への挑戦は、それなりの覚悟も必要である。
　技術的に評価されても、アイデアが優れていても、開発製品が売れず、自社に貢献しない新製品開発は失敗である。
　新製品開発は、資金も時間も頭脳も必要で、ハイリスクハイリターンの要素を持つため、失敗の危険も成功の効果も大きいのである。
　企業が研究開発型企業となるためには、企業としての基本方針と研究開発上の戦略を明確に決め、全社員がそれぞれの場で創造性を発揮できるようにしなければならない。たとえば、開発テーマの選定、開発業務の効率的推進、開発に適したプロジェクトチームの編成、研究開発要員の訓練等々である。それが、創造する喜び、リスクに挑戦することを生き甲斐とする社風をつくる。
　そのためには、経営者（社長）の陣頭指揮のもと、全社員が経営理念を共有し、他社にないものを開発するのだというベンチャー精神を浸透させ、燃える開発集団（プロジェクトチーム）つくり、企業を活性化させ、絶えず新製品開発にチャレンジすることが必要である。
　そのことが新しい価値を生み出し、社会に貢献し、知名度を向上させ、企業イメージのＰＲとなり、優秀な人材も獲得できるという好循環をつくることになる。

また企業のなかのあらゆる業務分野の社員が、直接的、間接的を問わず新製品開発に協力することが楽しみとなる社風、組織風土なら、その企業の永続的な発展は保証される。

　本書は、そうした燃える開発を目指す方たち、これから目指そうとしている方たちのために書かれている。ぜひこれからの発展のために役立てていただきたい。

　2009年3月

　　　　　　　　　　　　　　　　　　　　　　　　　広瀬　幸雄
　　　　　　　　　　　　　　　　　　　　　　　　　渡辺　直人

中小企業の生き残り戦略
価値創造のイノベーション

目 次

まえがき ……………………………………………………………… 3

第1章　新製品開発は経営力　　　13

1　経営理念と新製品開発 ……………………………………… 14
2　トップマネジメントと新製品開発 ………………………… 16
3　生産基本理念と新製品開発 ………………………………… 18
4　研究開発と新製品開発 ……………………………………… 20
5　マーケッティングと新製品開発 …………………………… 22
6　生産プロセスと新製品開発 ………………………………… 24
7　生産プロセスと製品開発プロセス ………………………… 26
8　新製品の考え方（定義） …………………………………… 29
9　開発計画立案プロセス ……………………………………… 31
10　新製品開発展開プロセス …………………………………… 33
11　製品ポートフォリオマネジメント ………………………… 35
12　新製品開発の動機構造 ……………………………………… 38
13　製品開発のパターン ………………………………………… 40
14　技術のライフサイクルと新製品開発 ……………………… 43
15　市場サイクルと新製品 ……………………………………… 45
16　開発部門と情報 ……………………………………………… 47
17　情報の収集 …………………………………………………… 49
18　開発時のマネジメント行動 ………………………………… 51
19　開発の手順 …………………………………………………… 54
20　アイデアの評価 ……………………………………………… 56
21　新製品開発可否の判断法 …………………………………… 58
22　開発会議のプロセス ………………………………………… 60
23　開発者の特性条件 …………………………………………… 62
24　開発に成功する条件 ………………………………………… 64
25　顧客の欲求の分類 …………………………………………… 66

第2章　成功のための創造的組織　　69

1　経営の基本方針 …………………………………… 70
2　開発に適した組織体制………………………………… 72
3　開発組織と人材 …………………………………… 75
4　開発集団と人間集団 ………………………………… 77
5　燃える開発集団づくり ……………………………… 79
6　創造的人間の特性 ………………………………… 82
7　人材の発掘と育成 ………………………………… 84
8　開発技術者の教育訓練 ……………………………… 86
9　開発リーダーの役割 ………………………………… 88
10　開発リーダーの資質 ………………………………… 90
11　開発者の条件 ……………………………………… 92
12　開発担当者の役割 …………………………………… 94
13　社内外の情報ネットワーク …………………………… 96
14　社外情報の収集 …………………………………… 98
15　社内情報の収集 …………………………………… 101
16　良質な情報源を持つ ………………………………… 104

第3章　開発はトップマネジメントで決まる　　107

1　トップマネジメントの役割 …………………………… 108
2　トップマネジメントの責任 …………………………… 111
3　テーマの選定（イノベーション構想） ……………… 114
4　開発部門とのコミュニケーション …………………… 117
5　自社の技術レベルの理解（強み、弱み） …………… 120
6　開発部門の情報収集 ………………………………… 122

7　開発技術者の確保と育成 …………………………………… 124
8　個性集団をつくる ………………………………………… 126
9　責任と権限委譲 …………………………………………… 128
10　開発中止の明確化 ………………………………………… 130
11　革新技術への関心 ………………………………………… 132

第4章　開発プロジェクトチームが実務の主役　135

1　新製品開発に適した組織体制はプロジェクトチーム ……… 136
2　経営トップの思考とその関係 ……………………………… 139
3　新製品開発戦略の策定とプロジェクトチーム …………… 141
4　プロジェクトチームの編成 ………………………………… 144
5　チーム編成上の留意点 ……………………………………… 147
6　プロジェクトチームの運営 ………………………………… 149
7　チーム運営上の留意点 ……………………………………… 152
8　プロジェクトチームの役割 ………………………………… 155
9　開発プロジェクトリーダーの選定 ………………………… 158
10　プロジェクトリーダーの仕事 ……………………………… 161
11　開発プロジェクトの成功条件 ……………………………… 163
12　期待されるチーム能力 ……………………………………… 166
13　好ましくないリーダーとは ………………………………… 168
14　プロジェクトチームの活性化 ……………………………… 171
15　人の心を動かすリーダーとは ……………………………… 173
16　他部門や外部能力との連携 ………………………………… 175
17　創造性を発揮する人材の育成 ……………………………… 177

第5章　新製品を開発する　　179

1. よい製品とは ……………………………………… 180
2. よいテーマの条件 ………………………………… 181
3. 新製品コンセプトの条件 ………………………… 183
4. 新製品コンセプトの企画立案プロセス ………… 185
5. 競合品に勝つためには …………………………… 187
6. 市場情報から品質情報への変換 ………………… 189
7. 開発設計構想の立て方 …………………………… 191
8. 技術的可能性の検討 ……………………………… 193
9. 具体的アイデアの採決 …………………………… 195
10. 特許状況調査 ……………………………………… 197
11. 特許上の障害の確認 ……………………………… 199
12. 特許の確保（出願）……………………………… 201
13. 対外技術の基礎評価 ……………………………… 203
14. 競合品の調査 ……………………………………… 205
15. 競合品の具体的調査 ……………………………… 207
16. 関係法規の調査 …………………………………… 209
17. 実験室試験 ………………………………………… 211
18. 製品化プロセスの決定 …………………………… 213
19. スペックの設定 …………………………………… 215
20. コストの推定 ……………………………………… 217
21. 試作品の社内評価 ………………………………… 219
22. 改良試験 …………………………………………… 221
23. 共同研究（または開発）・技術交流 …………… 223
24. 技術導入の検討 …………………………………… 225
25. 加工性の確認とチェック ………………………… 227
26. 加工品の評価 ……………………………………… 229
27. セミワーク試験 …………………………………… 231

28	性能確認試験	233
29	サンプル試作	235
30	サンプルの社外評価	237
31	技術サービス資料の作成	239
32	技術予測（品質、コスト）	241
33	新製品の輸出対策	243
34	技術資料整備	244
35	品質規格の決定	246
36	初期流動（生産立ち上げ）	248
37	マーケットの大きさの推定	249
38	需要構造（業界特性）の基礎調査	251
39	新製品の呼び名の設定	253
40	販売流通方式の基礎的な調査	255
41	具体的ユーザーの探索	257
42	市場における期待度調査	259
43	チャンピオンユーザーの策定	261
44	販売提携の検討	263
45	潜在需要調査	265
46	需要量と価格の関係調査	267
47	製品パンフレットの作成	269
48	テストセールの実施	271
49	販売予測	273
50	販売計画	274
51	販売促進資料の整備	276
52	販売方策の決定	278
53	広告・宣伝活動	280
54	セールスキャンペーン	282

あとがき ……………………………………………… 284

第1章

新製品開発は経営力

1　経営理念と新製品開発

　経営理念はトップマネジメント力の源泉となるものである。
　経営理念は、経営者の人生観、人間性、また信念や信条による実践行為としての体験のなかから形成されることが多い。そして、時代や環境の変化によって再定義されていくものである。
　経営理念は、企業目的を果たすため自社の持っている経営資源を最大限に生かすための運用のしかたを明確化したものである。
　その運用のしかたにおいては、次のことが重要な基盤となる。
　第一に、顧客の欲求（ニーズ）を満足させること。
　第二に、そのために仕事の完全性を追求すること。
　第三に、関係者の人間性を尊重する、すなわち個性を尊重すること。
　これらの相乗効果の集積が企業目的の達成を導き、ひいては社会への貢献となる。
　新製品開発は、顧客の欲求を満足させるために、企業が一体となって行う経営戦略の要となるものである。
　新製品開発を成功させるには、経営者の起業家精神と経営理念によるイノベーション構想に基づいて、新製品開発の方向づけを明確に示したトップダウンが必要である。
　そのためには、経営理念の全社員の共有化を図らなければならない。
　それとともに、さきに述べた基盤をふまえて、次のような心がけが企業全体の関係者に求められる。

　①顧客欲求研究と欲求満足への挑戦
　②仕事の完全性追求への挑戦
　③人間性尊重、個性重視の風土

企業の発展には、新しい顧客をつくり出す研究開発は不可欠である。ここでいう研究開発とは、新製品開発および製造技術・販売技術の研究のすべてをさしている。

　新製品開発をはじめとする研究開発に熱心な企業は、革新のための経営理念をかかげ、イノベーション構想に基づいた新製品戦略を持ち、たえず問題意識を持ちつづけ、企業の再生と生き残りをめざしている。

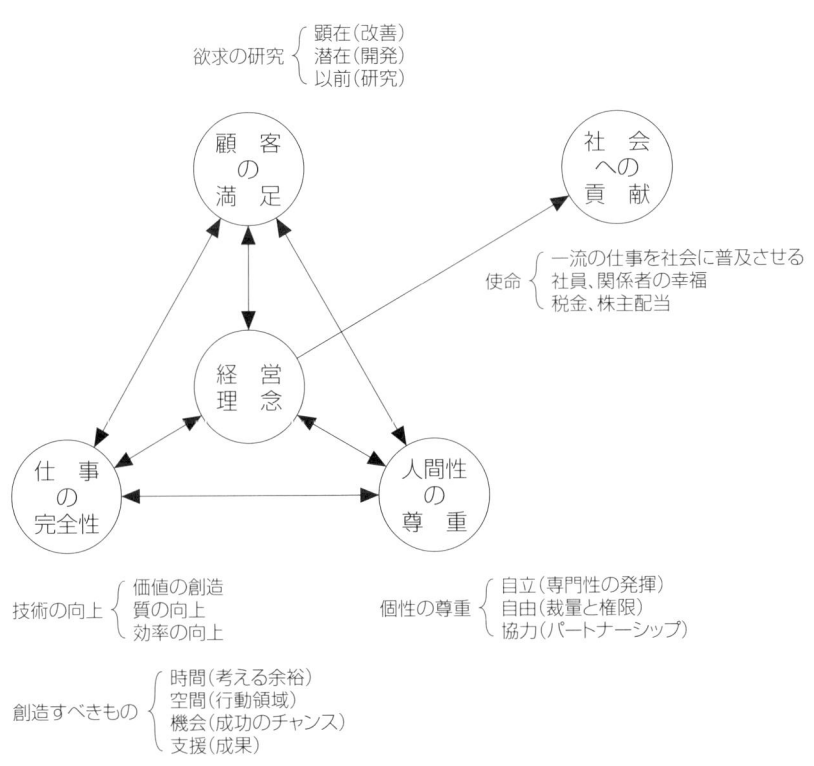

第1章　新製品開発は経営力　15

2 トップマネジメントと新製品開発

　経営トップは、企業のありたい姿、あるべき姿を実現しうるプロセスを思索し、企業を引っ張っていく責任がある。その最大の役割はイノベーション構想を立てることである。

　イノベーション構想とは、経営理念に基づき、国内外の市場情報および社内外情報、社内外資源から、自社内での新製品開発の可能性を判断し、自らの決断でテーマを選定することである。もっともいいテーマは、企業の生死を賭けるようなテーマであろう。したがって、新製品開発において、トップマネジメントが担うべきは次の重要な役割である。

　①新製品開発の方針を決める
　②開発のための体制を決め、創造的な環境をつくる
　③開発プロジェクトを励ます

　新製品開発の際に、トップマネジメントにとってもっとも重要なのは、開発プロジェクトメンバーが、勇気ある挑戦ができるように、権限、予算などあらゆる面で具体的な支援をすることである。また、命令、指示を与えるときは、前向きな暗示を与えることも重要である。

　優れたトップマネジメントは、与えられた時代、環境のなかで、人間や組織体を成長させるための支援方法と、イノベーション構想とを、つねに創造しつづけることが必要である。

　供給側（メーカー）と需要側（ユーザー）との間には、情報の不均衡があり、それぞれ新しい情報が絶えず創出される。イノベーションは、その情報の不均衡や判断の乖離が生じたときに起こる。

　すなわち、これまでにない新しい事業コンセプトの導入（新規事業転

換・多角化展開)、製品・サービスの開発(新製品開発展開)、あるいは工程の開発(生産・製造技術の開発)など、新しい試みを必要とする活動が、イノベーションなのである。

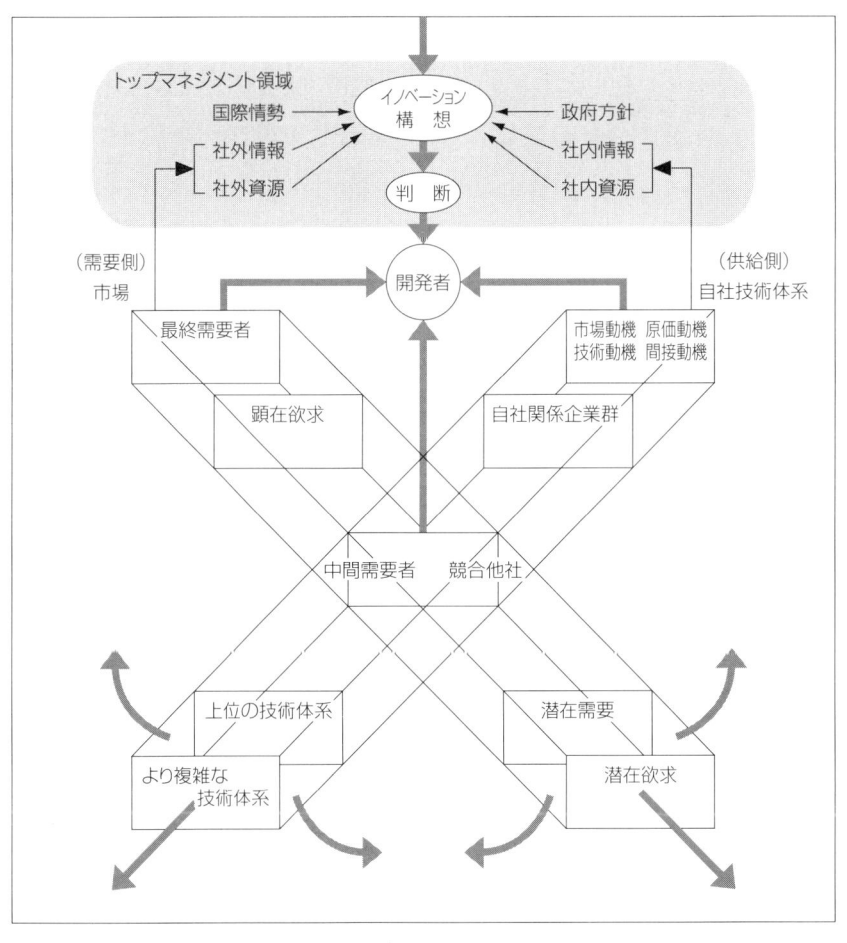

イノベーション(改革・革新)の Driving force
― 供給側と需要側の情報量の不均衡によって起こる
― 技術体系内での情報不均衡によって起こる
― 異質の主体間(人、技術、社会集団)の相互作用により新しい情報が創出され、情報の不均衡が生まれた時に起こる

第1章 新製品開発は経営力

3　生産基本理念と新製品開発

　生産の基本理念は、顧客の欲求（ニーズ）を満足させること、利益を上げて企業の活性化を図ることである。
　顧客の欲求を満足させる要素には、製品責任（Q = quality〈品質〉）、供給責任（D = date〈納期〉）、開発責任（R & D = research and development〈研究開発〉）がある。
　新製品開発はこの開発責任のなかに含まれる。また、技術開発や改善開発も同じ範囲と考えられる。

　新製品開発においては、「何をつくるのか」「どのようにつくるのか」「誰のためにつくるのか」「何のためにつくるのか」が前提となり、条件ともなる。
　同時に、企業の活性化を図る要素としては、利益責任（C = reduce costs〈コストダウン挑戦〉）がある。これは「いくらでつくるか」が前提となる。
　コストダウンへの挑戦は、それぞれの企業の最大の課題である。
　生産の基本は、指定された品質、約束した品質を守り、指定された納期を厳守することである。
　それをふまえたうえで、利益を出すためのコストダウンに挑戦するのである。
　したがって、その努力を、生産関連部門全員で創意工夫し、達成することが重要である。そうした取組みが、結果的に従業員のやる気を出し、企業を活性化させる。

　また、製品には、必ずその製品のライフサイクルがある。つまり、自

社の取扱い製品も、時代遅れとなったり、販売価値がなくなったりという「陳腐化」が起こるのは必然である。それゆえ、新しい製品やシステムへの要求は必然的に出てくる。つまり、新製品開発が不可欠となるのである。

したがって、製品の製造を担当する生産部門のQ（品質）、C（コスト）、D（納期）への取組みが的確で活性化している企業では、成功率の高い新製品開発が可能となる。

逆に、企業内での生産基本理念がなく、Q・C・Dに基づいたシステムが機能していない、粗略な企業であれば、いかに開発部門が優れていても、成功の確率は低下する。

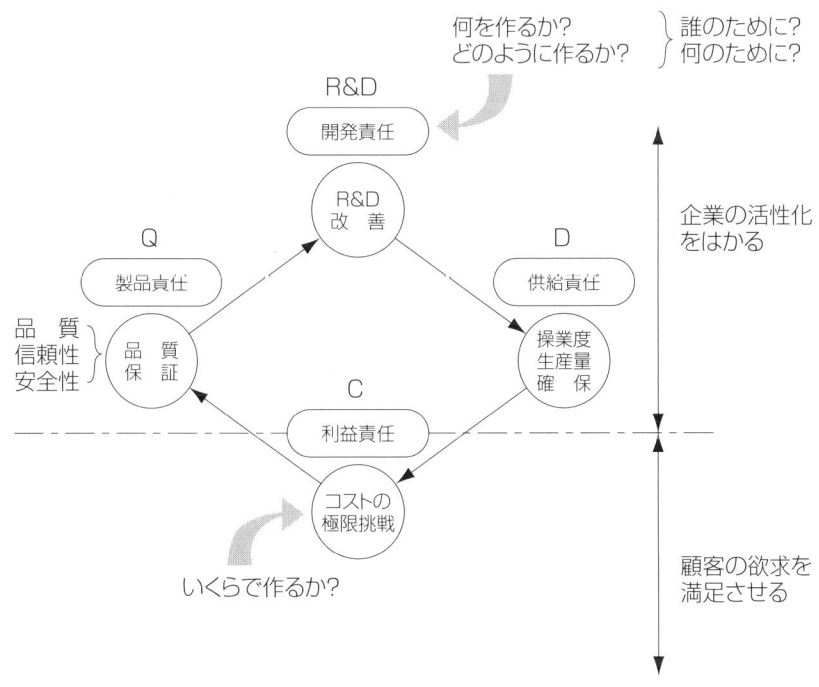

4　研究開発と新製品開発

　開発部門には、新製品開発を担当する開発プロジェクトチームのほかに、社内で市場調査などを行うマーケッティング部門と連携関係にあるマーケッティンググループ、技術調査や研究開発との連携を行う技術グループなどがある。開発を目指す新製品の分類と、開発部門の各グループとの関係は次のように説明できる。

　たとえば、市場に変更がなく技術上の改良や新技術の導入については、技術グループが担当する。場合によっては、自社の技術研究所や大学その他の専門機関に外部委託し、新技術の確立を図り、新製品化して市場に参入していく。それが形式変更や置き換え技術となって実を結ぶ。

　一方、技術に変更がなく、その製品での市場強化や新市場開拓をめざ

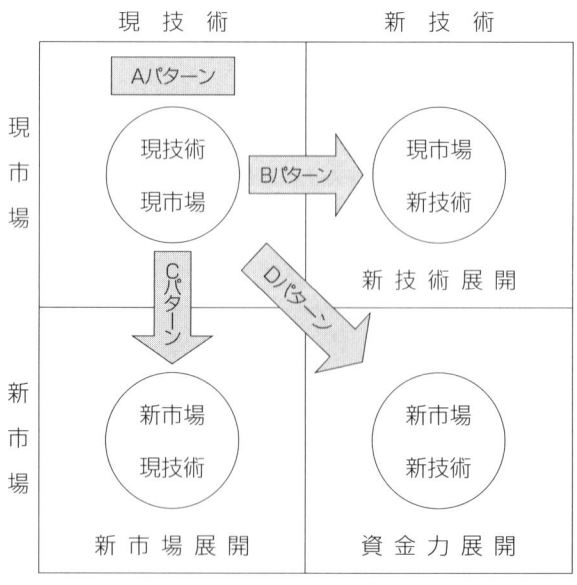

す場合は、マーケティンググループの担当となる。市場強化、新市場への市場調査は、販売担当の営業部門（またはサービス技術〈営業〉）との連携がとくに重要となる。

　また、改良技術や新技術での市場強化、新市場への参入を図ることを、製品改装、品種拡大、市場拡大、多角化対応への開発というが、この開発が開発プロジェクトチームの担当となる。

　したがって新製品開発とは、技術上の改良、新技術の確立を図りながら市場に参入して、企業の生き残りと企業の成長発展をめざすことを目的としている。

　しかし、経営資源に限りのある中小企業は、上記のすべての役割を少ない人材に担わせて開発をせざるを得ない。そのため、技術の斬新性の詰めが甘かったり、市場の斬新性を見落としたりして頓挫する例が多い。結果的に、継続的な新製品開発ができない状況に陥るのである。

　開発の成功のために、コア技術を完全なものにしなければならない。そのための方策として、技術グループから自社の研究所や他の専門機関に研究開発を委託して、開発を短縮させることも必要となる。

　また、その技術を使い、市場強化や新市場への参入のための応用技術、創造的独自技術の開発は、開発プロジェクトチームの役割となる。

《参考》　R＆D戦略について

- R〈research〉：研究
  自然の持つ法則、原則を解き明かす仕事、人間の英知で発見する仕事
- D〈development〉：開発
  解明された原理・原則を、実際に市場に役立つように技術的に具体化する仕事
- R＆D〈research and development〉：研究と開発
  人間・文化・社会の知識の蓄積を増し、その蓄積を新たな応用への利用のため体系的基盤のもとに行う創造的事業。一般に研究開発と呼ばれるが、本来、R〈research=基礎研究〉とD〈development=応用研究〉の内容は異なるものである
  * 技術開発という場合は、新製品・新技術（生産製造方法も含む）の開発をさしていると考えられる。本書は、とりあつかい新製品開発を基本ベースに記述している

5　マーケッティングと新製品開発

　マーケッティングは、企業の経営戦略にとっても必要な部門である。
　マーケッティングの基本的なスタンスは、市場（顧客）の潜在的欲求を掘り起こすことと、まだ活用されていないニーズやシーズ（seeds：企業側のもつアイディア・新技術など）、まったく新しいシーズのシステム化を考え、ユニークなアイデアを提供することである。
　マーケッティング部門の取組みとしては、右の図に示すように、自社の持っている経営資源に対し、社会の科学技術の動向情報、競合他社の現状情報、自社の顧客・関係者などからの情報および社外の外部資源情報（アウトソーシングの可否）を入手し、対比を行って、つねに社内外の動向を把握しておくことが重要である。
　そのなかから開発要請がなされ、かつトップマネジメントのイノベーション構想に基づいた新製品開発戦略として開発が確定する。
　以上のように、新製品開発の初期段階でのマーケッティング活動は、新製品開発にとって重要である。生半可なマーケッティング情報では、新製品開発は成功しない。
　新製品開発は、このようにマーケッティング部門からの的確な情報によって、開発のコンセプトやターゲットが明確となり、かつ方向性が決まる。その結果、開発プロジェクトチームのやる気のベクトルが一致すれば、成功の確率は高くなる。
　中小企業の場合は、経営資源が限られ、人材も少ない。マーケッティングも新製品開発も、経営陣が担当したり、1～2名の開発担当者が情報収集から開発まですべてを担当しているケースが多く見受けられる。
　そのような状況では、新製品開発の成功はおぼつかない。限られた資源のなかでの対応策がとられなければならない。

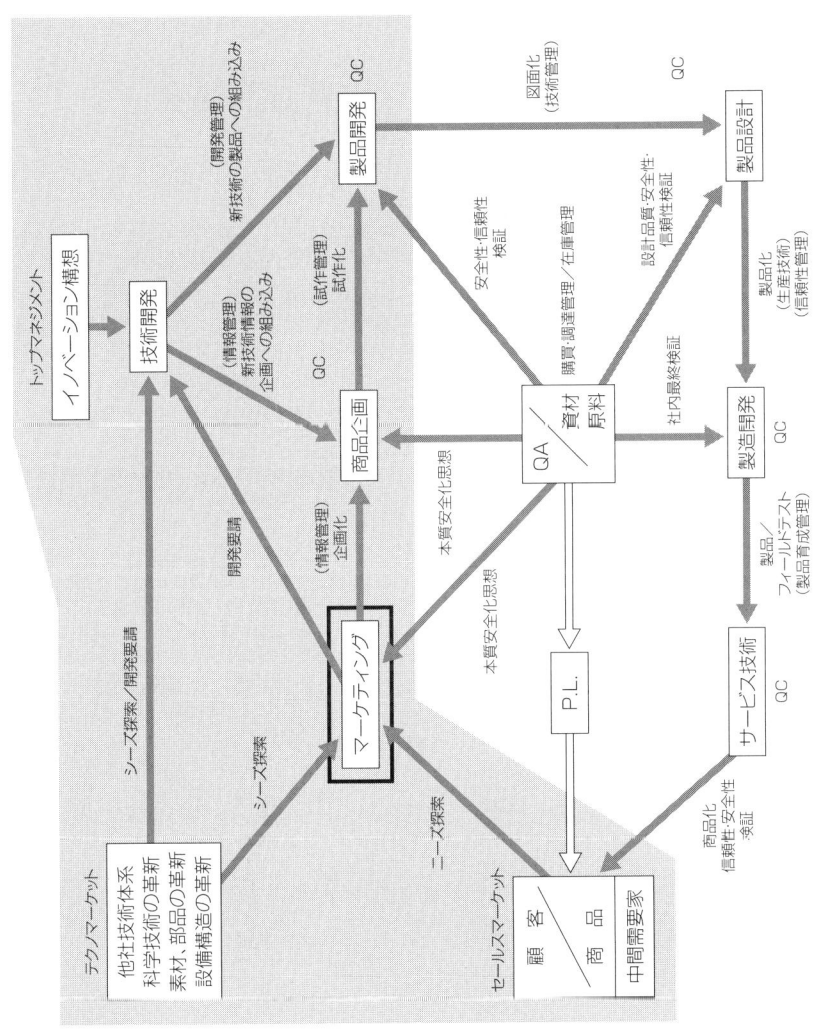

　そのためには、不足している情報はネットワーク化や異業種交流会などに積極的に参画し、アウトソーシング的な情報収集の場をつくルことである。常日頃から社内外情報や外部資源情報の交換の場をひろげ、そのパイプを太くしておく努力が必要である。

第1章　新製品開発は経営力　23

6　生産プロセスと新製品開発

　生産プロセスの全体像について説明する。

　通常の生産過程では顧客の注文仕様に基づき、Q（品質）、C（コスト）、D（納期）を加味し、図面を作成、出図される。図面と発注書により、購買調達部門では原材料、購入品を手配する。

　製造部門では生産計画、日程予定表、納期指示に基づき加工、組立てを行い、性能、品質などのフィールドテストを行って出荷する。据付け後の試運転確認がある場合には、サービス技術部（または営業部）が最終確認を行い検収となる。これが生産過程の一連のサイクルとなる。

　企業が成長、発展し、生き残るためには、既存の製品だけではいずれは衰退する。そこで生産プロセスのなかに、新製品を生み出すシステムが必要となる。

　そのシステムは、トップマネジメントからのイノベーション構想に基づいたテーマの提案ルート、社内外からの開発要請を受ける技術開発担当部、シーズ探索・ニーズ探索などの社内外の情報を整理して開発を要請するマーケティング担当部、開発の企画・立案を行う製品（商品）企画担当部、社内の新技術・新製品開発を担当する開発担当部（開発ごとに編成される開発プロジェクトチームも含む）から構成される。

　それぞれの担当部が、自社の開発に関する情報を共有し、連携して、いつでも機能できる体制が生産プロセスのなかに組み込まれていることが必要である。そうした環境が、新製品開発を成功させる鍵となる。

　したがって、新製品開発を成功させるためには、生産プロセス全体の組織コミュニケーションの流れが確保され、それぞれの部門が共通認識のもとで、それぞれの立場で全力投球できる企業風土になっていることが必要である。

また、顧客の欲求を満足させる新製品をつくるためには、生産プロセスすべてをとおして、各業務の担当部門のすべての従業員が、それぞれの立場での創造的な開発活動を可能にしなければならない。

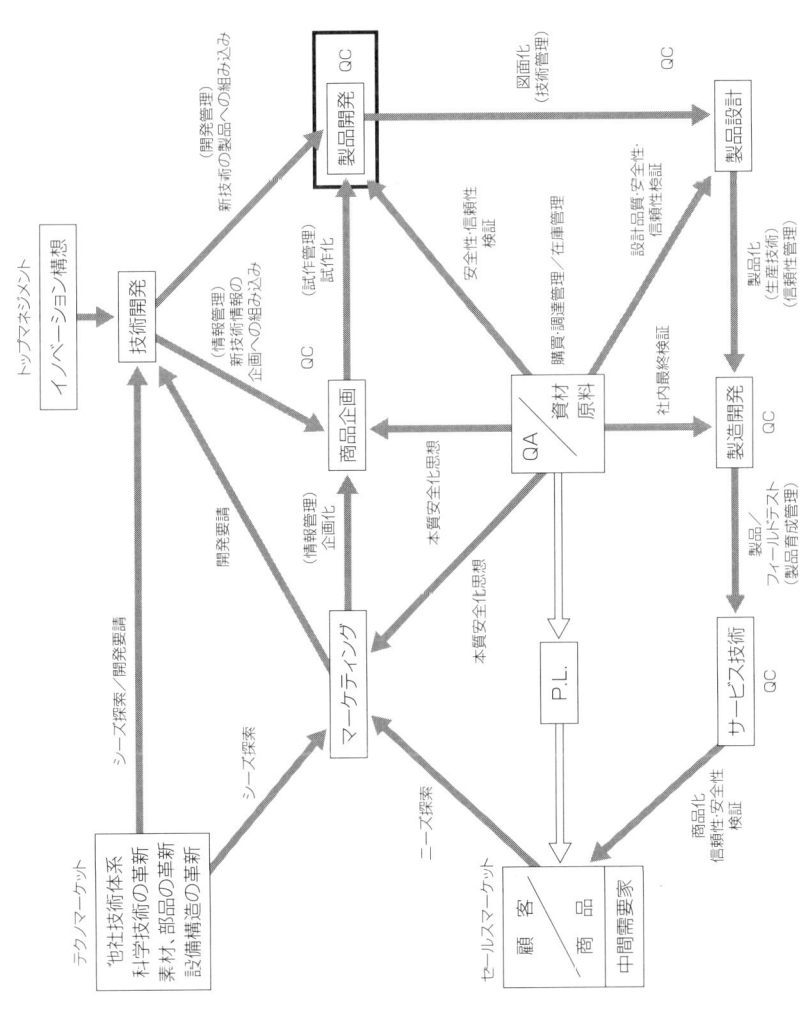

7 生産プロセスと製品開発プロセス

　一般的な生産プロセスは、製品開発を含む六つのプロセスから構成されている。

①マーケッティングプロセス
　マーケッティングプロセスでは、市場調査予測や技術調査予測を行い的確な情報の収集に努める。

②製品（商品）コンセプトメーキングプロセス
　製品（商品）コンセプトメーキングプロセスでは、マーケッティング部門からの情報や社内外の経営資源を把握して、自社の製品開発の企画・立案・評価を行う。通常は、開発企画提案書が稟議書の形で提出される。
　この段階で、コンセプトやターゲットが明確でなく、提案者の主観的な考え方や経営陣の思い込みなどによって開発を推し進める例が多くあるが、注意したいものである。

③製品開発プロセス
　製品開発プロセスでは、確定した新製品企画提案書により、開発に着手する。新製品開発においては、販売開発プロセスと技術開発プロセスが、同時に並行して、相互に交流しながら進行することが必要である。
　通常、新製品開発はプロジェクトチームで行うが、新製品開発をスピーディーに効率的に行うためには、販売・技術の開発を共同で並行的にやらなければならないため、橋渡しをする人材が必要である。この役割は、プロジェクトリーダーが行う。

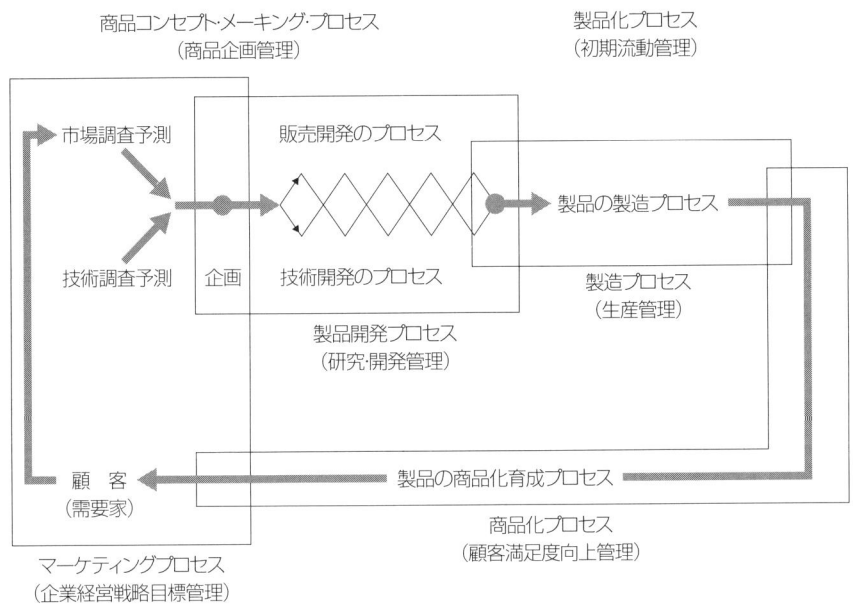

　プロジェクトリーダーは、それぞれの開発担当者の資質や能力を把握し、開発の進行に合わせた販売開発、技術開発の両方のプロセスの開発担当者に指示し、コントロールする能力が求められる。

　プロジェクトリーダーの指示が曖昧で、チームのコントロールが効かなくなると、各プロセス間の交流と共同体制がくずれてくる。そして、それぞれの担当者のセクショナリズムの発生を招くことになる。それは、開発過程のなかで起こるさまざまな問題に対して、各プロセスの担当者が共同して取り組むことができなくなるだけでなく、それぞれの責任のなすり合いなどの負のベクトルが作用して、本来の開発プロジェクトの使命からかけ離れてくることになる。つまり、開発のための開発に終始するという状況となるであろう。

開発プロジェクトチームの本来の使命は、リーダーを中心に、人物・金・技術・情報を統合し、開発のベクトルを統一化し、相乗効果を発揮させて、新製品を誕生させることである。

したがって、この重要な開発プロセスを成功させるためには、販売開発と技術開発との橋渡しができる資質と力量を持ったリーダーの存在が不可欠である。

④製品化プロセス

新製品開発プロセスからつくられた新製品は、製品化プロセス段階で、「つくりやすい」「組み立てやすい」生産面の検討を行う。

おもに生産製造部門が担当となる。

企業によっては、この製品化プロセスに、製品開発プロセスを含む場合もある。

⑤製造プロセス

製造プロセスでは、生産管理が主な課題となる。

Q（品質）、C（コスト）、D（納期）をつくり込むことを考える。

⑥商品化プロセス

商品化プロセスでは、顧客満足度（ＣＳ = Customer Satisfaction）の向上のための対応を考える。

以上の生産プロセスが相互に機能し、システム化され、互いに連携することが必要である。

また、企業存続、生き残りのためには、とくに製品開発プロセスは重要である。

8　新製品の考え方（定義）

　新製品の考え方や定義づけはむずかしく、さまざまな説がある。
　他社ですでに製造販売しているようなものでも、自社にとって初めての製品であれば、新製品とみなしてもよいだろう。すなわち、新製品とは技術的に新しいことではなく、新しい用途や効用を提供する製品で、すでに社会に存在している製品であっても、それは自社にとっては新製品であるといえるのである。
　その新製品は、企業の持つ優れた技術と、成長性のある市場の潜在ニーズとの接点から探しだし、多くの顧客から受け入れられる製品（商品）コンセプトが考えられ、これを満足させる努力をして、成功させた製品のことである。
　また、新製品が市場（顧客）から認知されるためには、全社の各部門の協力体制が行動化されなければ継続化されない。したがって優れた新製品とは、企業の先見性（市場の潜在ニーズに対する読み）と社運を賭けた勇気ある全社的挑戦の結果であることを知っておく必要がある。
　ここでは、ジョンソン＆ジョーンズによる新製品の分類を次ページの図に示しておく。
　ジョンソン＆ジョーンズによる新製品の分類では、図にみるように、技術上の斬新性方向展開として、改良技術から新技術へ、という流れ、マーケッティングの斬新性の方向展開として、市場の強化から新市場へ、という流れがある。このような新製品開発の考え方は今後も変わらないと思われる。
　現在の新製品の開発動機は、顧客ニーズへの対応に偏っているきらいがある。しかし、本来は、シーズをベースにして、潜在ニーズを掘り起こし、顧客に新しい価値を気づかせるような新製品開発が本道である。

		技術上の斬新性 →		
		技術上の変更なし	改良技術	新技術
マーケティングの斬新性 ↓	市場の変更なし		型式変更 (Reformulation) コストダウンまたは品質改善のために、ごくわずかの修正を行うこと	置き換え (Replacement) コストダウンまたは品質改善のために、かなり大幅な修正を行うこと
	市場強化	再発見 (Remarchandising) 現行の製品を現在供給中の需要層に対して、より魅力的なものにしたてること	製品改良 (Improved product) 現在の技術内容を改善することにより、現行品を需用者にとって役に立つものにすること	品種拡大 (Product-Line extension) 新技術の導入によって、現在の需用者に供給する品種を拡大すること
	新市場	新用途 (New use) 現行の製品を今まで供給していなかった需要層にまで販売を拡大すること	市場拡大 (Market extension) 現行の製品を修正することにより今まで供給していなかった需要層にまで販売を拡大すること	多角化 (Diversification) 新技術の導入によって、今まで供給していなかった需要層にまで販売を拡大すること

(出所) s, c. Johnson & C. Jones, ハーバード・ビジネス・レビュー 1957

　基本的には、新しい技術やアイディアで、新しい市場を創造し、その市場のなかでリーダーとなれるような、独自性のある新製品が求められている。とくにこれからの時代の新製品概念は、以下に示す考え方が基本となるだろう。
　①潜在ニーズを引き出す製品
　②市場創造型で独自性のある製品
　③科学・技術・技能に総合化された製品

9　開発計画立案プロセス

　開発計画立案プロセスは、企業の目標、方針が決まったら、開発戦略(新製品開発方針)と販売戦略(市場開発方針)が互いに連携して進めることが必要である。さらに、新製品開発方針にとって重要なのは、技術を評価できる目が必要だということである。

　まず、開発方針に基づいて、技術動向、開発構想、必要技術の把握とテーマの選定、不足技術の明確化と開発要員対策などを検討し、それを経て、新製品開発戦略として開発に着手する。

　ここで重要なのは、自社の技術ポテンシャルを把握、選定した開発の内容について、社内プロジェクトで対応できるのか、または社外依頼か、すなわちアウトソーシングかを決断することである。

　また、自社を客観的に評価し、この新製品においては基礎的な研究開発が必要であると判断した場合は、研究開発計画を作成する。自社の技術や研究員が不足している場合は、M&Aや技術提携などの形で他の技術を取得することも検討する。

　同時に、並行して行う販売戦略においても、市場開発方針が決まったら、市場動向、市場開発構想、市場欲求の把握と分析などを検討する。

　販売戦略で重要なのは、開発戦略担当と絶えずコンタクトをとり、互いに持っている情報を交換し、最適で効果的な開発ができる体制をつくることである。

　以上のように、新製品開発担当者は、技術開発担当、販売開発担当ともに、技術面、市場面からの情報を持ち寄り、ディスカッションを絶えず行い、セクショナリズムを排して、ベクトルを合わせて、プロセスを機能させることが、新製品開発では成功の近道となる。

　中小企業では、このプロセスを経営者　人で行ったり、あるいは数人

の兼任スタッフですべてを行っているケースがほとんどである。そのため、手抜きが発生したり、自己判断で開発を進めるきらいがある。

このような場合は、不足しているプロセス担当を、外部の経営資源を効果的に活用することも検討したいものである。

一種のアウトソーシングということになるが、その場合、活用を考えている他社の経営資源（おもに技術力）を適切に評価できる経営者の目（洞察力、判断力など）が必要となる。

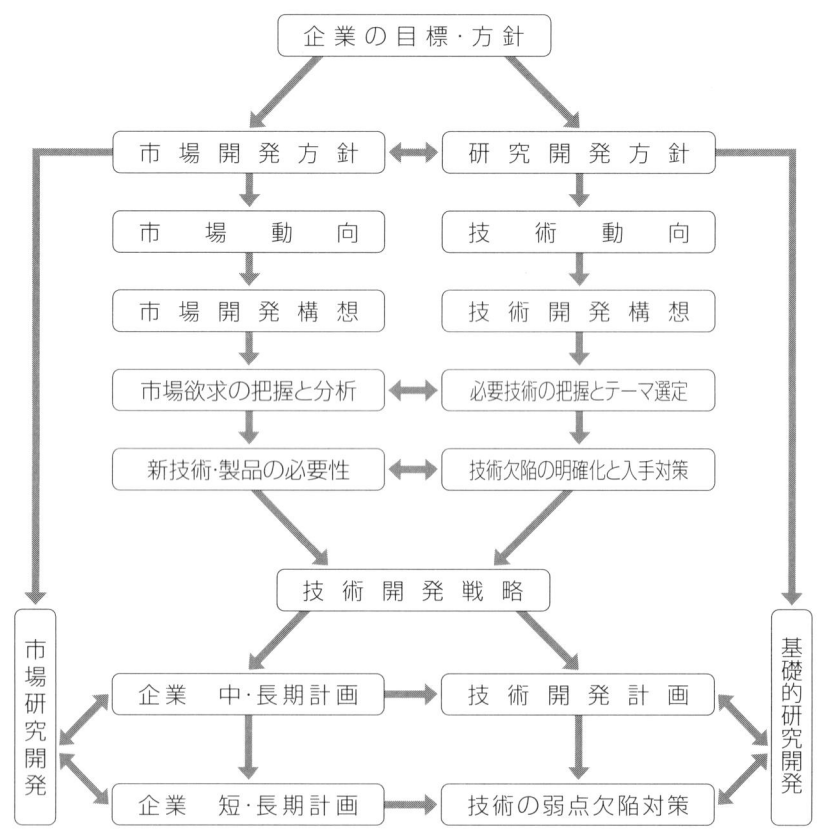

10 新製品開発展開プロセス

新製品開発のプロセスは、大きく分けて四つの段階からなっている。

①イノベーション構想段階

企業理念、経営理念に基づいて、将来の経営戦略、新製品市場戦略を計画することである。この計画を立案するためには、国際情勢、政府方針、社内外情報、社内外資源情報から評価分析を行い方針を策定する。これをイノベーション構想という。このイノベーション構想に基づいて新製品開発の企画が策定される。

②探索段階（アイデア形成）

情報を集めてアイデアを形成するプロセスである。ニーズ志向のアイディア、シーズ志向のアイデア、社内外からのアイデアなど、多くのアイデアを集め、自社開発製品とした場合のコンセプトとセールスポイントを決め、自社開発の必要性を検討する。この探索段階の市場調査が不十分だったり、開発部門が独自の判断で独走したりすると、市場ニーズに合わない製品を開発することになる。

③製品開発段階（開発設計）

開発コンセプトが決まり、新製品開発が確定すると、いよいよ概略仕様に基づいて基本計画設計が始まる。必要があれば新製品に必要な新素材の開発を社内外に依頼し、新しい設計、生産方法を確立するプロセスとなる。また、技術集約的な新製品と非技術集約的な新製品とでは、開発の重点が異なる。場合によっては、外部資源の有効活用の必要性もある。新製品開発を急ぐあまり、技術的な解明が不十分のまま見切り発車

で開発を行い、失敗する例も多いので、この段階での初期の技術評価はとくに重要である。

④事業化段階（市場開発）

　開発した新製品の販売に入るプロセスである。市場開発のためのマーケティング計画、設備計画または建設計画への投資を行い、販売を開始する。この時期に、販売部門と営業が非協力的であったり、開発部門の技術面のサポートがないと、市場開発は軌道に乗らず、後発の企業にシェアを奪われてしまう。また、開発段階からのコミュニケーション不足によって、生産部門から協力を拒否されることもある。

　新製品は、技術開発部門と販売開発部門が同時並行で開発を担当するが、同時に営業サービス、生産部門（製造部門も含む）など、全社の関係者と有機的に結合し、新製品開発情報を共有して、行動をともにする「開発コミュニケーション」を心がけることである。

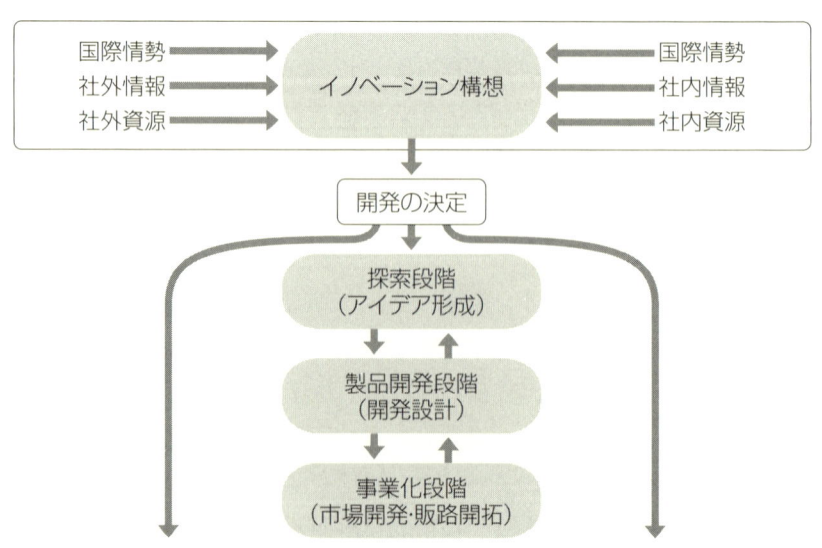

11　製品ポートフォリオマネジメント

　製品ポートフォリオは、自社製品の市場占有率と収益性から製品ミックスの戦略を練る場合などに使用する。
　この製品ポートフォリオの手法は、新製品開発においても有効な手法である。
　これによって、どんな製品の開発なのか、その製品の企業内での位置づけ、何を目的・目標にした開発なのかが明確となるので、多くの企業に活用されている。

　この手法は、アメリカの経営コンサルタント会社であるボストン・コンサルティング・グループ（以下Ｂ・Ｃ・Ｇ）の創案といわれている。
　Ｂ・Ｃ・Ｇ方式は、市場占有率による自社製品の強さ（自社の強さ）と市場の成長性（産業の魅力）で示される。
　同じアメリカの電機メーカーであるゼネラルエレクトリック社（以下ＧＥ）のＧＥ方式もある。
　日本の大企業でも、独自のポートフォリオ手法を開発して新製品開発の計画策定に応用している。

　次ページに、Ｂ・Ｃ・Ｇ方式、ＧＥ方式および製品ポートフォリオの図を示した。
　新製品開発を考える場合を、その製品ポートフォリオの図で説明する。
　Ｂ・Ｃ・Ｇ方式およびＧＥ方式と見比べながら、各位置にある製品の取るべき開発の方針を読み取ることができる。

B・C・G方式

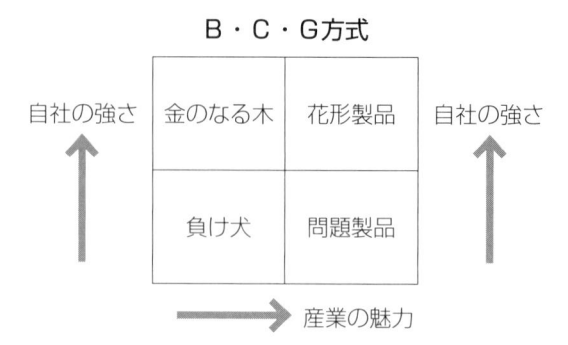

金のなる木	花形製品
負け犬	問題製品

↑ 自社の強さ ↑ 自社の強さ
→ 産業の魅力

G・E方式

現状維持	選択投資	積極的投資
再建策検討	革新的検討	挑戦的投資
合理的撤退	減量合理化	進出好機待

→ 産業の魅力

製品ポートフォリオ

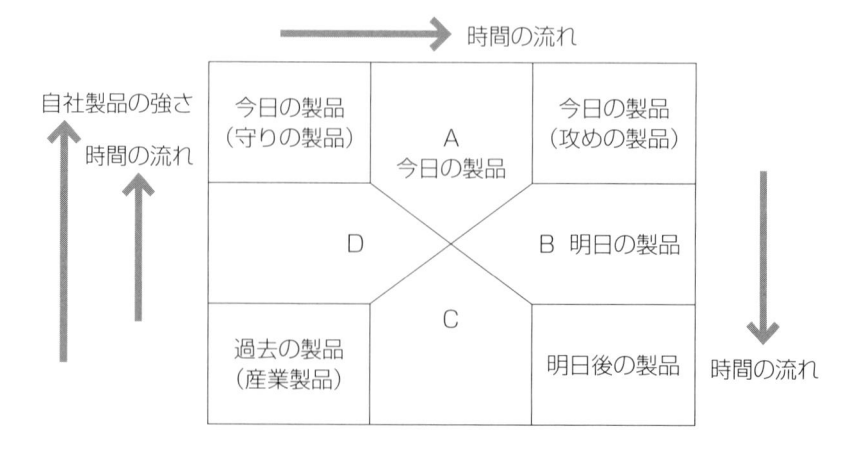

→ 時間の流れ

今日の製品(守りの製品)	A 今日の製品	今日の製品(攻めの製品)
D		B 明日の製品
過去の製品(産業製品)	C	明日後の製品

↑ 自社製品の強さ
↑ 時間の流れ
↓ 時間の流れ

製品ポートフォリオの図の四角形のなかの四隅の部分の製品、左下の「過去の製品」、左上の「今日の製品〈守りの製品〉」、右上の「今日の製品〈攻めの製品〉」、右下の「明日後の製品」の位置づけは明確である。

　それらの製品の境界部分は、さらに中心部分に伸びて、互いに接している関係である。ここに位置する製品、上の「A〈今日の製品〉」、右の「B〈明日の製品〉」、下の「C」、左の「D」の開発は、自社のイノベーションマネジメント構想に基づいて開発の策定を行う。

　「今日の製品〈守りの製品〉」との「今日の製品〈攻めの製品〉」の境界部分にある「A〈今日の製品〉」の開発は、複合化、システム化などを図り、〈守りの製品〉を〈攻めの製品〉にすることである。

　「今日の製品〈攻めの製品〉」と「明日後の製品」の境界部分に位置する「B〈明日の製品〉」は、明日の製品である新製品開発を志向する。この開発は新技術を採用して、市場の再開拓や市場強化を図り、製品のライフサイクルを新技術によって延長させることができる。

　「過去の製品」と「明日後の製品」の境界部分となる「C」は、明日後の新製品開発となる。ここでは、市場の潜在ニーズを呼び起こし、新しい価値を気づかせる、創造的な新製品開発が望まれる。基本的には市場創造型の独自性のある新製品が求められる。

　「過去の製品」と「今日の製品〈守りの製品〉」の境界部分「D」は、廃棄されたり、撤退したり、問題のあった製品などの「過去の製品」から、今日、明日の新製品を考えることである。

　いずれの開発も、自社の経営資源などの自社の強みを生かすことを考える。同時に、市場の動向などを考慮し、開発の可否を決める。

　とくに「D」の場合には、過去の製品には思い入れがあるので、それに固執してしまう傾向に陥りやすい。その結果、その製品のライフサイクルを読み違えて損失を累積させるので、注意が必要である。

　新製品開発の決定は、それを判断評価する評価者の優劣が問題となるので、評価者の人選は、間違いのない人を選ぶことが重要である。

12　新製品開発の動機構造

　新製品に対する開発動機は、個々の企業によって異なるが、以下のように分類することができる。

①企業独自のイノベーション構想によるもの

　グローバル化への対応に向かって、社内資源の活用、自社技術体系の革新、新分野（新しい境界領域）の開発は、必要不可欠である。

　そのためには、ネットワークの構築、特化した専門家集団づくり、組織の単純化を図るとともに、開発やサービス機能の強化を行い、差別化技術、差別化製品に特化することが必要である。そうした開発によってグローバル市場に挑戦し、生き残りを求める時代となっている。

　このようななかで、トップマネジメントとして、企業理念・経営理念に基づいた新製品開発を、企業方針・目標として実行することが、イノベーション構想である。

②中間需要者からの要請によるもの

　中間需要者とは、自社以外の他企業で、おもに取引先や他の使用業者などの関係会社である。

　開発の内容によっては、要請先企業との共同開発になることもある。

　この共同開発では、開発に対する責任範囲、役割が曖昧になったり、開発コンセプトやターゲットが甘くなる可能性があるので、注意が必要である。

　共同開発契約や開発委託契約を締結する際には、両社とも手抜きが起きないような開発計画をつくり上げることが必要である。

　同時に、人・もの・金の分担も明確にし、かつ情報の交換と共有化を

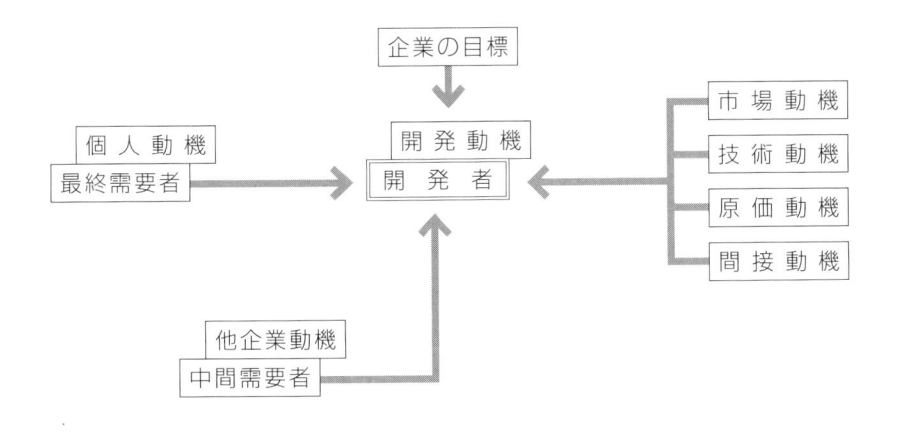

```
            ┌─────────┐
            │企業の目標│
            └────┬────┘
                 ▼
┌─────────┐  ┌─────────┐  ┌─────────┐
│個 人 動 機│→ │開 発 動 機│← │市 場 動 機│
│最終需要者│   │開  発  者│   ├─────────┤
└─────────┘  └─────────┘   │技 術 動 機│
                 ▲          ├─────────┤
                 │          │原 価 動 機│
           ┌─────┴───┐      ├─────────┤
           │他企業動機│      │間 接 動 機│
           │中間需要者│      └─────────┘
           └─────────┘
```

行い、意思疎通を図ることが必要である。

③最終需要者の欲求（ニーズ）によるもの

　最終需要者とは、エンドユーザーのことである。

　最終需要者の欲求を満足させるための開発動機は、おもに価格、デザイン、技術面の欲求を充足させる開発となる。

　これらの欲求のなかから、潜在化したニーズを抽出し、開発に結びつけることが必要である。ここでは、潜在ニーズを探索するマーケッティングがより重要となる。

④その他

　その他の動機としては、おもに市場動機、技術動機がある。

　これには、社内の関係部門やサービス営業、マーケッティングが、より重要となる。

13　製品開発のパターン

　製品開発のパターンは、主導者（開発者、中間需要者、最終需要者、政府）によって分類することができる。

①開発者
　開発者とは、企業内における新製品開発者のことである。
　企業の存続、発展を図るためには、新製品開発は不可欠である。開発の進むべき方向（方式）には、市場創造型、市場拡大型、技術挑戦型がある。
　市場創造型は、新技術を採用した新製品開発により、新たな需要層を開拓することで、市場に潜在している欲求を満たすことが目的となる。この市場創造型の開発が新製品開発の王道といえる。
　市場拡大型は、改良技術や新用途開発により市場拡大をめざす開発で、市場の顕在化需要を活性化させることを目的とする。
　技術挑戦型は、新技術を開発または開発されたことにより、技術の置き換え、シリーズ化などを行い、市場強化、新市場開拓をめざす開発が目的である。

②中間需要者
　中間需要者とは、おもに取引先やその関係者である。
　したがって、品質面、価格面、性能・能力面、使い勝手などの要望や要求が多くなる。
　開発者としては、これに応えることも製品開発の一つである。
　この開発は、中間需要者と開発者との共同開発になることもある。

主導者	方式	目的・動機
政　府	技術育成型	技術体系の枠組拡大
政　府	問題解決型	市場整備
最終需要者	利用者要求充足型	価格、技術
中間需要者	市場拡大型	市場の顕在化 情報不均衡解消
開発者／中間需要者 共同	技術挑戦型	技術体系内の 情報不均衡の解消
開発者／中間需要者 共同	原価低減追求型	極限原価への挑戦と 需要者欲求への対応
開発者	市場創造型	市場の潜在欲求情報 への対応
開発者	市場拡大型	市場の顕在化 情報不均衡解消
開発者	技術挑戦型	技術体系内の 情報不均衡解消

③最終需要者

　最終需要者とは、エンドユーザーのことである。

　利用者の立場としての要求、要望は、「もう少し安くならないか」「使い勝手のいいものにならないか」などの要望が多くなる。

　この場合、最終需要者からの要望やクレームを、マーケティング部門やサービス営業部門が、ニーズとして適切に吸い上げる。そのうえで、それらのニーズを、開発要望として、開発部門への情報提供や開発提案を行い、開発可否を決めることになる。

　その適切な対応のための社内ルートを確保することが必要である。

　この開発は、改良技術やＶＥ（ＶＡ）手法*によるコストダウン主体の開発（改良）による要望充足によって、市場拡大をめざす。

④政　府

　主導者が政府という場合は、おもに、各省庁が主管となって展開する国家プロジェクトということになる。

　インフラ整備型の開発や、国家が必要と考えた大型技術開発を国の予算で開発し、技術を育成することを目的としている。

　この国家プロジェクトの開発は、国の研究機関が主体となり、大学、企業（おもに大企業）でプロジェクトや組合をつくり、技術開発を行っている。

---

*ＶＥ（ＶＡ）手法

　VE（Value Engineering）：価値工学、VA（Value Analysis）：価値分析。
　いずれも、自社が顧客に対して提供している付加価値を向上させるための分析手法。
　ＶＡでは、研究開発からアフターサービスに至るまでの事業活動について、他社との競合、自社の強みと弱みを見極め、持続的競争優位性を確立するために、容易に真似できず、顧客側にも価値のある機能が何かを見出し、資源の配分を考える。
　一方のＶＥでは、価値を機能とコストとの関係で捉え、機能と向上とコストの低減を組み合わせ行い、価値を高めるために最も効果的な実現を試みる。おもに、工学的手法とアイディア発想を併用しながら機能分析と原価分析に焦点をあてて行われる。

14　技術のライフサイクルと新製品開発

　技術のライフサイクルは、技術の特性別に分類すると、四つに大別される。

①種子技術
　　基礎研究のなかにある技術の種子である。将来どうなるかわからない技術であるが、長期的に見て関心を持つ必要がある技術をいう。

②成長途上にある技術
　応用研究のなかに役立ちそうな技術の苗木である。将来戦略的技術になりそうな技術で、基礎研究を主にした開発テーマに属している。

③戦略的技術
　事業化できる技術の若木である。競争上もっとも影響を与える技術での新製品開発によって差別化できる製品化が可能で、自社独自の戦略的技術となる。

④基盤技術
　すでに事業に貢献している技術の成木である。各社が共通して持っている当り前の技術で、自社の基盤技術となり成熟化製品となっているものである。
　この時点の事業展開としては、改良技術、コストダウンおよびサービス技術の強化などによる市場再強化、新市場開拓がおもな開発業務となる。これらの開発は事業部内の当該製品の担当部門が担当する。

以上の技術のライフサイクルのなかで、新製品開発プロジェクトチームの活動領域は、②と③に属している。
　②では、将来戦略技術になりそうな技術の開発で、中長期定期な開発テーマとして位置づけられる。
　③は、②で確定されたコア技術を使い、他社に先駆けて差別化した製品を開発して事業化につなげる。基本的には、市場創造型の独自性のある新製品が求められる。技術のサイクルを初めから最後まで完結できる企業は、ごく一部に限られると思われる。
　中小企業などの新製品開発の方法として、「技術の苗木」や「技術の若木」の開発に特化し集中的に行い、その新製品が取引先や市場から歓迎され喜ばれ、かつ潜在的な欲求を掘り起こすような新製品開発が理想的である。

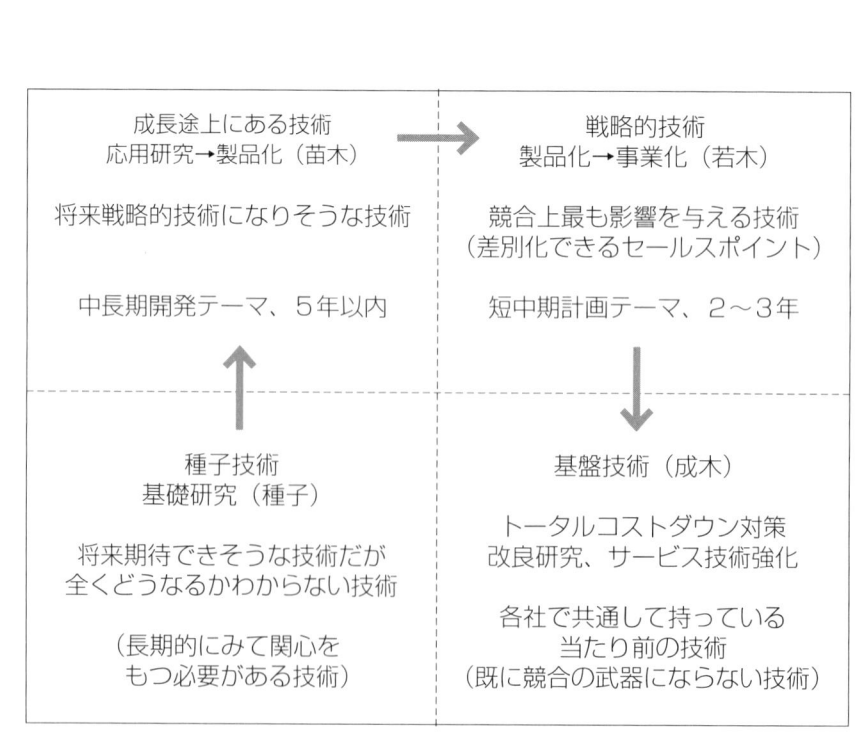

成長途上にある技術 応用研究→製品化（苗木） 将来戦略的技術になりそうな技術 中長期開発テーマ、5年以内	戦略的技術 製品化→事業化（若木） 競合上最も影響を与える技術 （差別化できるセールスポイント） 短中期計画テーマ、2～3年
種子技術 基礎研究（種子） 将来期待できそうな技術だが 全くどうなるかわからない技術 （長期的にみて関心を もつ必要がある技術）	基盤技術（成木） トータルコストダウン対策 改良研究、サービス技術強化 各社で共通して持っている 当たり前の技術 （既に競合の武器にならない技術）

15　市場サイクルと新製品

　市場のサイクルは、①未成長市場、②成長市場、③成熟市場、④衰退市場のサイクルを繰り返す。このサイクルに合わせて企業のサイクルの特性を見てみよう（次ページの図参照）。

　企業サイクルでは、創業時から成長期は一点集中主義で、組織は単純、方向性も明確で、企業のすべてが開発集団となっている。

　I′からIIへの移行期を成長段階という。次の発展段階では製品類の種類も増え、組織もしだいに複雑化する。そして効率よりも安定化を求める傾向になる。III′からIVへの移行期がそれである。

　企業のライフサイクルが成熟段階に入ると、効率は低下傾向を示し、安定性はさらに上昇する。ここでの特性は、組織の細分化が進み、製品の貢献度にバラツキが出てきて、組織上のムダやムラが出てくる。また活気がなくなり、新しいことへの挑戦を好まぬ風土となり、そして、衰退期に入る。

　理想的には、成熟期に入ったなら、Iの方向に舵を取り、成熟期の甘えや安定性を排除し、危機感を持って、創業時企業そのものが開発集団であったころの情熱を取り戻す意識改革が必要である。成熟期から再生への道へ脱出する方法は、全社を上げて分権、分割原理を採用し、創造的な開発に挑戦できる創業時の体制につくり直すことである。

　万物には寿命があるように、企業や製品にも寿命がある。

　企業のサイクルをつねに活性化させるには、製品のライフサイクルに合わせて新製品開発を行い、市場の欲求、要請している製品を供給し、市場のサイクルを先取りすることが必要である。

　新製品開発に熱心な企業は、社内に活気が溢れている。

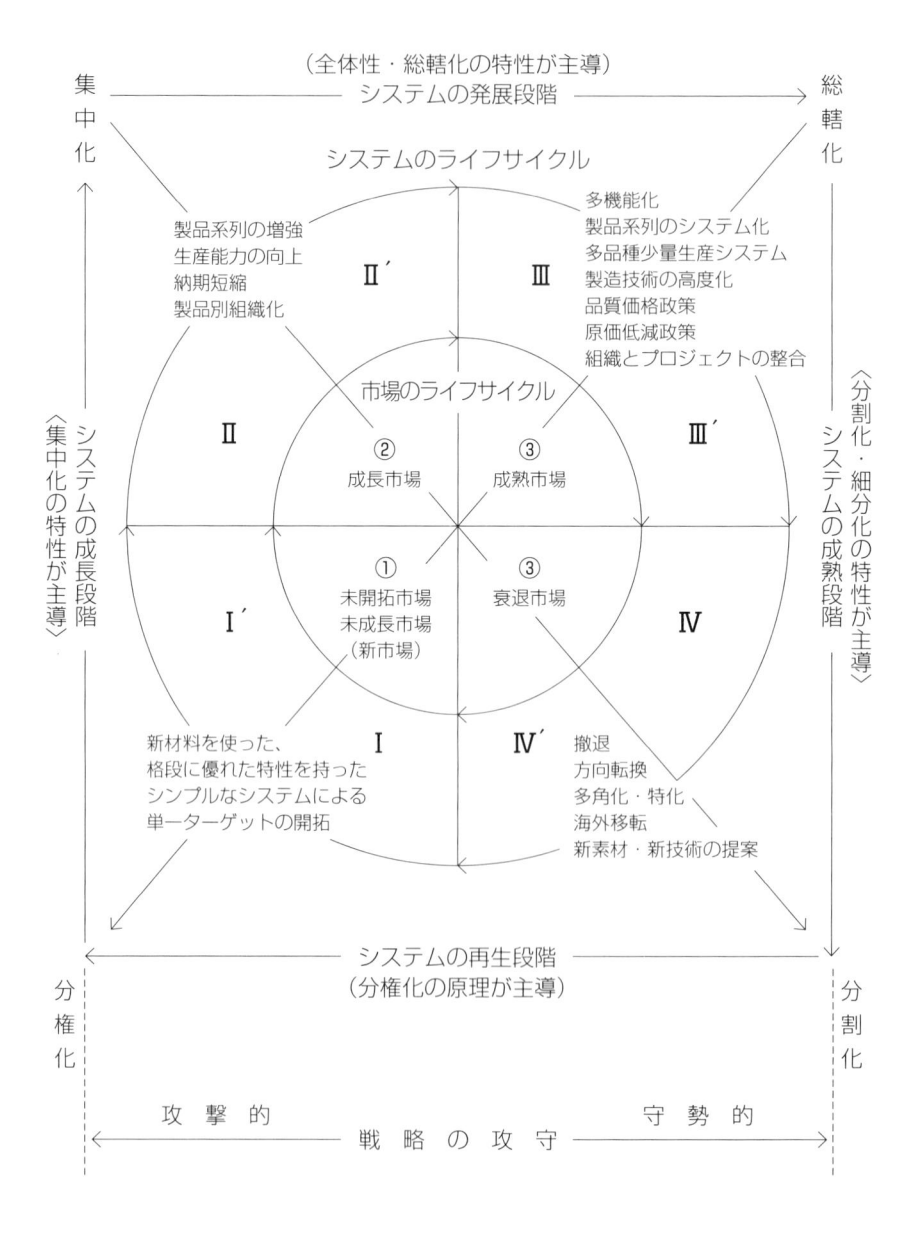

（全体性・総轄化の特性が主導）
システムの発展段階

集中化 → 総轄化

システムのライフサイクル

製品系列の増強
生産能力の向上
納期短縮
製品別組織化

Ⅱ′　Ⅲ

多機能化
製品系列のシステム化
多品種少量生産システム
製造技術の高度化
品質価格政策
原価低減政策
組織とプロジェクトの整合

市場のライフサイクル

Ⅱ　② 成長市場　③ 成熟市場　Ⅲ′

〈集中化の特性が主導〉システムの成長段階

〈分割化・細分化の特性が主導〉システムの成熟段階

Ⅰ′　① 未開拓市場 未成長市場（新市場）　③ 衰退市場　Ⅳ

新材料を使った、
格段に優れた特性を持った
シンプルなシステムによる
単一ターゲットの開拓

Ⅰ　Ⅳ′

撤退
方向転換
多角化・特化
海外移転
新素材・新技術の提案

システムの再生段階
（分権化の原理が主導）

分権化　分割化

攻撃的　　　　　守勢的
戦略の攻守

16　開発部門と情報

　開発部門は、理想的には、開発プロジェクトチームと、開発部門のスタッフグループとして、管理グループ、技術グループ、マーケッティンググループ、渉外グループという組織集団で構成される。

　まず、開発の実行部隊である開発プロジェクトチームは、リーダーのもとに編成され開発に専念する。スタッフグループの管理グループは、開発の計画と統制を行う。技術グループは、自社マーケッティング部門との連携・連絡をとり、市場情報と技術情報を集約する。マーケッティンググループは、市場調査・販売戦略をたてる。渉外グループは、アウトソーシング先、特許取得、技術提携、共同開発など、外部との交渉を行う。

　しかし中小企業では、このいっさいを開発プロジェクトチームで兼任することが多い。開発をしても売れないという声を聞くが、人材の偏りによって、マーケッティンググループの役割である市場調査や販売戦略、販売開発がおろそかになっていると考えられる。

　開発担当者は、製品をつくる開発と同時に、売るための開発も並行して行うことが課題となる。そのためにも、開発部門の情報対策は重要な要素となる。

　情報には、新製品のアイデアを生むための情報、製品コンセプトを決めるための初期段階に必要な情報、および開発が決定したあとに必要な情報がある。通常、市場情報はマーケッティンググループが、技術情報は技術グループがおもに担当し、定期的に情報交換をして情報の共有化を図ることが必要である。

　開発初期に、新製品のアイデアの源泉となる情報としては、以下のようなものがある。

　①ユーザー・顧客などのニーズ情報

②他社の成功例などの事例情報
③技術的シーズ情報
④自社の強みと自社の弱みなどの補強事情

　このような情報は、タイミングも重要な条件となる。また情報の価値は、新製品開発に対する重要度と信頼性によって決まる。とくに開発部門では、もっとも重要な経営資源の一つである。

　下図の情報源A、B、Cは公的機関、マスメディアから入手できる情報である。この種の情報は二次情報であるが、かなり加工度の高いものである。これに対しユーザー・顧客から入手できる情報は、現場からの直接情報のため、未加工のものがあるが、情報の解釈、分析の仕方次第では、有用な情報になりうる可能性を持っている。

　情報源A、B、Cの情報とユーザー・顧客などから提供された情報を、相互循環的にキャッチボールを行い増幅させる。情報は人と人との相互作用で増幅する。

　図の①の回路も②の回路も、繰返し相互循環させることにより、情報が増幅する。また、①と②の情報が合流し整理され分析されると、さらに価値ある情報となる。そのなかから開発に必要なアイデアが生まれてくる。

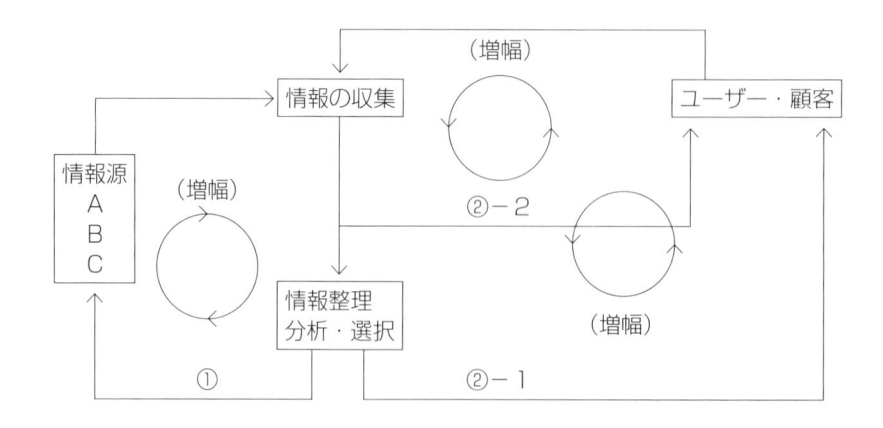

17　情報の収集

　新製品開発のための情報収集には、定期的に集めるものと、必要や問題が起きたときに集めるものがある。
　必要な情報を入手するためには、情報の感度を高めておくことが先決である。情報感度を高める方法は、次のように集約される。
①目的志向性を強め、明確な目的を決めておく。あやふやな状態のまま、何かないかと探すような姿勢では無理である。
②何もかもと欲ばらず、少ないテーマに集中させ、関心を持つべき情報を少なくする。
③他人にその関心を伝え、協力を仰ぐ。情報は、人と人との相互作用で価値ある情報となる。
④独自の情報源を開拓しておくことも必要。
⑤情報は身体で集めること。身体全体（目、耳、口、手、足、心）の感度を上げ、鋭敏な感覚を磨くことが大切で、とくに足を使うことが大事。
　情報源は社内外のいずれにもあり、良質の情報源を多く持っている企業は、新製品開発にも強い企業といえる。新製品開発の初期に行われる情報探索パターンの一例を次ページの図に示す。
　図のなかに「社内・社外調査活動」とあるのは、情報源に出向いての聴き取り調査を意味する。
　調査活動は雑談が大切で、聞き上手、質問上手、確認上手、さらに提案上手であれば、情報源との関係の質が高まり、より価値のある情報が入手できるようになる。その結果、新製品のコンセプトを明確化することが可能となる。
　このなかで定期的な情報をいかに体系化し、効率的に探索できるシス

テムをつくる重要である。そうすることが、新製品開発の意思決定を早める一つの手段となる。

　このような戦略的情報収集による情報は、これからの新製品開発にとってなくてはならない経営資源の一つである。

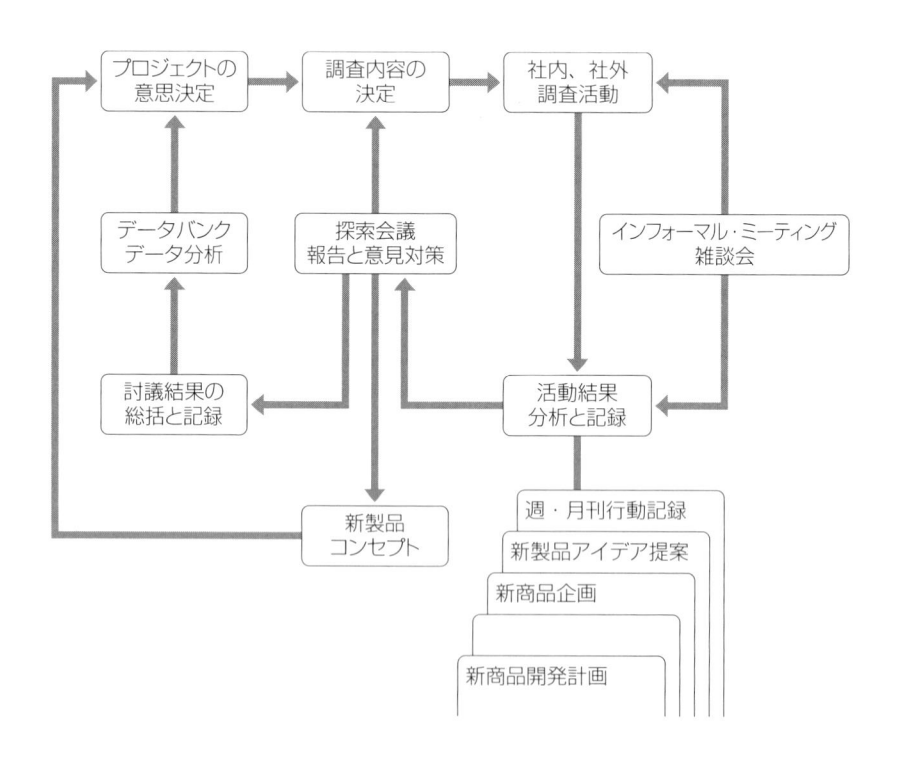

```
[プロジェクトの意思決定] → [調査内容の決定] → [社内、社外調査活動]
        ↑                    ↑                    ↑
[データバンク          [探索会議            [インフォーマル・ミーティング
 データ分析]           報告と意見対策]       雑談会]
        ↑                    ↑                    ↓
[討議結果の           ←――――――――――        [活動結果
 総括と記録]                                  分析と記録]
                            ↓
                      [新製品
                       コンセプト]
                                              [週・月刊行動記録]
                                              [新製品アイデア提案]
                                              [新商品企画]
                                              [新商品開発計画]
```

18　開発時のマネジメント行動

　開発プロジェクトチームにおいては、マネジメントの行動パターンと担当者への展開パターンを知れば、マネジメントの方針設定と展開に果たす役割の重要性が理解できる。開発プロセスでの仕事の流れ、情報・アイデアの流れ、各セクションのマネジメントの役割を以下に示す。

①経営者の役割
　・イノベーション構想
　・将来戦略の策定

②企画管理者の役割
　・競合状況の把握
　・採算性の検討
　・開発計画書の作成（研究評価、マンパワー、方法論研究を加味）
　・情報管理／特許管理

③開発管理者の役割
　・開発スケジュール、その他日程の組み立て
　・組織運営指導、組織編成
　・教育編成
　・ポリシー（方針）設定要員の選定

④プロジェクトチーム
　・チームワークの確立
　・各担当者への具体的指導
　・ポリシー補助設定要員の選定

⑤担当者
　・研究員／開発員としての業務
　・ポリシー設定補助要員としての業務

新製品開発は、まず、企画が決められ、次にプロジェクトチームが編成され、開発プロセスに沿って行動を開始し、開発方針（開発コンセプト）を設定する。
　開発方針は、開発管理者、チームリーダー、担当者で決められる。
　プロジェクトチームの構成員は、分担して、社内外情報、社内外資源、技術情報（社内技術、社外技術、専門書、国内外特許など）を収集し、「情報交換の場」を活性化させることが求められる。
　開発に携わる者それぞれの真摯な行動によって、チームのベクトルの方向が一致し、結束が深まり、さらなる開発への動機づけとなる。
　この展開時に、調査が不十分であったり、技術的解明が不足であったりすれば、成功はのぞめない。
　さらに、開発に関する一連のマネジメント行動のなかで、もっとも重要なことは、「戦略会議」「方針会議」「開発会議」「情報交換の場」それぞれを、どのように確保し、進めていくかという対応である。
　開発に携わるすべての人間が、さまざまな会議や、情報交換の場で、十分にコミュニケーションをとることができない環境では、新製品の開発は成功しない。
　出席者が、いつでも、忌憚のない意見交換、ブレンストーミング的なコミュニケーションを、継続してできるような場として設定し、活性化させることが重要である。
　声の大きな者、強硬な意見をもつ者に引きずられる結果になってしまったり、最終的には結局上司の意見どおりになってしまう、というような状況は避けなければならない。
　そのような状況は、開発に対するやる気や意気込みを萎えさせ、動機づけの低下、そしてチームの相互信頼の希薄化に影響し、ひいては悪い結果に結びついてしまうことになる。

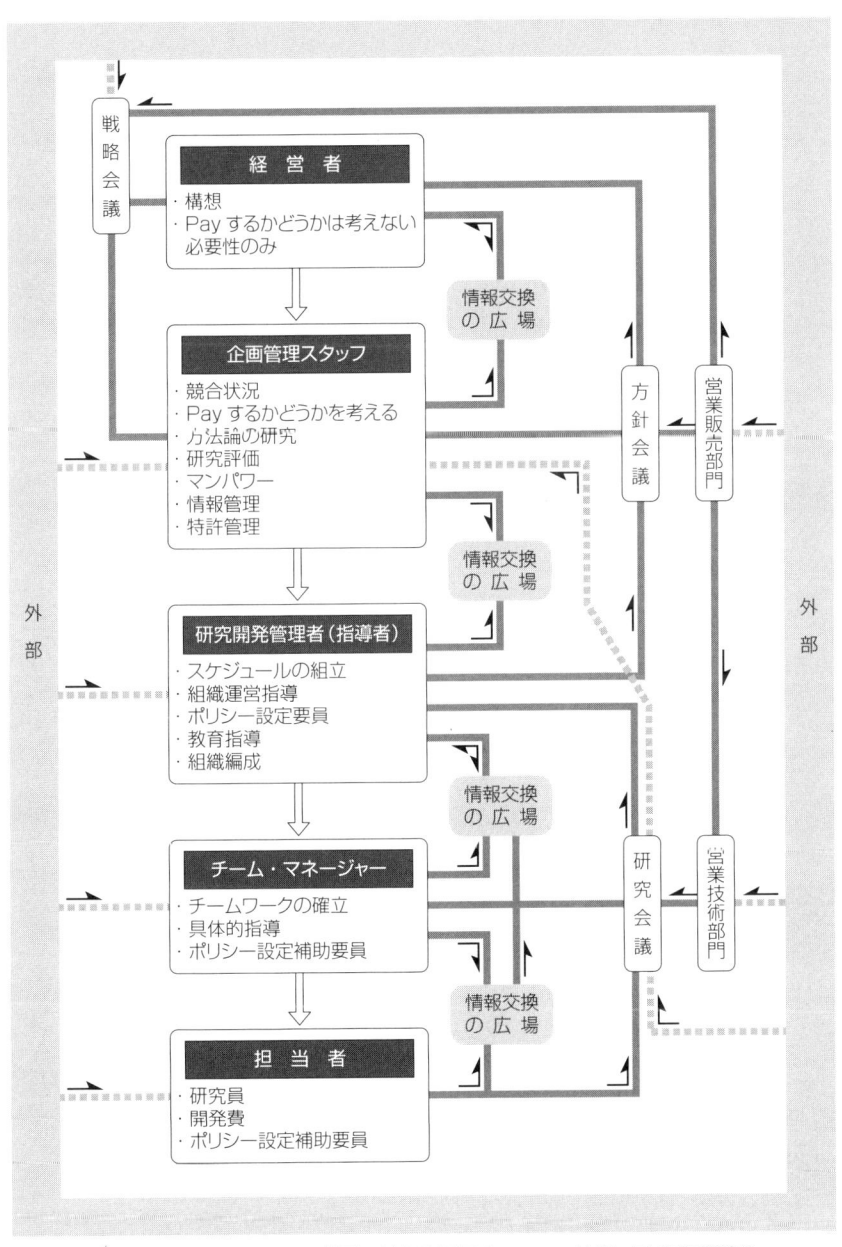

```
                    ┌─────────────────┐
                    │    経  営  者   │
戦                  ├─────────────────┤
略                  │・構想            │
会                  │・Pay するかどうかは考えない│
議                  │  必要性のみ      │
                    └────────┬────────┘
                             ↓                  情報交換
                    ┌─────────────────┐          の 広 場
                    │  企画管理スタッフ │
                    ├─────────────────┤                      方   営
                    │・競合状況        │                      針   業
                    │・Pay するかどうかを考える│                販
                    │・方法論の研究    │                      会   売
                    │・研究評価        │                      議   部
                    │・マンパワー      │                           門
外                  │・情報管理        │                                  外
部                  │・特許管理        │                                  部
                    └────────┬────────┘
                             ↓                  情報交換
                    ┌─────────────────┐          の 広 場
                    │研究開発管理者(指導者)│
                    ├─────────────────┤
                    │・スケジュールの組立│
                    │・組織運営指導    │
                    │・ポリシー設定要員│
                    │・教育指導        │
                    │・組織編成        │
                    └────────┬────────┘
                             ↓                  情報交換
                    ┌─────────────────┐          の 広 場
                    │ チーム・マネージャー │                   研   営
                    ├─────────────────┤                      究   業
                    │・チームワークの確立│                     技
                    │・具体的指導      │                      会   術
                    │・ポリシー設定補助要員│                   議   部
                    └────────┬────────┘                           門
                             ↓                  情報交換
                    ┌─────────────────┐          の 広 場
                    │    担  当  者   │
                    ├─────────────────┤
                    │・研究員          │
                    │・開発費          │
                    │・ポリシー設定補助要員│
                    └─────────────────┘
```

⇐ 仕事の流れ　　==== 必要に応じて参加する　　← 情報、アイデアの流れ

第1章　新製品開発は経営力

19　開発の手順

　新製品開発の設計は、通常の生産製造ラインに乗っている設計と異なり、設計着手前の設計品質（開発仕様）を決めることが重要な仕事となってくる。　設計品質を決定するまでの手順は以下のとおりである。
①顧客の要求品質を正確に把握する
　顧客の要求、要望事項は、顕在的なものに限らず、潜在的なものもある。それらを顧客はいろいろな表現で要求してくる。
②顧客の要求、要望事項を整理整頓する
　重要度の高い順に整理する。また、名詞的な表現、動詞的な表現、形容詞的な表現など、表現のしかたの種類ごとにもまとめ、それがどんな要求・要望なのか、整理整頓する。
③市場情報から品質情報に変換する
　通常、市場情報から品質情報への変換は、「要求品質展開表」などを使って作成する。品質情報への変換は、プロジェクトチームの主務担当者が整理作成を行う。第一回の開発会議には、新製品の品質要求事項が議題となる。この情報は、開発設計方針を決める大事な技術資料となる。
④他社製品との品質特性を比較する
　他社製品がある場合は、比較表を作り、検討する。
　改良技術による新製品を開発し、市場拡大、新市場開拓をねらう場合は、品質特性を比較することで、開発製品の目標が容易となる。
　一方、新技術による新製品開発で、比較対象がない場合は、差別化技術やシステムなどでの自社のセールスポイントを評価する。
⑤市場情報による再評価をする
　新製品でも、市場や顧客のターゲットは決まっている。開発部門の調査のみならず、マーケティング部門、営業部門の調査情報により、設

計開始前までに再確認し再評価する。

⑥セールスポイントを設定する

　技術、性能、能力はもちろん、それ以外のセールスポイントの設定も重要である。たとえば、「世界初の……」「世界一の……」など、販売上のセールスポイントをかかげて、開発プロジェクトチームの意欲と志向性を高め、さらなる力を引きだすことも必要である。

⑦設計品質を決める

　以上のような手順で、顧客が要求する品質から設計品質を決定する。

　開発設計者は、この設計品質をもとに基本設計計画図と仕様書を作成する。また、各主要部分の部分計画図も設計していく。この部分計画図には、設計のすべての情報（寸法、材質、強度計算など）が書き込まれる。

　開発会議では、要求設計品質をベースに作成された計画図について、デザインレビューを徹底して行い、承認を受ける。開発会議で設計変更、仕様変更、改善要求、技術面の再調査事項などが出た場合は、その変更課題に基づいて、再度設計し直し、日を改めて開発会議（デザインレビュー）を開催して再承認を受ける。

　承認後は、通常の設計部門が行う作業である詳細図面（部品図）の設計製図作業に入る。

　完全な秘密保持の場合は、すべての部品図はチーム内で描くことになるが、一般的には、部品図は外注先に依頼し、開発時間の短縮を図る。

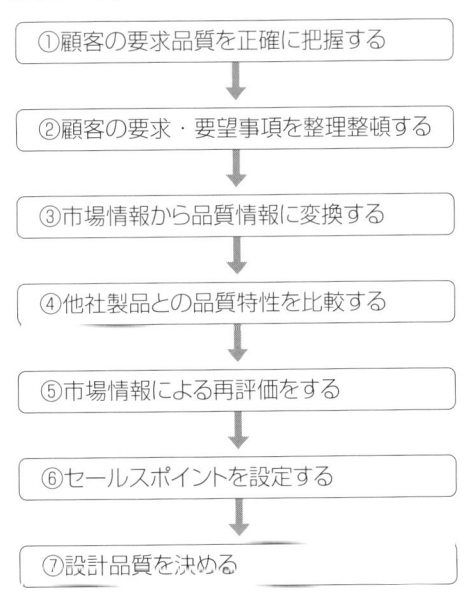

①顧客の要求品質を正確に把握する
↓
②顧客の要求・要望事項を整理整頓する
↓
③市場情報から品質情報に変換する
↓
④他社製品との品質特性を比較する
↓
⑤市場情報による再評価をする
↓
⑥セールスポイントを設定する
↓
⑦設計品質を決める

20　アイデアの評価

　アイデアの評価は、独創性の有無、大小に留意することが大切である。
　アイデアの評価は予測であるから、技術上の予測、販売上の予測、そのほか、社会環境の変化や動向に見通しをつけなければならない。
　評価は、不確定要素を少なくする努力や、不確定要素に対応する方策が求められる。
　アイデアの評価は、たいへんむずかしい仕事である。評価者は自らの価値観、評価眼を磨いておかねばならない。
　多くの企業では、他人の目や目先の経営のみにとらわれて、近視眼的な評価に終始する評価者が多く見受けられる。評価眼のない評価者のために、優れたアイデアも埋もれたままになったり、他社に先行されるということはもったいないことである。
　アイデアは個人の資質に多く依存する。とくに開発プロジェクトチームにおいては、インフォーマルミーティングや雑談（情報交換の場）が重要な場所となる。
　さらに重要なのは、アイデアの評価者の資質である。アイデアは、それを評価する人、利用する人の才能（能力）いかんで、屑にも宝にもなる。アイデアそのものを軽視したり、アイデア提供者を無視したり、公平でない対応がつづくとチームの士気にも影響し、やる気も失せてプライドもなくなり、開発のノルマを果たすだけの集団となる。
　社内外を問わず評価眼のある人材を捜しておくことが、企業にとっては必要なことである。また、自社内にも優れた評価者が埋もれているかもしれない。
　とくに新製品に関するアイデアが提案された場合、第一次評価者はアイデアのユニークさに注目すべきである。第二次評価者は市場性、対応

能力、方向性、顧客の視点である市場の欲求への適合性、意義づけなどから検討する。

適合性や意義づけは、評価者の価値観や洞察力が問われるので、やはり評価者の資質がすべてである。

第三次評価者は事業化について総合評価する。評価調査内容の概要は、次のようなものである。

- 市場、業界の動向
- 技術動向、他社類似製品
- 自社および他社経営資源の実状
- 事業化のためのキーファクター分析
- 参入のシナリオ作成

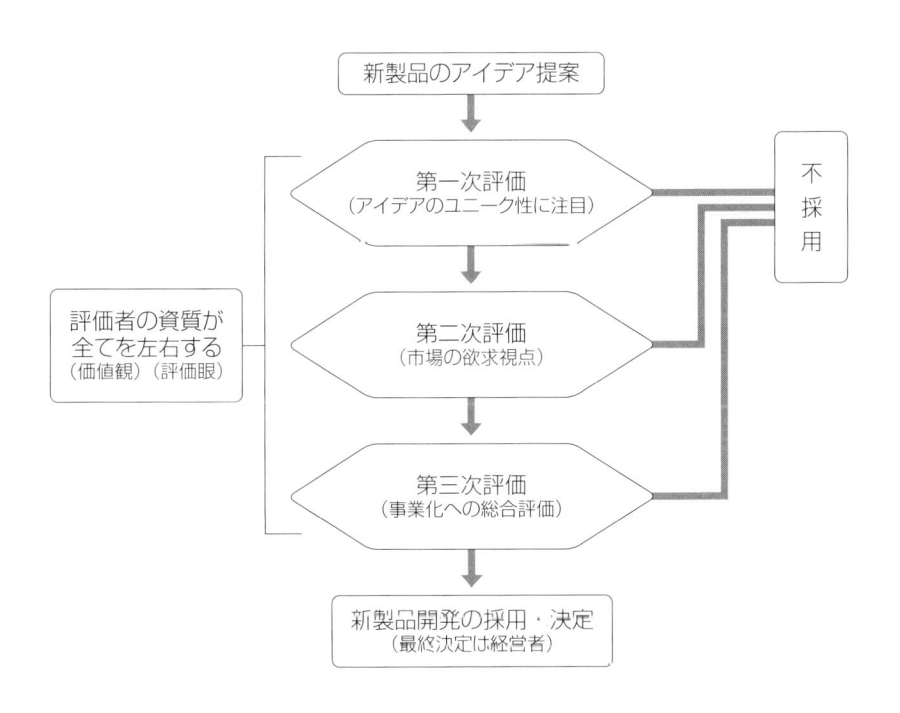

```
                新製品のアイデア提案
                        ↓
                   第一次評価            → 不
                (アイデアのユニーク性に注目)    採
                        ↓               用
   評価者の資質が      第二次評価          →
   全てを左右する     (市場の欲求視点)
   (価値観)(評価眼)      ↓
                   第三次評価            →
                (事業化への総合評価)
                        ↓
                新製品開発の採用・決定
                  (最終決定は経営者)
```

第1章 新製品開発は経営力

21　新製品開発可否の判断法

　新製品の開発や新事業の展開に対して、事業部門の既得権や資源配分を守る姿勢から反対はつきものである。
　新製品開発をやるやらないの判断は、トップマネジメントの企業理念、経営理念に基づいたイノベーション構想から、経営者の判断で最終的に決定する。したがって新製品開発の決定に関しては、トップが大きな役割を果たす必要がある。
　したがって、トップマネジメントの内容は次のようなことである。
①自社の将来を予測して危機感を知らせる
②目標設定による社内への働きかけを図り、若手グループなどによる自社の将来モデルを立案させる
③経営理念に基づいた新製品開発戦略計画を立て公表する
④全社、全員の参加と意識改革を求める
　したがって、トップマネジメントによる新製品開発の判断が、適正にできるシステムを事前につくっておくことが必要である。
　最終的な決定は、売上予想、予想利益率、総開発費、緊急度、戦略上の重要度などから検討する。
　定量的な新製品開発可否の予測法として、1968年ごろアメリカの某社で考案した新製品の開発可否を判断する式を紹介する。
　技術（新製品）開発の総費用見積額、開発費の償却と利益に関する会社の方針、販売予測金額の三つがわかれば、次のような簡単な関係式で判定できる。

$$\alpha \cdot S / L \geq b / (I-r)f$$

　　S：予測年間売上高　　　　　L：技術開発人件費
　　I：総開発費　　　　　　　　b：I／Lで財務記録から抽出

（I－r）；利益率（rは直接経費率）
　f；開発費償却期間（年単位）　　　　α：新事業計画（新製品開発）の成功率

　いま仮に総開発費が技術の開発人件費の約3倍、すなわちb＝3、利益率（I－r）＝50％、償却期間f＝1.0年、事業成功率α＝85％とすると、

0.85 S／L ≧ 3／0.5×1.0
　　　S／L ≧ 3／0.36125 ＝ 8.30／1

　上記計算によれば、開発人件費の8.30倍以上の年間売上高がないと、1年では開発費が償却できないことになる。

　定量的な評価判定法は、目安として必要かもしれないし、否定もしないが、新製品開発の予測は困難であるので、参考程度に利用したほうがいいと思われる。また、いろいろな判断方法があると思われるが、最終的な開発可否判断は、トップマネジメントの仕事となる。

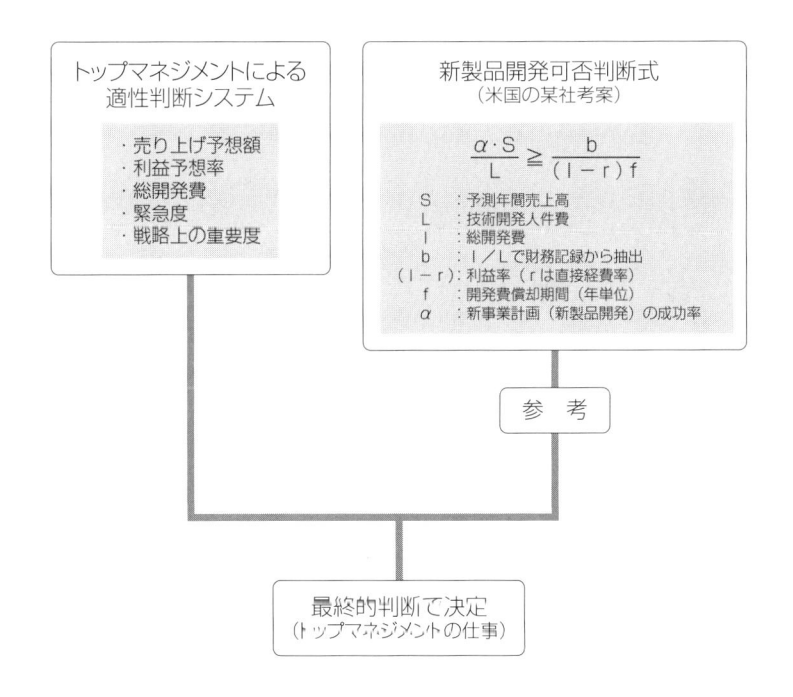

トップマネジメントによる適性判断システム
・売り上げ予想額
・利益予想率
・総開発費
・緊急度
・戦略上の重要度

新製品開発可否判断式
（米国の某社考案）

$$\frac{\alpha \cdot S}{L} \geq \frac{b}{(I-r)f}$$

S　：予測年間売上高
L　：技術開発人件費
I　：総開発費
b　：I／Lで財務記録から抽出
(I－r)：利益率（rは直接経費率）
f　：開発費償却期間（年単位）
α　：新事業計画（新製品開発）の成功率

参　考

最終的判断で決定
（トップマネジメントの仕事）

第1章　新製品開発は経営力

22　開発会議のプロセス

新製品開発に関する会議は、以下のようなプロセスが一般的である。

①企画会議
　アイデア収集、アイデアの組立、新製品の基本構想をまとめる会議。
　この会議では、方向性と開発コンセプトを発表し、開発関係者の認識を一致させ、出席者の理解と協力を取りつける。

②開発方針会議
　この会議は、新製品開発を担当するプロジェクトチームの主導となる会議で、企業によって、DR（デザインレビュー）ファストミーティングまたはキックオフミーティングなど、さまざまな名称を使っている。
　主催はプロジェクトリーダーで、他の出席者は、関連する営業、製造、販売、社内外専門技術者などで、おもに仕様、市場性、開発ポイント、技術課題、売上推定額などの大綱を決定する。

③開発会議
　会議の進行係は、プロジェクトリーダーが行う。
　新製品開発のファストミーティングである開発方針会議の後、プロジェクトチームの進捗状況に合わせて、定期的に開発会議を行う。
　通常、開発会議では基本仕様に基づき、生産、製造に必要な技術的な問題を議論し決定していく。

④性能確認会議
　製造部門において、組立調整、試運転終了後行う会議である。
　会議では、各種の性能試験について、試験方法、場所、担当者、日程を決定する。性能試験は、プロジェクトチームが中心となって行う。

⑤試作品会議

　試作品（新製品）完成後、設定した開発目標、要求品質との比較検討を行い決定するための会議である。
　具体的には、仕様面、技術面、デザイン面、市場（顧客）ニーズへの満足度などについて検討を行う。その結果によって、改善要求、設計変更による２号機試作をするか、現状での標準化・シリーズ化をするかの判断をして、新製品の事業化に向けての方針を決定する。

　以上のように、節目節目ごとの会議は重要である。
　会議を活性化させるためには、まず、会議に使用する資料を事前に準備し、前日までに出席者に送付しておき、内容を明確にして、すぐに会議が始まるようにすることが必要である。
　また、会議のたびに、開発経緯や開発内容の説明を繰り返したり、声の大きい人の独壇場になったり、昔の経験談や自慢話になったりするようなことは避けなければならない。会議の趣旨に沿わない会議になり、チームの士気にも影響をきたすことになる。

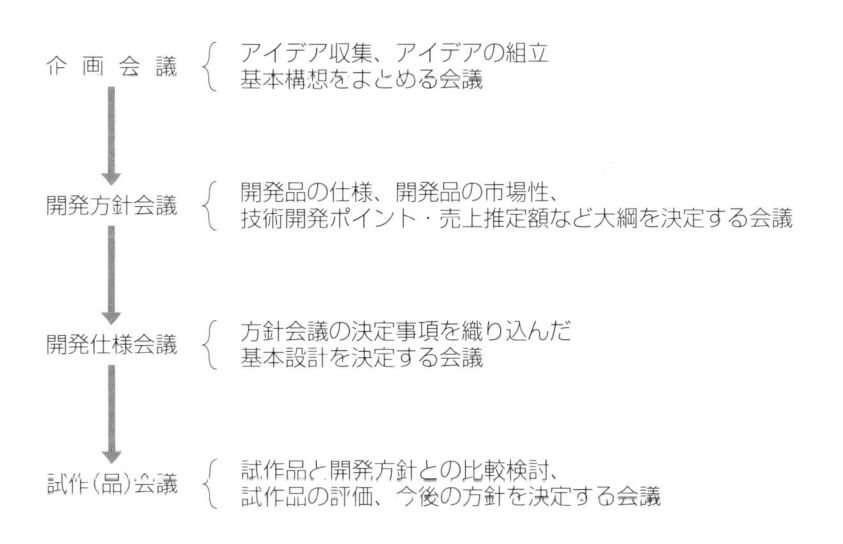

企画会議	アイデア収集、アイデアの組立 基本構想をまとめる会議
↓ 開発方針会議	開発品の仕様、開発品の市場性、 技術開発ポイント・売上推定額など大綱を決定する会議
↓ 開発仕様会議	方針会議の決定事項を織り込んだ 基本設計を決定する会議
↓ 試作(品)会議	試作品と開発方針との比較検討、 試作品の評価、今後の方針を決定する会議

23　開発者の特性条件

　新製品の開発など、いわゆる創造的活動を行う人は、ライン組織で仕事をしている人は異なった認識と考え方を持っている。一般的に、創造的な人は服従的でなく個性が強く、組織への忠誠心も低い。それゆえ、創造的な人を企業として正しく取り扱うことはむずかしいといわれている。しかし、創造的な人の特性と新製品開発などの業務の特性には共通性がある。したがって、開発者の条件は次のように要約できるだろう。

①新しいものへの挑戦を好む
　創造性の高い人は好奇心が強く、新しい問題に挑戦することを好む。人一倍新しいことに興味を持ち、新しい経験をしたがる人である。

②技術知識が深く、多くの情報を持っている
　新製品開発に必要なアイデアは斬新であっても、従来の技術の新しい発想による組合せ技術であるから、技術知識のみならず体系的な知識を持っていることが、開発員の必要条件である。このような知的で多才な人は、ものの本質を見極めようと考えることのできる人で、創造的な仕事を通して自己実現をしたいと考えている人である。

③アイデアが豊富で空想的である
　新製品開発は、新しいシステム、機能を創り出すことである。そのためには、従来のものに疑問を持ち、新しい角度から発想を転換し、いままでの見方を変え、新しい組合せを考えなければならない。新製品を開発するには、多くのアイデア（代替案）を抽出することが必要である。創造性の高い人は、多くの連想の能力を持っている。加えて、ブレーン

ストーミング的に一つのアイデアに自由に多量の発想を相乗させる柔軟なアイデア提案能力も必要である。

④役割を果たす意欲

創造とは、新しい知識を発見し、前例のない原理を発見し、新製品を開発することである。粘り強く堅実な努力を持続して、成功のために執念を持って追究する意欲のある人が必要不可欠となる。

このような人たちは、感覚も思考方法も習慣も、まわりとの違いが顕著であるため、異質な人と考えられがちである。

開発のプロジェクトチームは、選ばれた集団、すなわち異質の集団でもある。同じチーム内で同じ目的をめざすのであれば、まず本音で話すことである。小さい議論ができる間柄となれば、人間として親しい関係となる。また、彼らの希望や要求に対しては、柔軟に対応することが必要である。

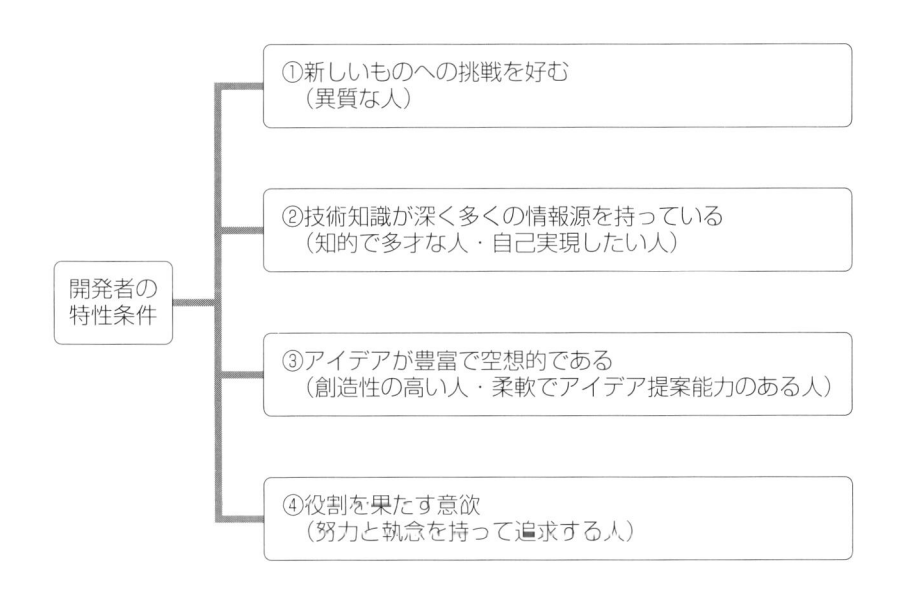

```
                    ┌─ ①新しいものへの挑戦を好む
                    │    （異質な人）
                    │
                    ├─ ②技術知識が深く多くの情報源を持っている
開発者の            │    （知的で多才な人・自己実現したい人）
特性条件 ──────────┤
                    ├─ ③アイデアが豊富で空想的である
                    │    （創造性の高い人・柔軟でアイデア提案能力のある人）
                    │
                    └─ ④役割を果たす意欲
                         （努力と執念を持って追求する人）
```

24　開発に成功する条件

　新製品開発の成功要因は、製品の特性と新製品を生み出す意思決定過程に集約される。
　新製品の特性として成功するための条件は次のとおりである。

①競合品と比較して
- 性能、品質において、はっきりとわかる優位性を持っていること
- 市場（顧客）の欲求を十分満足させる性能、品質であること
- 性能、品質に見合う価格であること
- 新しい価格、ユニークさがあり、差別化できていること

②競合企業と比較して
- サービス技術が優れていること（製品の信頼性が高い）
- 企業の市場に対する訴求力が強いこと（広告、宣伝、広報力が強い）
- 販売促進が強いこと（良質の情報源を持っている）
- 流通チャンネルが発達していること（販売網が整備されている）
- 組織の開発風土が活性化していること（製品の育成環境がいい）

　次に意思決定過程での成功要因として、以下の要因が上げられる。

①トップマネジメントの意欲とトップダウン
- 十分な情報を集め、方針（イノベーション構想）を決定すること
- 新製品開発の目標と方向を設定すること
- 開発の組織（プロジェクトチーム）づくりと資源の割当てをすること
- 開発担当者を励まし信頼すること

②開発能力が高く、自社の経営資源のポテンシャルに適合している

　新製品開発は、プロジェクトチームを編成して対応する。プロジェクトチームは、技術開発と販売開発も同時並行で開発を担当する。また場合によっては、全社の部門の有機的なサポートも必要である。当然、事業化を推進する製造、販売部門についても対応能力があり、新製品に対しても適合できることが前提である。

③的確な市場（顧客）情報の収集

　新製品開発は、しばしば技術重視になりすぎ、市場（顧客）からの需要動向を無視して失敗することがある。市場（顧客）の欲求情報は、新市場製品や潜在ニーズ製品の探索を可能にし、かつユニーク製品（新技術、新市場）の開発を可能にする。

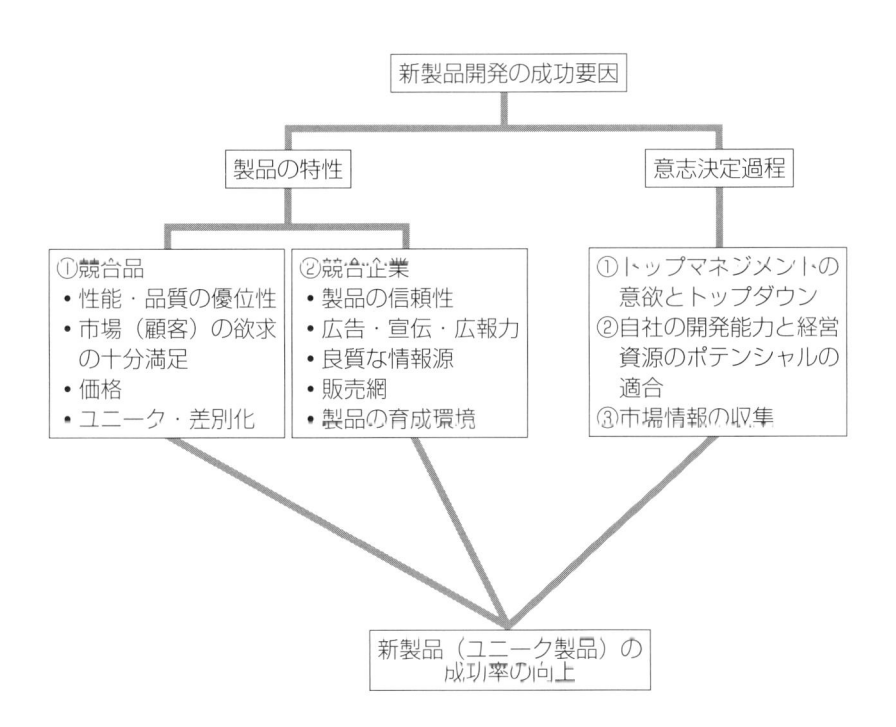

```
                    新製品開発の成功要因
                    ┌──────┴──────┐
                製品の特性          意志決定過程
         ┌────────┴────────┐              │
      ①競合品           ②競合企業      ①トップマネジメントの
    ・性能・品質の優位性  ・製品の信頼性    意欲とトップダウン
    ・市場（顧客）の欲求  ・広告・宣伝・広報力 ②自社の開発能力と経営
      の十分満足        ・良質な情報源     資源のポテンシャルの
    ・価格            ・販売網         適合
    ・ユニーク・差別化   ・製品の育成環境   ③市場情報の収集
         └────────┬────────────────────┘
                新製品（ユニーク製品）の
                  成功率の向上
```

第1章　新製品開発は経営力

25　顧客の欲求の分類

　新製品開発においてニーズ探索は不可欠で、開発部内のマーケティング担当者の重要な役割の一つである。ニーズ探索は、顧客、中間需要者からの情報が主となる。
　一般に顧客（市場）の欲求は、曖昧で流動的である。使い勝手や合理性を求める一方で、機能性や文化性をも求める。とくに最近は個性化志向であったり、逆に人並み志向であったりする。
　しかし顧客（市場）の欲求は天の声ともいえるのだから、そのなかからマーケットニーズを掴み、新製品開発に結びつけなければならない。
　そのために顧客（市場）の欲求を分類すると、以下のようになる。

①顕在化している欲求（ニーズ）
　特定の顧客（市場）が、すでに現有の製品で一応の満足を得ている場合のニーズをいう。

②潜在的な欲求（ニーズ）
　顧客は自分の欲求に気づいているが、具体的にその欲求を満足させてくれる製品が、まだ提供されていない場合の欲求をいう。

③潜在的段階以前の欲求
　顧客が自分の欲求にまったく気づいていないか、欲求として確たる概念が構成されていない欲求をいう。

　新製品開発は、顧客に新しい満足を気づかせることである。上記の①以外の欲求は、何をつくったら買ってくれますかと聞いても、満足すべ

き情報は得られない。必要な情報を入手するには、情報感度を高めることが先決である。これからは、企業とユーザーの関係の質が問われる時代である。

　感性の表現には、楽しい、美しい、面白い、嬉しい、親しみやすい、愛情を感じる、可愛い、リアル、ダイナミック、スリル、力強い、リズミカルなどがある。機動づけの表現には、不思議、興味、好奇心、冒険、驚き、意外性などである。

　これらの欲求の表現に、ハイテク、ハイタッチ、ハイセンスなどの現在の科学技術の採用で、顧客の欲求を満足させる新製品を提供することが企業の役割である。

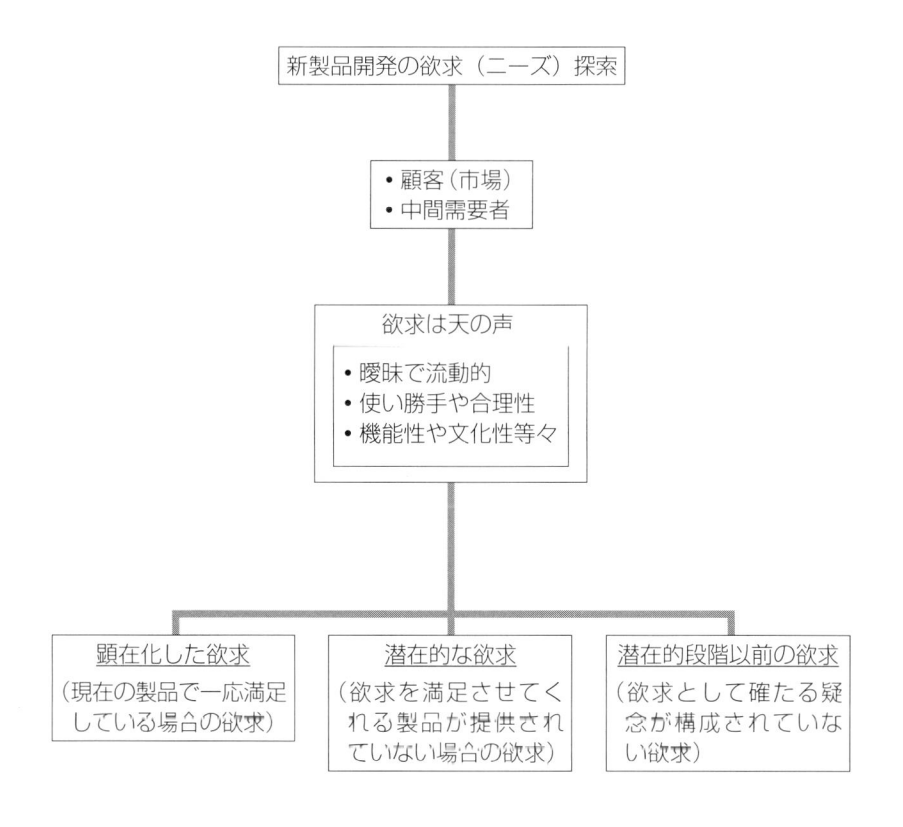

```
┌─────────────────────────┐
│ 新製品開発の欲求（ニーズ）探索 │
└─────────────────────────┘
             │
┌─────────────────┐
│ ・顧客（市場）    │
│ ・中間需要者     │
└─────────────────┘
             │
┌─────────────────┐
│    欲求は天の声    │
│ ・曖昧で流動的    │
│ ・使い勝手や合理性 │
│ ・機能性や文化性等々│
└─────────────────┘
             │
   ┌─────────┼─────────┐
   │         │         │
┌──────┐ ┌──────┐ ┌──────┐
│顕在化 │ │潜在的 │ │潜在的段階│
│した欲求│ │な欲求 │ │以前の欲求│
│(現在の │ │(欲求を│ │(欲求とし│
│製品で一│ │満足させ│ │て確たる │
│応満足し│ │てくれる│ │疑念が構 │
│ている場│ │製品が提│ │成されて │
│合の欲求)│ │供されて│ │いない欲 │
│        │ │いない場│ │求)      │
│        │ │合の欲求)│ │         │
└──────┘ └──────┘ └──────┘
```

第1章　新製品開発は経営力　67

第2章

成功のための創造的組織

1　経営の基本方針

　企業のライフサイクルは、通常、成長段階→発展段階→成熟段階という経路をたどり、やがて衰退期を迎える。
　創業期から成長段階は、一点集中主義で組織も単純、方向性も明確で、企業そのものが開発集団である。発展段階では、製品の種類も人数も増え、組織も肥大化し、効率より安定化志向となる。成熟段階では、効率はさらに低下傾向を示し、安定化は上昇、組織のムダやムラが発生し、新しいことに挑戦する意欲は低下する。
　企業が成熟期に入り、組織が老化する前に危機感を喚起し、絶えず創業期から発展期のような活性化集団にすべく、経営トップは舵取りをタイムリーに行われなければならない。そのためには、分割、分権、再生の原理を活用して、創造的な仕事に挑戦することである。
　企業が生き残るためには、全社が創造的な仕事に集中できる企業、すなわち研究開発型またはベンチャー型企業のように、絶えることのない研究開発活動をつづけることが必要である。その活動のために、以下のような経営方針のもとに、精力と金を投資する。

①中小企業の小回り性を活かす
　開発型企業は、組織も単純で会社全体の方向性も明確なため、開発プロジェクトも少人数で、小回り性も機動性も疎外されることなく、有効に活用できる組織となっているため、開発業務を効率的に推進することができる。

②新しい発想を実行に移す
　企業全体として、新しい発想を歓迎する体制づくりが必要である。新しい発想を実行に移せるかどうかは、個性重視の思想が企業内に育成されているどうかで決まる。新しい発想を異端者扱いせず、ユニーク性の

目があれば、その提案を尊重することである。
③市場ニーズに合った製品を開発する
　市場ニーズに合った製品を開発し、創造する喜びを感じることにより、人間として大きく成長する。独自性のある製品も、その延長線上から創造され、新しい価値観を生み出す。
④全社員がそれぞれの創造性を発揮する
　新製品開発担当プロジェクトだけが創造性を発揮するのではなく、他社にできない開発を全社で行うという経営理念を浸透させ共有し、それぞれの立場で創造性を発揮することが必要である。
⑤各人の人間性を尊重する
　えてして企業では、斬新な発想をする人を異質扱いし、その人の人格、人間性まで否定する組織人がいる。各人の人間性を尊重することは、いい人柄を育て、自立、自由、協力など、企業に必要な自覚を向上させ、個々人が生き甲斐を感じる要素となり、それが社風をつくる。

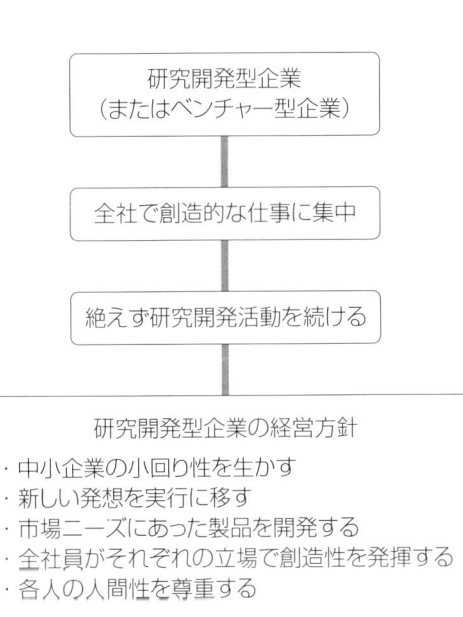

```
┌─────────────────────────┐
│     研究開発型企業        │
│  (またはベンチャー型企業)  │
└─────────────────────────┘
            │
┌─────────────────────────┐
│   全社で創造的な仕事に集中  │
└─────────────────────────┘
            │
┌─────────────────────────┐
│  絶えず研究開発活動を続ける │
└─────────────────────────┘
            │
┌─────────────────────────────────┐
│      研究開発型企業の経営方針      │
│ ・中小企業の小回り性を生かす        │
│ ・新しい発想を実行に移す           │
│ ・市場ニーズにあった製品を開発する   │
│ ・全社員がそれぞれの立場で創造性を発揮する │
│ ・各人の人間性を尊重する           │
└─────────────────────────────────┘
```

2　開発に適した組織体制

　開発の業務は、以下の三つの業務に分けられる。
①アイデアの探索とそれを評価すること
②新製品開発を推進すること
③販売開発と市場開発（開拓）を行うこと
　その機能を果たすために、基本的な開発部門の組織グループとして、次のような構成が考えられる。

　　●管理グループ……………………計画と統制
　　●マーケッティンググループ……市場調査、社内マーケッティング部
　　　　　　　　　　　　　　　　　門との連絡・連携
　　●技術グループ……………………技術調査、研究部門との連絡・連携
　　●渉外グループ……………………技術提携・交流、特許取得、外部へ
　　　　　　　　　　　　　　　　　の製品発表など

　新製品の開発プロジェクトチームは、開発テーマ決定とともにチームが編成される。通常は、新製品開発にふさわしい人材を見極め、全社の各部門から適任者を選任する。開発プロジェクトチームは、その開発期間中は開発部門に属する。
　中小企業でも、このプロジェクト方式は最適で、少人数で構成し、開発期間中は社長直属として、リーダーに権限と責任を与え、勇気ある挑戦をさせることが必要である。
　しかし、独創的で新規性のある開発ほど、計画どおりに進展しないものである。
　こんなとき、本気で馬鹿呼ばわりする経営者や上司に出会うことがある

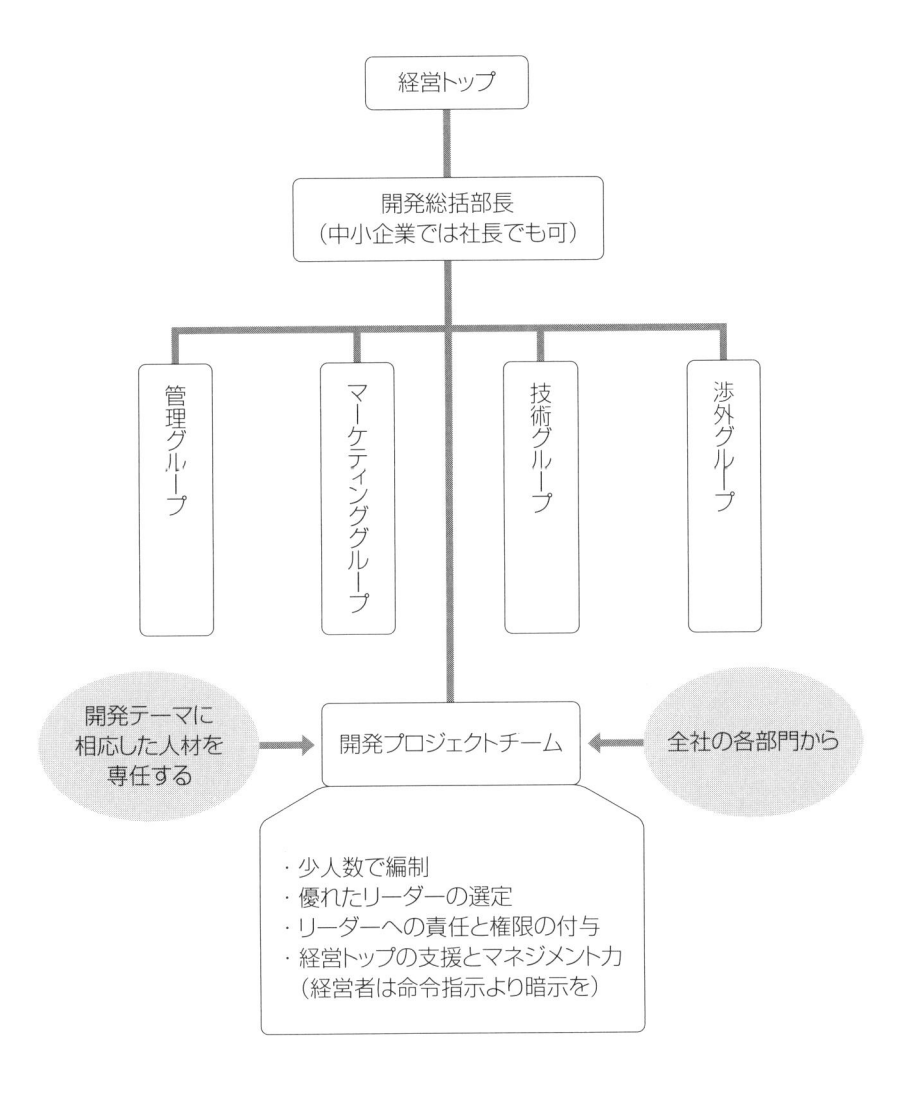

```
                経営トップ
                   │
            開発総括部長
         （中小企業では社長でも可）
                   │
    ┌──────┬──────┼──────┬──────┐
  管理    マーケ    技術    渉外
  グループ  ティング   グループ  グループ
          グループ
    └──────┴──────┼──────┴──────┘
                   │
  （開発テーマに      開発プロジェクトチーム   （全社の各部門から）
   相応した人材を  ←                    ←
   専任する）
                ・少人数で編制
                ・優れたリーダーの選定
                ・リーダーへの責任と権限の付与
                ・経営トップの支援とマネジメント力
                 （経営者は命令指示より暗示を）
```

が、このような企業では、創造性のある高い目標や一見不可能な課題に挑戦する人材がいなくなる。

そこで、開発に適したプロジェクトチームをつくるためには、以下のような取組みが求められる。

第2章　成功のための創造的組織　73

①少人数のプロジェクトチームの編成
　新製品開発は、プロジェクトを組むことが最適な選択肢である。プロジェクトリーダーには、新製品開発のすべての責任、それにともなう権限を付与し、一任する。

②優れたリーダーの選定
　リーダーには、先見性と洞察力を持ち、専門的技術やＩＥ的・ＱＣ的センスと、統率力、リーダーシップが要求される。また、組織人としての機能を果たせることも大切である。

　　　　　　　　　　　　＊ＩＥ＝Industrial Engineering　ＱＣ＝Quality Control

③リーダーへの権限の委譲と責任の付与
　新製品開発に関するすべての権限を委譲できるかどうかが、開発の成功を左右する。同時に企業として、直接、間接的な形でのバックアップを確立しておくことも必要である。

④経営トップによる支援
　経営者は、プロジェクトチームが勇気ある挑戦ができるように、権限、予算などあらゆる面で、具体的は支援を工夫する。また、経営者は、プロジェクトの失敗の責任を自ら取り、リーダーは、メンバーの失敗は自分の責任であるといえるような関係を創造することが大切である。

⑤経営トップのマネジメント力
　経営トップと開発プロジェクトチームが、一本の強い絆で結びついていないと、開発の仕事はうまくいかない。経営者が、リーダーに権限を委譲したにもかかわらず、自ら強力なリーダーシップを発揮することは問題である。経営者は、開発プロジェクトに対しては、命令、指示を与えるのではなく、暗示を与えることが大切である。

3　開発組織と人材

「2　開発に適した組織体制」で示した通常の開発業務を、プロジェクトチームで行う必要はない。開発部門の各業務（管理、マーケティング、技術、渉外）については、適材適所に人材を配置して組織化を図る。

問題は、チーム編成の人材の確保である。組織的には開発部門に属すが、基本的には経営トップと直結し、権限、予算などの支援を受ける。

経営トップが自ら管理者になる例もあるが、これは有益ではない。社内の活性化をそぎ、新製品開発にも影響するので、注意が必要である。

とくに新製品開発については、独自性のある、新しい価値観を生み出す勇気ある挑戦が求められるので、意欲的な人材が必要である。

①ネアカ人間的人材

同じ分野に長く在籍していると、実績重視、ルーチンワーク的な思考に陥り、新しい分野に挑戦する意欲がなくなり、自己過信、閉鎖的、感情的、ネガティブ、化石化というような状態になりがちである。しかし、新しい価値の創造する新製品開発には、ネアカ人間が必要である。

ネアカ人間とは、①面白さ、やりがいを求め、②好奇心旺盛、③積極的、④やってみるという意欲が強く、⑤責任感がある、という人間である。

②自己革新的な人材

価値の創造を通して自己実現を考えたり、視点を変えてものの本質を見極めようとする人である。企業にとっては異質だと思われがちで、組織内の評価は悪い場合もある。しかし、ミスマッチ人事で得意の技術を発揮できずにいる人、反対意見を述べながらも仕事を誠実にやる人など、埋もれた人材が多くいるはずである。

③開発要員として養成した人材

　入社時から、計画的に開発要員として、営業、製造、マーケッティング市場調査、技術サービスなどを担当させ、開発担当者としてのバランス感覚を育成する。また、小集団活動、QCサークル、プロジェクトチームなどの活動や取組みのなかから、創造的な技術者をピックアップすることも可能である。

　とくに社運を賭けた新製品開発、新規事業化に際しては、社内外からの人材の登用が必要である。

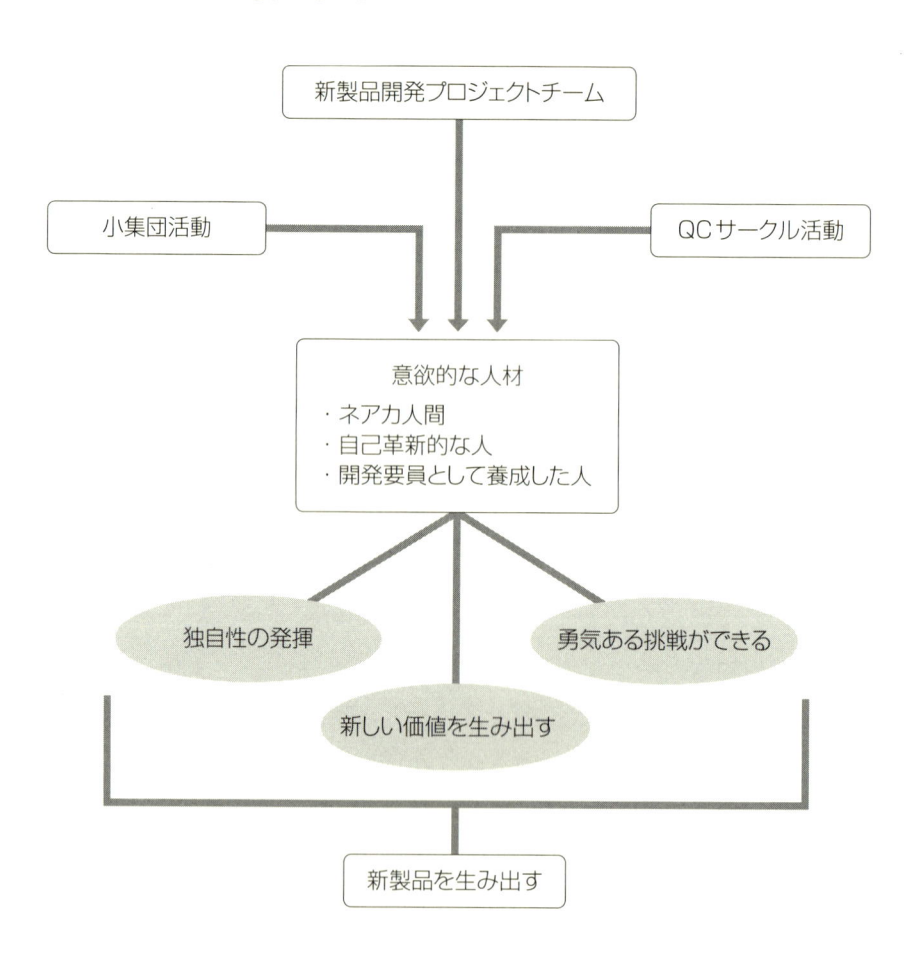

```
        ┌─────────────────────┐
        │ 新製品開発プロジェクトチーム │
        └─────────────────────┘
                    │
┌──────────┐        ▼        ┌──────────────┐
│ 小集団活動 │────▶   ◀────│ QCサークル活動 │
└──────────┘                 └──────────────┘
                    ▼
        ┌─────────────────────┐
        │      意欲的な人材      │
        │ ・ネアカ人間          │
        │ ・自己革新的な人       │
        │ ・開発要員として養成した人│
        └─────────────────────┘
             │       │       │
             ▼       ▼       ▼
    ( 独自性の発揮 )    ( 勇気ある挑戦ができる )
             │                │
             └──▶( 新しい価値を生み出す )◀──┘
                       │
                       ▼
              ( 新製品を生み出す )
```

4　開発集団と人間集団

　開発組織の特性は、開発意欲のある組織、面白さと緊張感がある組織、多様な価値観を持った組織となっていることにある。とくに新製品開発プロジェクトでは、年功序列や単なる命令処理型の仲良し集団では、新しい価値は創造できない。新製品開発プロジェクトチームに必要なのは、優れたリーダーと意欲的な人間集団である。

　意欲ある人間集団は、現状への不満、将来に対する危機感を持ち、革新する楽しさ、緊張感を感じる集団である。また開発テーマについて、建設的な意見をいつでもどこでも議論できる、ネアカ人間である。

　ネアカ集団（人間）の特徴とは次のようなものである。
　①何でも背負い込まない
　②創造力のある人に協力を求める
　③論理的である
　④ものにこだわらない
　⑤協力的である
　⑥前向きに考えるので適応力がある（単純である）

　以上の特徴のほかに、役割を果たす意欲を持っていることが必要である。人間は意欲と執念がなければ前向きの仕事はできない。人間の意欲をかき立てるには、次のような条件が整わなければならない。
　①自分の責任範囲が明確で、自分で考え、決める裁量部分がある
　②仕事の出来栄えを自分自身で判断することができる
　③仕事の評価方法が、自分で納得でき、評価が適正で得心できる
　④仕事の出来栄えに関して、自分の責任がわかり、責任感を感じる

以上のように、意欲を持ち、自己革新を心がけている人は、勇気を持って挑戦できる人である。自己革新の勇気を持たず、単なる経験を積んだだけでは、これからの時代には役に立たない。
　勇気ある挑戦のできる人たちによるチーム編成（人間集団）が、チーム能力を発揮する条件となる。

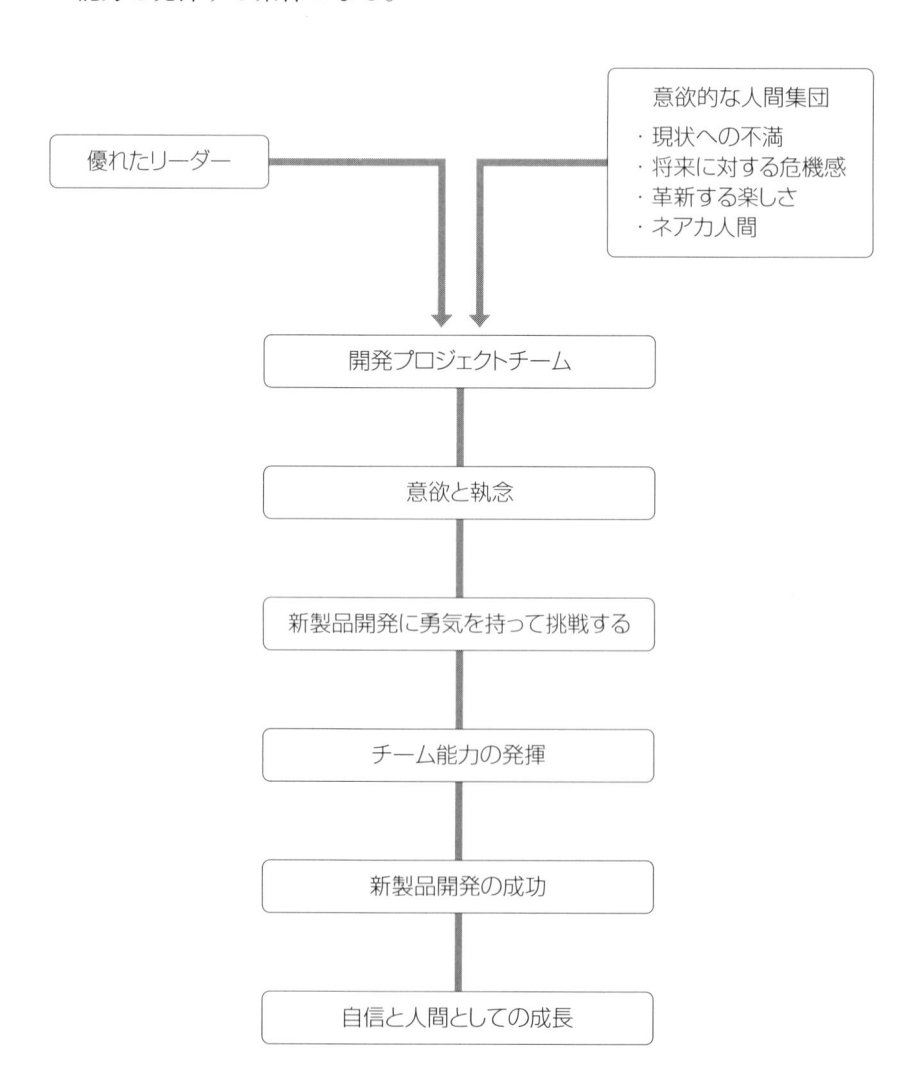

```
┌─────────────┐        ┌──────────────────┐
│ 優れたリーダー │        │ 意欲的な人間集団  │
└─────────────┘        │ ・現状への不満    │
       │                │ ・将来に対する危機感│
       │                │ ・革新する楽しさ  │
       │                │ ・ネアカ人間      │
       │                └──────────────────┘
       │                        │
       ▼                        ▼
    ┌──────────────────────┐
    │  開発プロジェクトチーム  │
    └──────────────────────┘
              │
              ▼
    ┌──────────────────────┐
    │     意欲と執念         │
    └──────────────────────┘
              │
              ▼
    ┌──────────────────────────┐
    │ 新製品開発に勇気を持って挑戦する │
    └──────────────────────────┘
              │
              ▼
    ┌──────────────────────┐
    │    チーム能力の発揮     │
    └──────────────────────┘
              │
              ▼
    ┌──────────────────────┐
    │    新製品開発の成功     │
    └──────────────────────┘
              │
              ▼
    ┌──────────────────────────┐
    │   自信と人間としての成長    │
    └──────────────────────────┘
```

5　燃える開発集団づくり

　燃える開発集団づくりには、開発プロジェクトチーム全員の意欲をかき立てることが必要である。
　開発技術者は、まじめで責任感の強い人が多く、やりがいのある仕事を好む。
　とくに新製品開発は、まじめで責任感の意欲と執念がなければ、いい結果に到達することができない。
　人間の意欲をかき立てるものは、自分で考え、自分で判断し、仕事の出来栄えに関して、自分の責任がわかり、評価が納得できることである。
　そのような意欲のある開発技術者が、お互いの役割を十分に果たすためには、時間をつくり、機会をつくり、支援・協力のしかたをつくり出すことが求められる。
　また有能な人、若い人は、自尊心が強いものである。人間は、自尊心を傷つけられると、いわれたことしかやらない無関心派となり、面従腹背、つまり、立場上やむをえず従っているが、心のなかでは軽蔑しているという態度を取るようになる可能性がある。そうなれば、その人間には意欲がなくなり、役割を果たすことはできなくなる。
　管理者やリーダーは、そうした人間を集団としてまとめていかなければならない。その役割は重要で、おおらかな包容力と、注意深くきめ細やかな配慮が必要となる。
　とくに会議の場などで、新しいアイデアを提案した若い人に対して、「そんなことは無茶だ、おれの経験では……」などと、若い人の提案を否定し、さらには人間性まで否定するような発言に及ぶ管理者やリーダーをよく見受ける。本人は無意識で、その重大性に気がついていないことが多い。

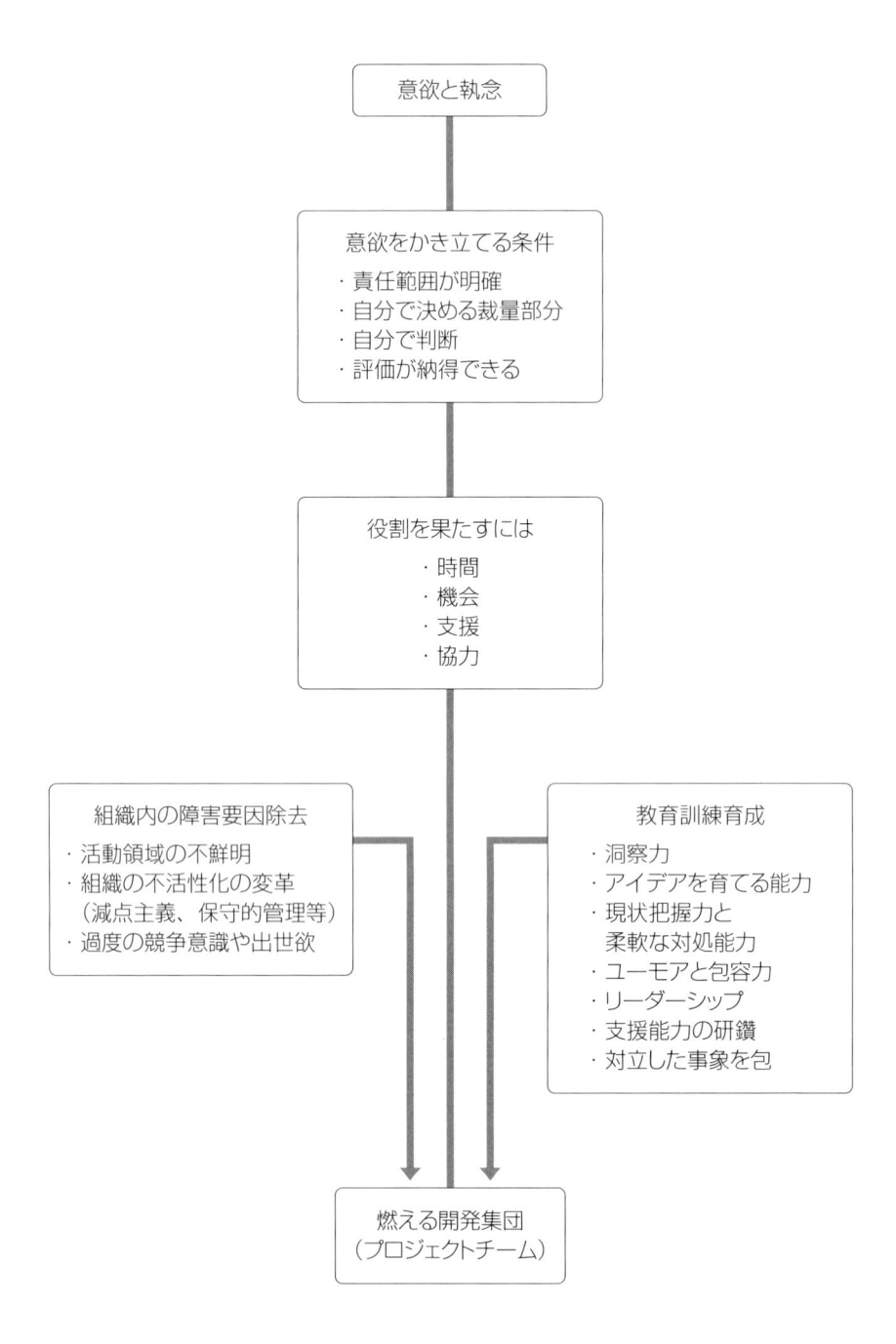

```
┌─────────────┐
│  意欲と執念  │
└──────┬──────┘
       │
┌──────┴──────────┐
│ 意欲をかき立てる条件 │
│ ・責任範囲が明確   │
│ ・自分で決める裁量部分│
│ ・自分で判断      │
│ ・評価が納得できる  │
└──────┬──────────┘
       │
┌──────┴──────┐
│ 役割を果たすには │
│ ・時間        │
│ ・機会        │
│ ・支援        │
│ ・協力        │
└──────┬──────┘
       │
```

┌─────────────────────┐   ┌─────────────────────┐
│ 組織内の障害要因除去 │   │   教育訓練育成   │
│ ・活動領域の不鮮明   │   │ ・洞察力   │
│ ・組織の不活性化の変革 │   │ ・アイデアを育てる能力│
│ （減点主義、保守的管理等）│   │ ・現状把握力と   │
│ ・過度の競争意識や出世欲│   │   柔軟な対処能力   │
└──────────┬──────────┘   │ ・ユーモアと包容力   │
           │   │ ・リーダーシップ   │
           │   │ ・支援能力の研鑽   │
           │   │ ・対立した事象を包   │
           │   └──────────┬──────────┘
           │   │
           └────────────┬───────────────────┘
                        ▼
              ┌──────────────────┐
              │ 燃える開発集団   │
              │ （プロジェクトチーム）│
              └──────────────────┘

しかし、開発集団は燃える集団が不可欠の条件である。有能な人、若い人の創造性を疎外する管理者（またはリーダー）自身が自己改革をしない限り、燃える集団をつくることは不可能である。
　そのほか、燃える集団づくりに対する組織内の障害としては、次の要因が考えられる。

①企業の活動領域が不鮮明の場合
②企業の組織が不活性化している場合
　　──たとえば減点主義や保守的管理主義が主流の組織
③組織内に過度な競争意識や出世欲が存在する場合

　また、個人的な好奇心の不足や、知的・感情的な対立などへの対応もないがしろにしてはならない。表面的なまとまりだけでは、健全な議論は不可能である。議論の活性化や集団の力を高めるためには、十分な注意と対応が必要である。

　燃える集団になるためには、新製品開発の実務のなかで、次の点を重点的に教育訓練し、育成することが必要である。

①洞察力の研磨
②アイデアを育てる能力の向上
③現状の把握力と柔軟な対処能力の強化
④ユーモアと包容力
⑤リーダーシップと支援能力の研鑽
⑥対立した事象を包括して考える能力の研磨

6 創造的人間の特性

　創造的活動を行う人は、ライン組織人として生産性を上げるために、継続的な仕事に従事している人とは異なった認識と行動の特性を持っている。その特性と開発組織の特性（開発意欲のある組織、面白さと緊張感のある組織、多様な価値観を持った組織）には、ある種の共通点が考えられる。創造的な人間の特性について、以下に要約する。

①高い目標，不可能と思われる問題に挑戦
　創造性の高い人は好奇心が強く、新しいことに興味を持ち、新しい経験をしたがる。また、本質を見極めようと考えることのできる人であるから、他人から見ると成功の可能性の少ないものでも、何日もかかって努力し、執念を持って追求する。

②知識が豊富
　新しいアイデアは、既知のものの新しい組合せであるから、体系的な知識を持っていることが必要である。また創造的な人は専門領域を持っており、特定の技術においても深い知識を持っている。不十分な付け焼刃的な知識や理解では、問題は解決できない。また機械的な暗記知識だけでは、独創的、創造的な独自の新製品開発をすることは不可能である。

③斬新なアイデアを出し空想的
　新しい角度からものを見て、反対意見やアイデアを堂々と述べ、流れに逆らった発言をできる人である。変化を求めない組織では評価されず、歯車の一つで終わりがちだが、本質を見るためには、いままでの見方を変えた発想の転換が必要である。また、ものにとらわれないアイデアを出し、空想的で好奇心の旺盛な人は、たくさんの連想（ブレンストーミング的発想の持ち主）の能力を持っている。

④情報収集のネットワーク

　情報は時代の流れに沿って流れる。いい情報は、より創造的な流れを求めている場所や人に集まる。そのために、社内外の異質な人、異業種との交流を通して、上質な情報を入手できる人は貴重である。

⑤非権威的、非同調的

　新しいことに関心があるから、上司、仲間と衝突する。彼らは権威や上司には服従しない。反面、有能な人とは一緒に仕事をしたいと考えている。したがって、仕事への忠誠心は高いが、帰属意識がないため容易に転職をする、一般的なつき合いは悪いが、学会や専門の仲間との友情は重視するなど、二面性を持っている。

```
創造的人間の特性
・高い目標、不可能と思われる問題に
　挑戦することを好む
・知識が豊富
・斬新なアイデアを出し空想的である
・情報収集のネットワークを持っている
・非権威的で非同調的である
```

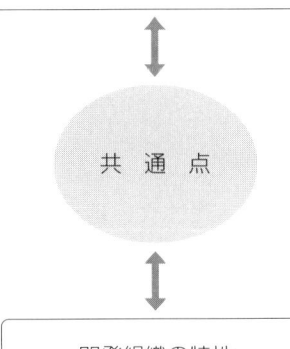

　　　　　　↕

　　　共　通　点

　　　　　　↕

```
開発組織の特性
・開発意欲のある組織
・面白さと緊張感のある組織
・多様な価値観を持った組織
```

7　人材の発掘と育成

　アイデアを生み出す人、アイデアを実現化しうる人が、開発技術者には最適であるが、多くの企業では、選任者や上司の見る目で決まるため、ミスマッチが生じ、上記のような能力のある人が、ルーチンワーク的な仕事に不平、不満をいだきながらも、与えられた仕事をまじめにやっていることは、個人にとっても企業にとっても不幸なことである。
　企業としては、担当職名に関係なく、研究開発的な仕事に才能を発揮できる人を探す発掘活動をすべきである。
　現在開発技術者として開発に携わっている人のなかにも、開発者として評価される人もいるが、新製品開発に挑戦には不向きな人もいる。人材の適性ををよく見きわめ、適材適所の配置をすべきである。
　開発技術者向きの人材を発掘せず、入社時または移動時に学歴や優秀な人材というだけでは、独創的な新製品開発は期待できない。
　開発技術者の発掘の手段としては、小集団活動やＱＣサークル活動、あるいは各部門のプロジェクトチーム内の活動のなかから、創業者的、創造的な開発技術者を見出す。これらの活動のなかでよく目をこらせば、活動に熱心で現行の活動に不満を持ち、将来の危機感を抱いている人材は、案外身近にいるものである。
　「６　創造的人間の特性」で述べた、創造的特性を持った人材は、開発技術者向きの資質を十分に備えているので、育成計画を立てて起用する機会をつくる必要がある。

　開発技術者の育成方法は、企業特有のやり方があると思うが、有効な育成方法の一つとして、プロジェクトチーム内でのＯＪＴ（オン・ザ・ジョブ・トレーニング）教育による育成がある。

プロジェクトチーム活動は、時間、技術、コストの基本条件をコントロールしながら、与えられたテーマ、課題を処理する実践の場である。とくに時間の制約は人を育てる。

　育成で重要なのは、人間に対する優しい心である。そのためには開発意欲を損なわず、意欲をかき立てることが重要である。とくに有能な人や若い人の自尊心を傷つけないことが重要である。失敗に対しても、個人攻撃をしないなどの配慮も必要である。

　失敗しても失敗しても、挑戦意欲を減退させない組織風土は、目に見えない大きな経営資源となる。

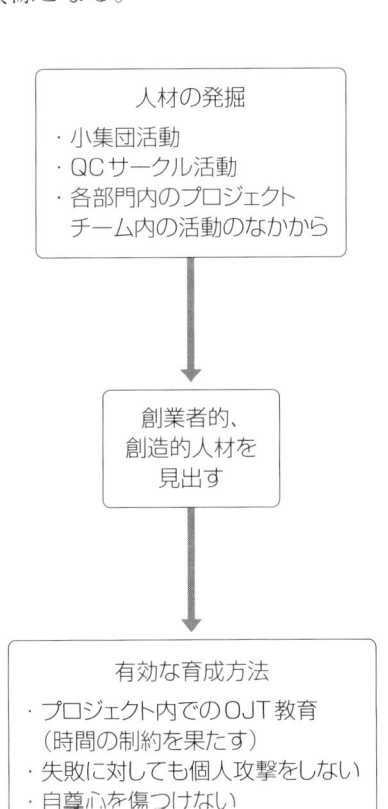

```
┌─────────────────────┐
│     人材の発掘       │
│ ・小集団活動         │
│ ・QCサークル活動     │
│ ・各部門内のプロジェクト│
│   チーム内の活動のなかから│
└──────────┬──────────┘
           ▼
┌─────────────────────┐
│     創業者的、       │
│   創造的人材を       │
│     見出す           │
└──────────┬──────────┘
           ▼
┌─────────────────────┐
│    有効な育成方法     │
│ ・プロジェクト内でのOJT教育│
│  （時間の制約を果たす）│
│ ・失敗に対しても個人攻撃をしない│
│ ・自尊心を傷つけない  │
│ ・人間に対する優しい心│
└─────────────────────┘
```

8　開発技術者の教育訓練

　開発技術者の資質として求められるのは、変化の時代に適応できる人、自己革新に勇気を持って挑戦できる人である。自己革新のできない単なる経験を積んだだけのベテランと称する人は、これからの時代の役には立たない。自己革新とは、次のようにまとめられる。
　①現状に対する不満、将来に対する危機感を持っている
　②これらを打破するため、建設的な具申をしている
　③専門能力（業務遂行能力と応用能力）を十分持っている
　④異分野の知識の吸収を図っている
　⑤衆知を集める能力を持ち、それにともなう行動をしている
　⑥自己革新の意志と行動を持ち合わせている
　⑦人間集団に必要なコミュニケーションと協力を理解し実践している
　以上のような自己革新への志向を持つ人が、小集団活動やＱＣサークルまたはプロジェクトチーム活動のなかに埋もれている。彼らは活動に熱心で、現状の活動に不満を持ち、将来を憂えている。彼らこそ開発技術者向きだといえるので、起用する機会をつくる必要がある。
　起用後には、次のような訓練をする。
　①営業を担当させ、ユーザーニーズ理解させる
　②製造を担当させ、現場の実態を学ばせる
　③市場開発、技術サービスを担当させ、バランス感覚を持たせる。
　この訓練は、目的意識を持たせ、テーマを与え、時間を制限して（たとえば１年間）、スピーディーに実践しないと効果は半減する。
　また訓練は個性を尊重し、個性に合わせた暗黙知*を尊重することを基本とする。

```
┌─────────────────────┐
│  開発技術者の資質      │
│ ・変化の時代に適応できる人 │
│ ・自己革新に勇気を持って  │
│   挑戦できる人        │
└──────────┬──────────┘
           │
           ▼
      ┌─────────┐
      │ 起用する  │
      └────┬────┘
           │
           ▼
┌─────────────┐      ┌──────────────────────┐
│  教育方針     │      │  教育訓練              │
│ ・目的意識    │─────▶│ ・ユーザーニーズの理解（営業）│
│ ・時間制限    │      │ ・現状の実体を学ぶ（製造） │
│ ・スピーディーに実践│  │ ・バランス感覚          │
└─────────────┘      │  （マーケティング、技術サービス）│
                     └──────────┬───────────┘
                                │
                                ▼
                     ┌──────────────────────┐
                     │ チームとしての教育訓練    │
                     │    （OJT主体）         │
                     │ ・求心力の強化          │
                     │ ・新しいネットワーク作り   │
                     │ ・ネアカ集団活動の実践    │
                     │ ・支援・協力行動         │
                     └──────────────────────┘
```

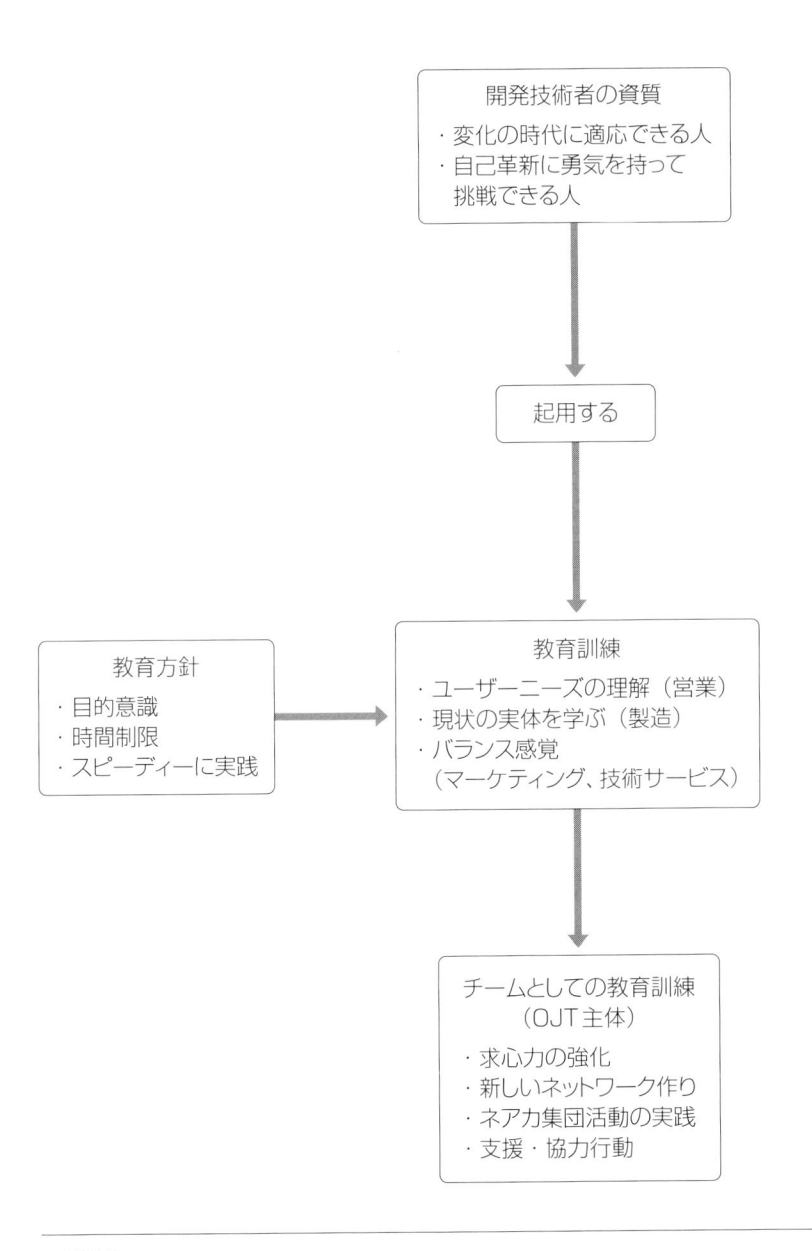

＊暗黙知

　身体のなかに沁み込んでいる過去の経験や知識が、ある種のまとまりとなって出てくる包括的な知識

9　開発リーダーの役割

　開発リーダーは、新製品開発に適した人材で、創業者的技術者を選任する。この人選を間違えると、独創的なアイデアを持ち挑戦意欲を持った若い人や、有能な技術者の芽を摘んでしまう。開発部門のトップである開発リーダーには、以下の点を守り、生きがいを感じることのできる開発組織風土をつくることが求められる。

①**組織の活性化を図る**

　開発部門に求められる組織は、開発意欲、面白さ、緊張感、多様な価値観を持った組織が理想である。開発リーダーの仕事は、このような組織で、いかに創造性を発揮させるか、いかに課題適応力を持たせるかに努力することである。そのためには、

- 議論のできる雰囲気をつくる

　従来の年功序列型の集団や仲良し集団では、新しい価値は生まれない。個々の建設的なぶつかり合いを避けていては、創造的な発想は出てこない。

- ネアカ集団をつくる

　日本人は器用を尊び（自己過信につながる）、閉鎖的、感情的、ネガティブに考えがちであるが、前向きに明るくポジティブに考えたいものである。

②**権限を委譲する**

　とくにプロジェクトチームには必要である。この場合、一定の組織コミュニケーションルールを決め、権限の範囲を明確にし、信頼して任せることが必要である。

　また開発リーダーは、任せると同時に、ほどよい支援（技術的、精神的両面）をすることが望まれる。

③勇気ある挑戦をさせる

　勇気ある挑戦をさせるには、忍耐と支援と愛情（優しさ）を持つことが大切である。人間は、その意気を感じることにより、さらに開発意欲を高揚させる。

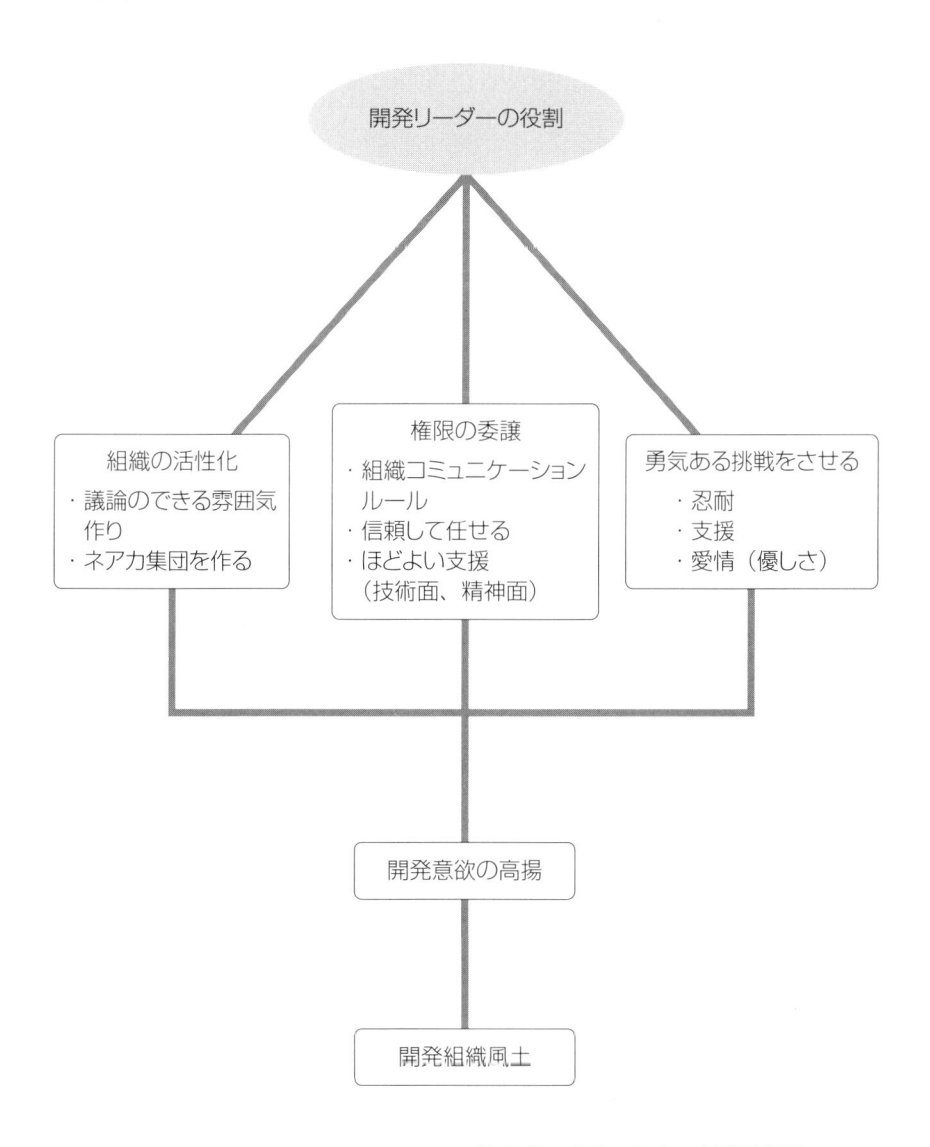

```
                    ┌──────────────┐
                    │ 開発リーダーの役割 │
                    └──────────────┘
                            │
          ┌─────────────────┼─────────────────┐
┌──────────────┐  ┌──────────────────┐  ┌──────────────┐
│  組織の活性化  │  │    権限の委譲    │  │勇気ある挑戦をさせる│
│・議論のできる雰囲気│  │・組織コミュニケーション│  │・忍耐         │
│  作り          │  │  ルール          │  │・支援         │
│・ネアカ集団を作る│  │・信頼して任せる  │  │・愛情（優しさ）│
│                │  │・ほどよい支援    │  │              │
│                │  │（技術面、精神面）│  │              │
└──────────────┘  └──────────────────┘  └──────────────┘
          └─────────────────┬─────────────────┘
                            │
                   ┌──────────────┐
                   │ 開発意欲の高揚 │
                   └──────────────┘
                            │
                   ┌──────────────┐
                   │  開発組織風土  │
                   └──────────────┘
```

第 2 章　成功のための創造的組織

10 開発リーダーの資質

　開発活動は、創造的な思考に基づき、市場の顕在、潜在ニーズをを満足させる新製品を経済的につくり出す集団活動の一つである。新しい価値をタイミングよく市場に提供することは、アイデアを具体化することである。また、新製品開発は一種のスピード競争である。スピード競争に勝つためには、各メンバーの専門的技術力と集団としての開発力がものをいう。開発力を発揮するためには、有能なリーダーが必要である。

　すぐれた技術専門家やベテラン管理職者が、有能なリーダーとは限らない。多くの企業は、このあたりにミスマッチがあるようだ。開発リーダーは創造的で、発想の転換ができ、他社にないものを開発するというベンチャー精神を組織やチームに浸透させて、燃える集団をつくる意志と意欲が求められる。そのためには「汝、己を知れ」「勇気、忍耐、英知、愛情」の意味を深く理解して、実務を推進させることが必要である。

　開発リーダーの持つべき資質の一つの目安として、個人的な機能、組織人としての機能をまとめると、以下のようになる。

①個人的な機能、資質
- ・強い目的意識　　　・意志の強さ　　　・自我の強さ
- ・論理的に物事を実証しようとする性格　・虚心坦懐な心の持ち主
- ・流暢さがある　　　・競争心がある　　・忍耐力がある

②組織人としての機能、資質
- ・組織的能力　　　・部下の育成能力　　・評価能力
- ・発表能力　　　　・計画能力　　　　　・実行力
- ・私心がなく公平　・視野が広い

　実際の企業のなかで、上記の資質をすべてを持ち合わせている人を探すのは難しいだろうが、このような資質を考慮して選任している例は少

ない。ほとんどが開発部門の人事となり、年功序列的なトコロテン式の人選となっている。そのため、組織も部員も発想の転換ができず、開発意欲も緊張感もなく、仲良し集団となり、創造的な人も黙して語らず、面従腹背を決め、数年後の開発リーダーの人事を待っているという、無駄な時間を過ごす形式的な場となっている例がある。

　新しい価値は、人と人との相互作用で創出されるので、知的・文化的な協力関係が重要である。開発リーダーのリーダーシップのもと、勇気ある挑戦をさせ、創造する喜びを感じさせることにより、自信を持ち、人間として成長するという好循環が燃える集団となり、開発を生きがいと感じる組織風土がつくられていく。

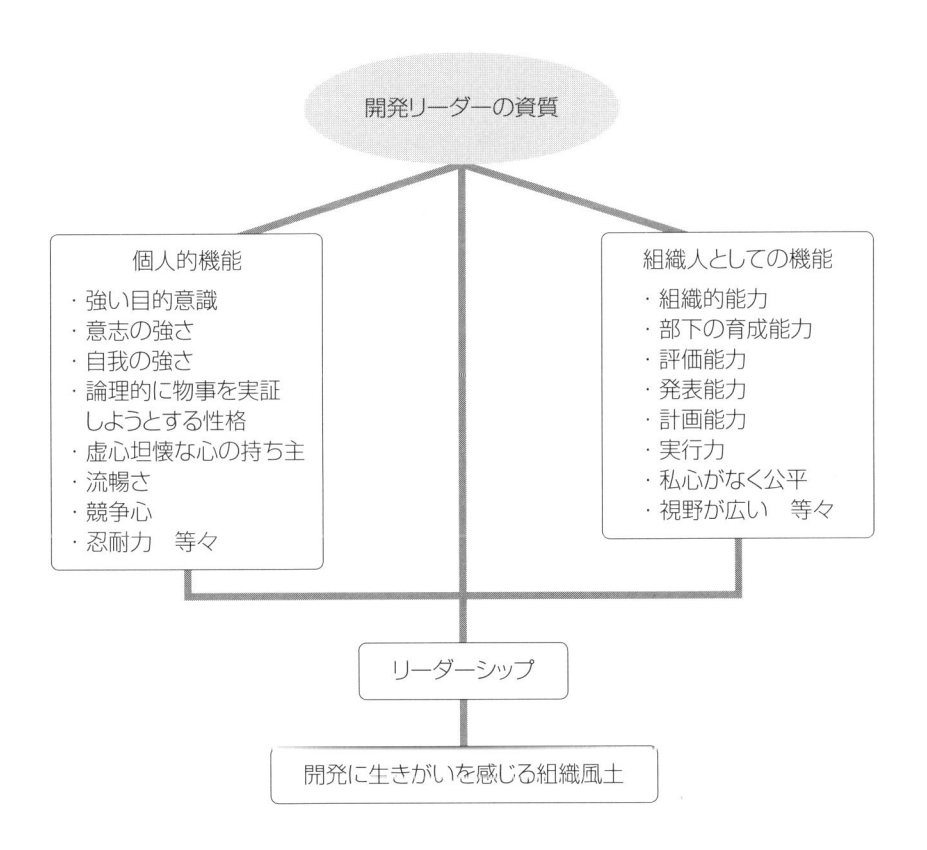

```
                    開発リーダーの資質
                   ╱                ╲
     個人的機能                       組織人としての機能
   ・強い目的意識                     ・組織的能力
   ・意志の強さ                       ・部下の育成能力
   ・自我の強さ                       ・評価能力
   ・論理的に物事を実証               ・発表能力
     しようとする性格                 ・計画能力
   ・虚心坦懐な心の持ち主             ・実行力
   ・流暢さ                           ・私心がなく公平
   ・競争心                           ・視野が広い　等々
   ・忍耐力　等々
                   ╲                ╱
                     リーダーシップ
                          │
                開発に生きがいを感じる組織風土
```

第2章　成功のための創造的組織

11　開発者の条件

　新製品開発では、アイデアを生み出せる人、アイデアを実現できる人を集めることが大切である。これらの能力のある人が、ルーチンワーク的な仕事のみを、ただまじめにやっていたとしたら、個人にとっても企業にとっても損失である。

　新製品開発は全社的な活動であるから、開発プロジェクトチームの開発者は、全社の人材のなかから結集することが必要である。開発者の結集にあたっては、一つは創造的な特性を持っている人、もう一つは、組織内での仕事への取組みの意欲や執念、仕事に対する考え方や責任感を持っている人から選出する。

　開発者の条件として必要な点を以下に要約して示す。

①顧客ニーズの研究能力

　新製品で顧客の欲求（ニーズ）を満足させるには、顧客のニーズを知らねばならない。必要な顧客情報を入手するためには、情報感度を高めておくことが先決である。また、その顧客（市場）情報を品質情報（特性）に翻訳し、新製品の設計目標（新製品の品質、差別化技術、セールスポイントなど）を立てる。

②技術開発能力

　新製品開発においては、技術上の斬新性は不可欠である。改良技術にしろ、新技術にしろ、従来技術の延長線上の技術体系の革新性の追究と考えられる。また、新しいアイデアは既知のものの組合せであるから、技術開発に必要な専門の体系的な知識を持っていることが必要である。

③製品化、サービス化能力

　従来の開発は技術面の開発が主体で、開発後の責任が不明確であった。結果として、開発部門と営業部門（または販売部門）とのいがみ合

いや、責任のなすりあいなどの問題が発生することも多かった。しかし社運を賭けた新製品開発では、全社、各部門の一致協力体制が不可欠である。開発プロジェクトチームの開発者は、技術開発、販売開発とを同時並行して新製品開発を行い、絶えずキャッチボール（情報交換）を行い、新製品開発のなかに活かす柔軟性のある能力が求められる。

④仕事の完全性追求能力

新製品開発は、与えられたテーマと課題に対し、意欲と執念で完遂することである。また開発者の個々人が、自立、自由、協力を自覚することが必要である。開発プロジェクトチーム（ネアカ集団）のなかでよい仕事をし、自信を持ち、創造する喜びを感じる価値観を持ち合わせることが必要である。

⑤環境保証に関する本質安全化思想を持つ

製品の有用性、安全性は必要不可欠の条件である。近年は環境に対しての安全性が重要となっている。また品質保証の考え方も、有用性重視から安全性重視の方向へと変わっているので、各人が本質安全化への思想をはっきり持つことが求められる。

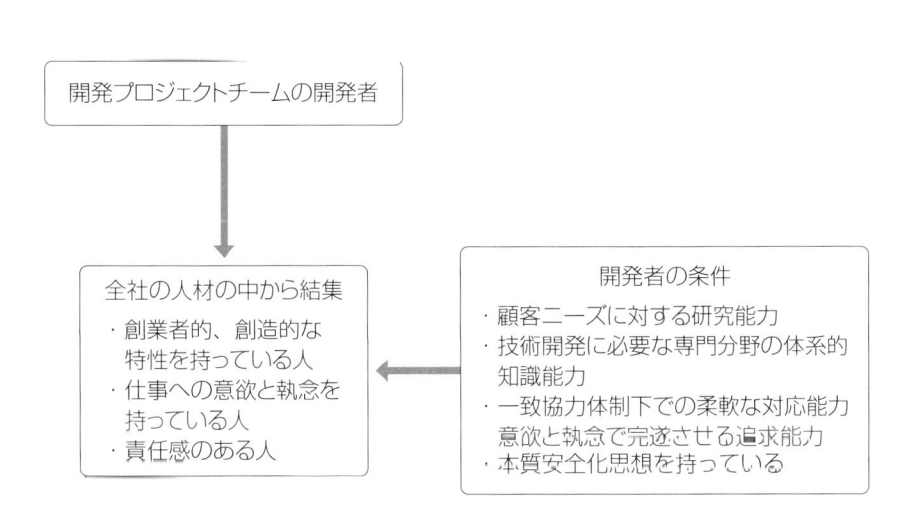

開発プロジェクトチームの開発者

全社の人材の中から結集
・創業者的、創造的な特性を持っている人
・仕事への意欲と執念を持っている人
・責任感のある人

開発者の条件
・顧客ニーズに対する研究能力
・技術開発に必要な専門分野の体系的知識能力
・一致協力体制下での柔軟な対応能力
　意欲と執念で完遂させる追求能力
・本質安全化思想を持っている

第2章　成功のための創造的組織

12　開発担当者の役割

　開発プロジェクトチームの開発担当者の役割は、専門性を考慮して、各自の役割分担が決まる。各自が役割を果たすためには、信頼して任せ、勇気ある挑戦をさせることである。そのなかでさらなる意欲をかき立てるためには、以下のことが必要である。
　①担当者の責任範囲が明確で、自分で決める裁量部分がある
　②自分自身で判断できる権限がある
　③仕事の評価が自分で納得できる
　④仕事の出来栄えに関して自分の責任がわかる
　以上のように、お互いが役割を果たすためには、時間をつくり、機会をつくり、支援の仕方をつくり出すチームワークも大切である。与えられたテーマ、課題を、与えられた時間内で答えを出すためには、以下のような対応が必要である。

①技術的な対応
　各人が与えられたテーマや目標に対して、技術的な課題や問題点を解決するには、いままでの専門知識や専門技術などの体系的知識から、新しいアイデアを考え出すことが求められる。

②チームワークの協力
　時間が制限されている開発では、チーム全員が一つの目標に向かってベクトルを合わせ、それぞれが創造性を発揮し、かつ協力体制を取る時間をつくり出すことが必要である。そのためには、各人の人間性を尊重し、自分自身が燃える集団の一員となることが必要である。

③情報の共有化
　限られた時間内での新製品開発では、個々人の技術情報を共有化することが大切である。よく自分の技術資料、たとえばノウハウ技術、経験

したトラブル解決技術、計算書、最新技術情報などを、自分だけの資料として、囲い込んでしまっている人がいるが、有効に活用したいものである。共有化することにより、情報入手のむだを省き、全体の技術レベルも上がり、開発のスピードも速くなる。

　このような弊害をなくすためには、フォーマル、インフォーマルの別なく、情報交換の場を多くつくり、いつでも、誰でもが、自由に論議できる環境と雰囲気をつくり出すことが必要である。

④社会に対する責任感

　開発した製品が環境不適合であったり、顧客と環境に対して安全性が不十分では、社会に対する責任は果たせないし、開発者としては失格である。環境とその製品の相互作用などを十分研究し、社会に対する責任を果たすことは、開発者にとって重要な業務である。

```
┌─────────────────────────┐
│   開発者の各自が役割を果たす    │
└─────────────────────────┘
         ↓
┌─────────────────────────┐
│      意欲をかき立てる条件      │
│   ・責任範囲が明確           │
│   ・自分で決める裁量部分がある   │
│   ・自分自身で判断できる権限    │
│   ・仕事の評価が自分で納得できる │
│   ・仕事の出来栄えの責任がわかる │
└─────────────────────────┘
         ↓
┌─────────────────────────┐
│        チームワーク          │
│   (時間・機会・支援・協力)    │
└─────────────────────────┘
         ↑
┌─────────────────────────────────┐
│         開発者の対応              │
│ ・新しいアイデアを生み出す(技術的対応) │
│ ・チームワーク内の協力             │
│ ・各人の人間性の尊重と自信が燃える集団の一員である自覚 │
│ ・情報の共有化                   │
│ ・社会への責任感                 │
└─────────────────────────────────┘
```

13　社内外の情報ネットワーク

　情報は集まりやすいところに集まる。また情報は、時代の流れに沿って流れる。その流れのなかで、より創造的な流れを求める人や場所によい情報が集まる。

　創造的な新製品の開発においては、社内外における情報ネットワークを持っていないければ、大きなハンディキャップを背負わされることになる。新製品開発を成功させるためには、情報を十分集めて開発することが必要不可欠となる。社内外で情報収集のよいネットワークを構築することは、良質の情報源を持つことから始まる。

①社外のネットワーク

　良質なネットワークづくりの基本は仲間づくりである。まず業界の情報交換会、勉強会や学会、セミナー、異業種交流会などに積極的に参画することで、多くの周辺情報（おもに雑談のなかで得られる情報など）や論理情報（学会での論文発表、シンポジウムなどからの情報）が入手できる。情報は、人と人との相互作用で増幅する。社外のネットワークから多くの情報が入っていれば、新製品のアイデア、課題や問題解決に、重要なヒントを得られる。

②社内のネットワーク

　社内の情報ネットワークは軽視されがちであるが、埋もれている情報が多くあるはずである。社内では、それぞれの部門がそれぞれの立場で、情報の収集を行っている。通常は、図書館、技術企画の調査部門、特許部門などが、それぞれ独自の情報管理を行っている。しかし、同じような情報保持の割合が高く、無駄が多い。一括して取りまとめる部門もなく、有効に活用されていない。社内情報を活かすためには、新製品開発関連部門との定期的な情報交換会や、社内の同期生、友人、仲間などの

横のつながりを利用したインフォーマルな情報交換の場のネットワークが必要である。新製品開発に関連する各部門のなかで、真の情報を持っている人をピックアップし、常日頃からコンタクトを図り、いつでも社内の良質な情報が入手できる情報源を持つことは、新製品開発に欠かせない。

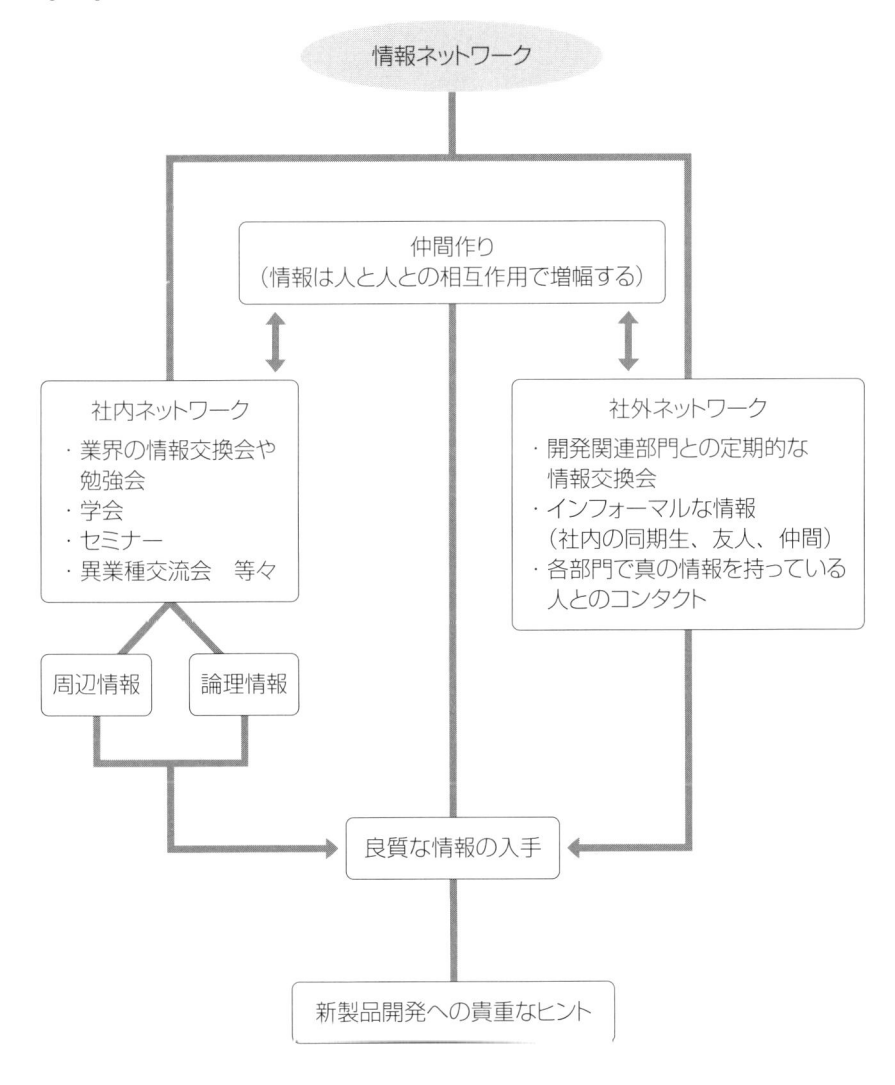

```
                    情報ネットワーク
                          │
        ┌─────────────────┼─────────────────┐
        │                 │                 │
        │           仲間作り                 │
        │  (情報は人と人との相互作用で増幅する) │
        │         ↕             ↕           │
        ▼                                   ▼
  社内ネットワーク                    社外ネットワーク
  ・業界の情報交換会や              ・開発関連部門との定期的な
    勉強会                            情報交換会
  ・学会                            ・インフォーマルな情報
  ・セミナー                          (社内の同期生、友人、仲間)
  ・異業種交流会 等々                ・各部門で真の情報を持っている
                                      人とのコンタクト
        │                                   │
   ┌────┴────┐                              │
  周辺情報  論理情報                          │
        │                                   │
        └──────→ 良質な情報の入手 ←──────────┘
                      │
                      ▼
              新製品開発への貴重なヒント
```

14　社外情報の収集

　新製品開発において、社外の情報収集は大切である。社外情報の収集のなかで、次に挙げる情報は、新製品開発にはとくに重要である。

①特許情報
　国内外の特許情報は、定期的に入手して技術分野ごとに分類整理し、特許の技術動向として把握しておく必要がある。

②専門家の技術論文、見解など
　先端技術、注目技術などについては、つねに情報として入手する。また、その技術についての専門家（大学教授、研究者など）の意見などの情報も確保する。

③競争相手の技術動向
　競争企業や異業種企業などの関連技術情報に注意して、情報を入手する。入手方法としては、業界のセミナー、学会の発表会、見本市や展示会、特許出願情報などで収集する。

④国内外の競争相手や他社の製品動向
　競争相手や異業種の成功製品や製品動向の情報により、自社の新製品開発のコンセプトや目標、方針の参考にする。

⑤販売経路からの情報（商社情報など）
　販売先（おもに商社）の情報は、市場調査や顧客ニーズをベースにしているため、確率の高い情報源である。これらの販売先からの情報を有

```
新製品開発に必要な社外情報収集
├─ 特許情報
│   ● 定期的に入手
│   ● 技術動向把握
├─ 専門家の技術論文等
│   ● 先端技術として
│   ● 注目
│   ● 専門家の意見情報
├─ 競争相手の技術動向
│   ● 業界のセミナー
│   ● 学会発表
│   ● 見本市・展示会等
│   ● 特許出願情報
├─ 競争相手や他社の製品動向
│   ● 成功製品
│   ● 関連製品
├─ 販売経路からの情報(商社、卸等)
│   ● 市場調査
│   ● 顧客ニーズ
├─ 技術の長期予測
│   ● 将来の新製品の目安
│   ● 潜在ニーズ
├─ 成長製品の予測
│   ● 新製品開発の方向性
│   ● 自社の開発対応
├─ 関連製品の不備やクレーム調査
│   ● 顧客のニーズの把握
│   ● 差別化
├─ 新しい素材(材料)の情報
│   ● 新製品への採用
│   ● 先駆け開発
└─ 一般環境動向
    ● 社会の要求、要望の先取り
```

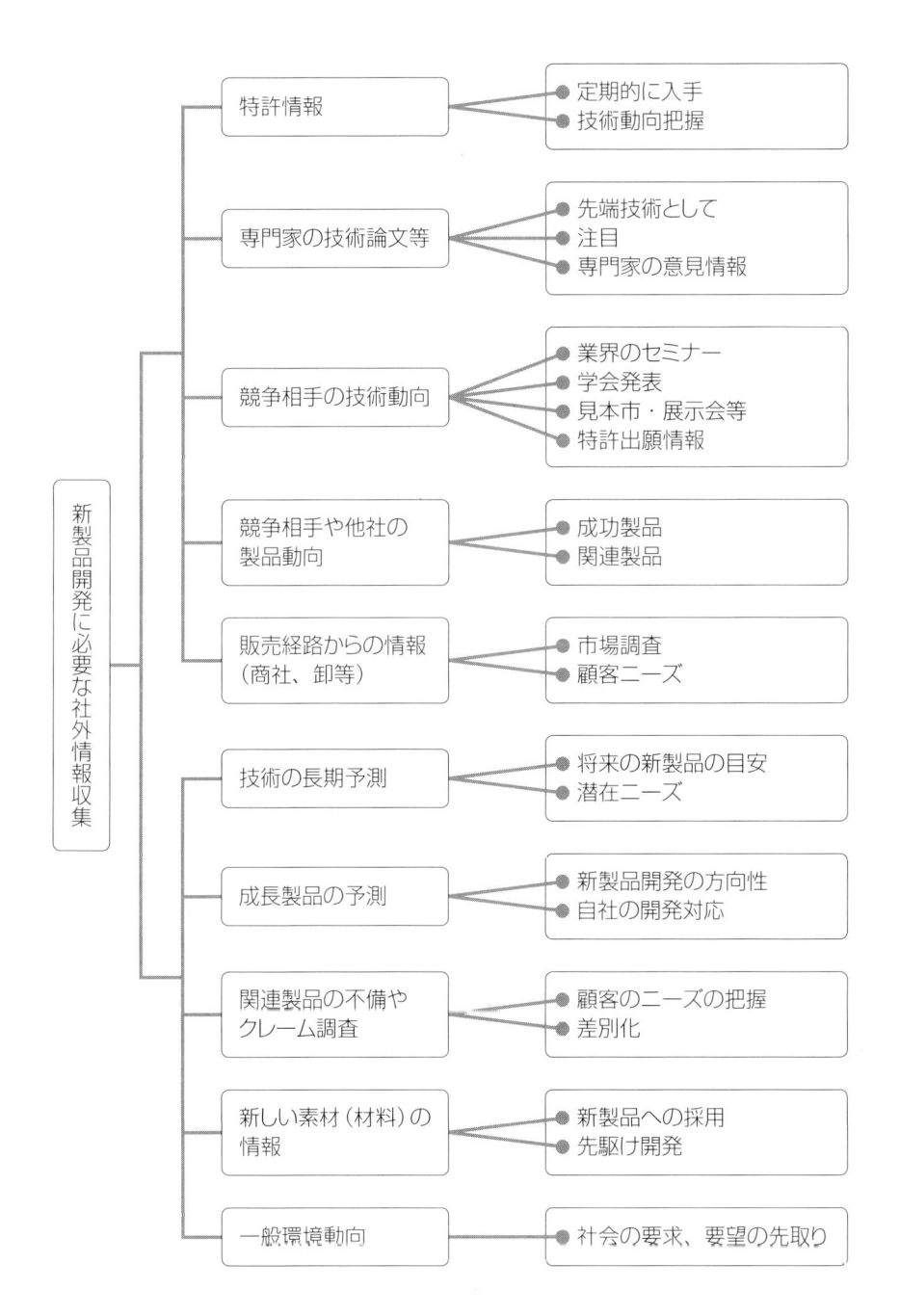

効に活用し、新製品開発に活かすことが必要である。

⑥技術の長期予測
　技術の長期予測情報は、将来の潜在ニーズを呼び起こす提案型の新製品の目安となる。技術のニーズ情報として重要な情報源である。これからの開発は、独創的で、新たな価値を気づかせる新製品が求められている。

⑦成長製品の長期予測
　成長製品の長期予測により、自社の開発対応が検討される。改良開発だけでよいか、新技術開発か、新市場開発（開拓）か、など、成長製品の情報は、自社の新製品開発の方向、方針、取組み方などに、多くの情報を提供してくれる。

⑧関連製品の不備やクレーム調査
　この情報によって、市場や顧客のニーズや要望が把握できる。これによって、新製品開発のターゲットや製品コンセプトが明確になり、他社製品との差別化も可能となる。

⑨新しい素材、新材料の情報
　材料メーカーや素材メーカーの最新情報により、従来ネックとなっていた新製品開発に弾みがつき、他社に先駆けての開発を可能にする。

⑩一般環境動向
　国内外の環境情況動向（政治、経済、社会問題、環境問題など）によって、社会の要望、要求を先取りした新製品開発を可能にする。今後は、上記の技術情報の収集と合わせて、地球（世界）規模の環境動向の情報収集も重要である。

15　社内情報の収集

　企業が組織体である以上、定期的に集めた情報を体系的に整理し、いつでも検索できる情報検索システムをつくり、誰でも自由に活用できるようにしたいものである。
　開発部門としては、これらの情報を活用することにより、開発のスピードを上げることが可能となる。
　企業では、セクショナリズム的になりやすい体質を抱えている。ややもすると、同じ情報を共有しようとする発想が希薄なため、各セクションそれぞれで自分たちだけの情報をかかえることで終始し、効果的な情報収集となっていない。
　社内での情報収集を効率化するためには、情報収集の取りまとめ部門を決め、情報収集に関する役割分担を明確にして活動することが必要である。
　社内の情報収集については、以下のような役割分担が考えられる。

①**図書室**
　一般図書、雑誌、専門紙（誌）、新聞などの情報
②**マーケッティング部門**
　一般環境動向、テクノマーケット動向および市場の競争相手のマクロ的な情報
③**営業部門（サービス技術営業を含む）**
　市場ニーズと競争相手の情報
④**開発部門、商品企画部門**
　技術情報（おもにシーズ情報）

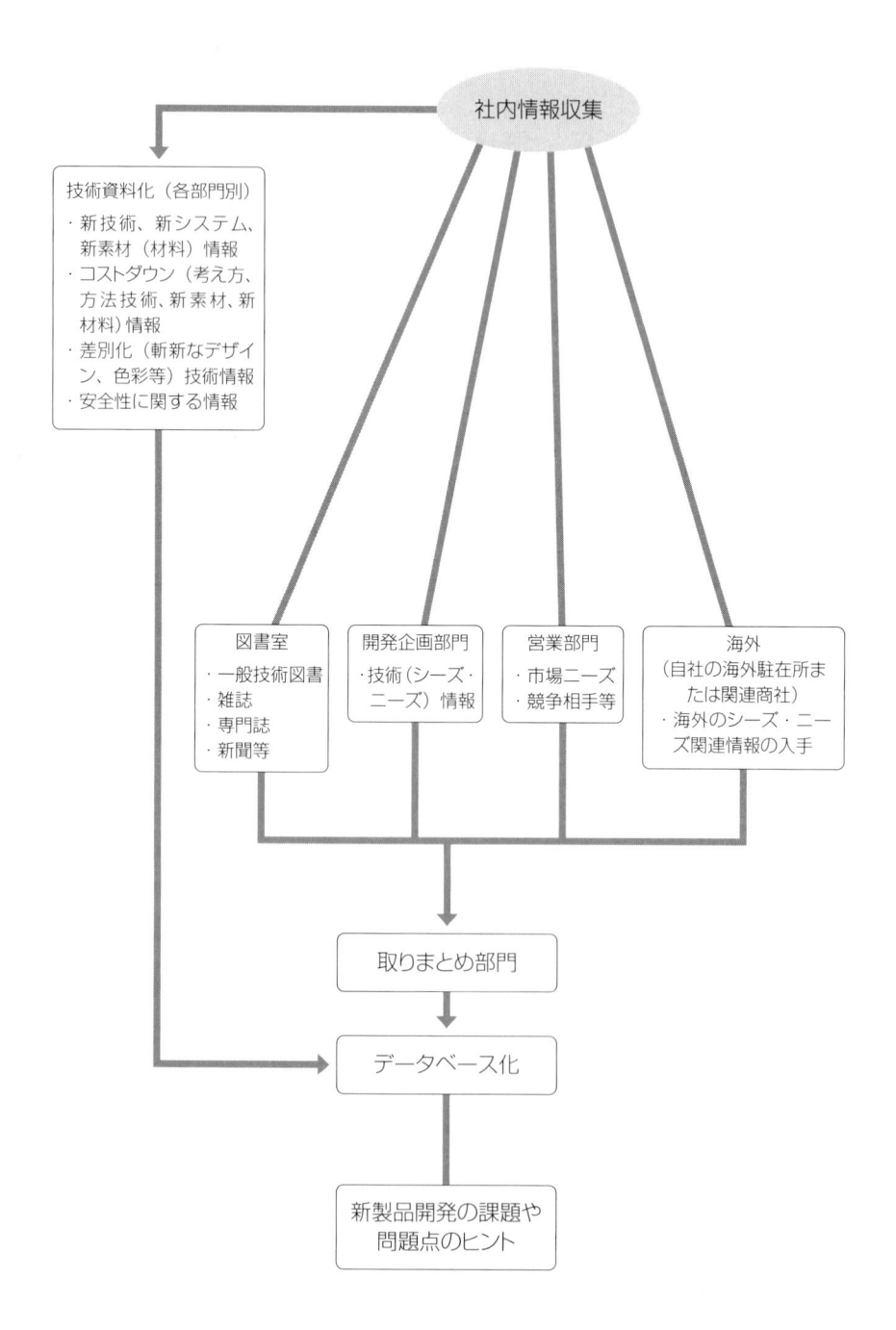

```
                        ┌─────────────────┐
                        │  社内情報収集    │
                        └─────────────────┘
                         │ │ │ │ │
┌──────────────────┐     │ │ │ │ │
│ 技術資料化（各部門別）│    │ │ │ │ │
│ ・新技術、新システム、│    │ │ │ │ │
│  新素材（材料）情報  │   │ │ │ │ │
│ ・コストダウン（考え方、│  │ │ │ │ │
│  方法技術、新素材、新 │  │ │ │ │ │
│  材料）情報        │    │ │ │ │ │
│ ・差別化（斬新なデザイ│   │ │ │ │ │
│  ン、色彩等）技術情報 │  │ │ │ │ │
│ ・安全性に関する情報  │   │ │ │ │ │
└──────────────────┘
```

```
┌──────────┐  ┌──────────┐  ┌──────────┐  ┌──────────────┐
│ 図書室    │  │開発企画部門│  │ 営業部門  │  │ 海外          │
│・一般技術図書│ │・技術（シーズ・││・市場ニーズ │ │（自社の海外駐在所ま│
│・雑誌    │  │  ニーズ）情報│ │・競争相手等 │ │たは関連商社）   │
│・専門誌   │  └──────────┘  └──────────┘  │・海外のシーズ・ニー│
│・新聞等   │                              │ ズ関連情報の入手 │
└──────────┘                              └──────────────┘
```

```
            ┌──────────────┐
            │  取りまとめ部門  │
            └──────────────┘
                    ↓
            ┌──────────────┐
            │  データベース化  │
            └──────────────┘
                    ↓
            ┌──────────────────┐
            │ 新製品開発の課題や  │
            │ 問題点のヒント     │
            └──────────────────┘
```

⑤**海外営業所および関連商社などからの情報**
　海外のニーズ、シーズ情報

　以上は、定期的に集める情報である。
　さらに、それ以外に、社内の各部門が保有しているノウハウ技術、新技術を技術資料として、以下のように整理分類するようにする。
　そうすることで、埋もれている社内技術情報が、顕在化してくる。
　それらの情報が、新製品開発の課題や問題点のヒントになる例は多くある。

①性能向上に役立ちそうな新技術、新システム、新素材などの情報
②大幅なコストダウンにつながると思われる考え方、方法、技術、新材料新素材の情報
③一目で差別化できると思われる、斬新なデザイン、色彩などに関する情報
④安全性を向上させるための方法や材料、機器や機械に関する情報

MEMO

16　良質な情報源を持つ

　新製品開発のための情報収集は、基本的には組織で行う。
　「13　社内外の情報ネットワーク」「14　社内の情報収集」「15　社外の情報収集」で述べたとおり、技術動向や市場動向については、学会、セミナー、シンポジウムあるいは大学、公的機関の研究所などに足を運ぶことにより、概略の動向は把握できる。また、特許情報や専門誌、業界紙、新聞などでも、ある程度は知ることはできる。
　しかし、創造的な新製品開発のテーマになるような情報は、簡単に入手できない。
　良質な情報源を持つためには、現在関係している大学や公的機関の研究所の教授や研究者、自社製品のユーザー、同業、異業種企業の知人友人などのなかから探すことである。
　このような情報の多くは、個人的に集めることができる。個人が良質な情報を入手するには、収集する個人の資質も影響する。
　良質で有効な情報を収集できる資質は次のようなものであろう。

①外部の人とのコミュニケーションがいい
②特許や専門技術資料、文献などをよく読み、外部の技術動向を把握している
③専門誌、業界紙、新聞などを、ほかの人より多く読んでいる
④あらゆる分野の人と接触する回数が多い

　また、出会いの確率を高めるには、良質な情報源である人を探し出し、質疑応答ができるようにすることである。
　そのためには、①～④の収集を怠らず、自らの情報感度を高めておく

ことである。

　自分の情報感度が錆びついていると、閃くものも閃かない。閃くためには自分自身も勉強し、良質な情報源を探し出し、質疑応答を繰り返す執念が必要である。

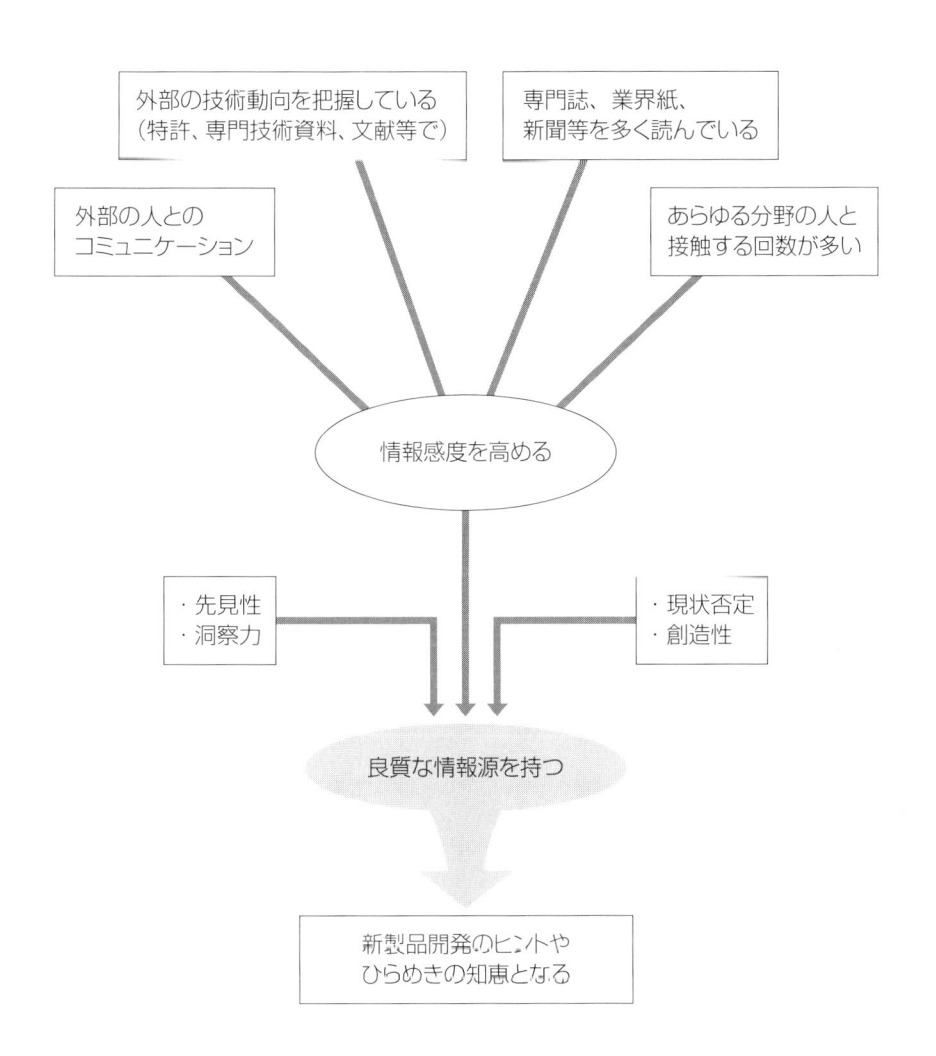

```
                外部の技術動向を把握している        専門誌、業界紙、
                (特許、専門技術資料、文献等で)      新聞等を多く読んでいる

     外部の人との                                あらゆる分野の人と
     コミュニケーション                          接触する回数が多い

                        ( 情報感度を高める )

         ・先見性                              ・現状否定
         ・洞察力                              ・創造性

                        良質な情報源を持つ

                        新製品開発のヒントや
                        ひらめきの知恵となる
```

第2章　成功のための創造的組織

しかし、良質な情報源を探し出すことは、いかに努力しようと、個人の範囲だけでは、やはり限定される。
　したがって、組織的に探し出し、ピックアップし、いつでも質疑応答ができる体制を確立しておくことが必要である。
　社内外で良質な情報源を探し出すためには、情報源となる人が、研究開発、新製品開発向きで、先見性と洞察力が確かで、現状に満足していない、創造性豊かな人であることを目安にする。
　良質な情報源から入手した情報から、新製品開発のヒント、閃きとなる知恵を得たのであれば、当然それなりの対価を支払いたい。ほどよい対価が良質な情報源を確保しておく「こつ」である。

MEMO

第3章

開発は
トップマネジメントで決まる

1　トップマネジメントの役割

　新製品開発を成功させる条件の一つに、トップマネジメントの起業家精神がある。
　研究開発型の企業のトップマネジメントは、イノベーション構想に基づいたテーマ選定が求められる。
　とくに新製品開発については、トップダウンであることが必要である。新製品開発について、トップマネジメントに期待する役割を以下に示す。

①新製品開発の方針を決める

　新製品開発の方針を決める評価尺度は、企業の経営理念や経営哲学などに基づいたイノベーション構想と、トップマネジメントの「こうありたい」と願う思考と行動による。
　トップマネジメント（おもに経営トップ）の言動が、自然に企業の評価尺度となって定着する。
　場合によっては具体的なテーマやアイデアもだすが、過大なテーマや開発件数の過多は、失敗の原因となるので注意が必要である。
　今後トップマネジメントが関心を持つべき事項を、以下に示す。

- 価値観の変化、個性化、老齢化などの進展にともなって発生する社会的要望、願望のテーマ、アイデア
- 既存の技術や新技術により、人間や環境に与える障害を、未然に防ぐ必要性のある技術的要望、願望のあるテーマ、アイデア
- 生産の合理化、海外生産などにともない生産性向上を図るための経済的要望、願望のテーマ、アイデア

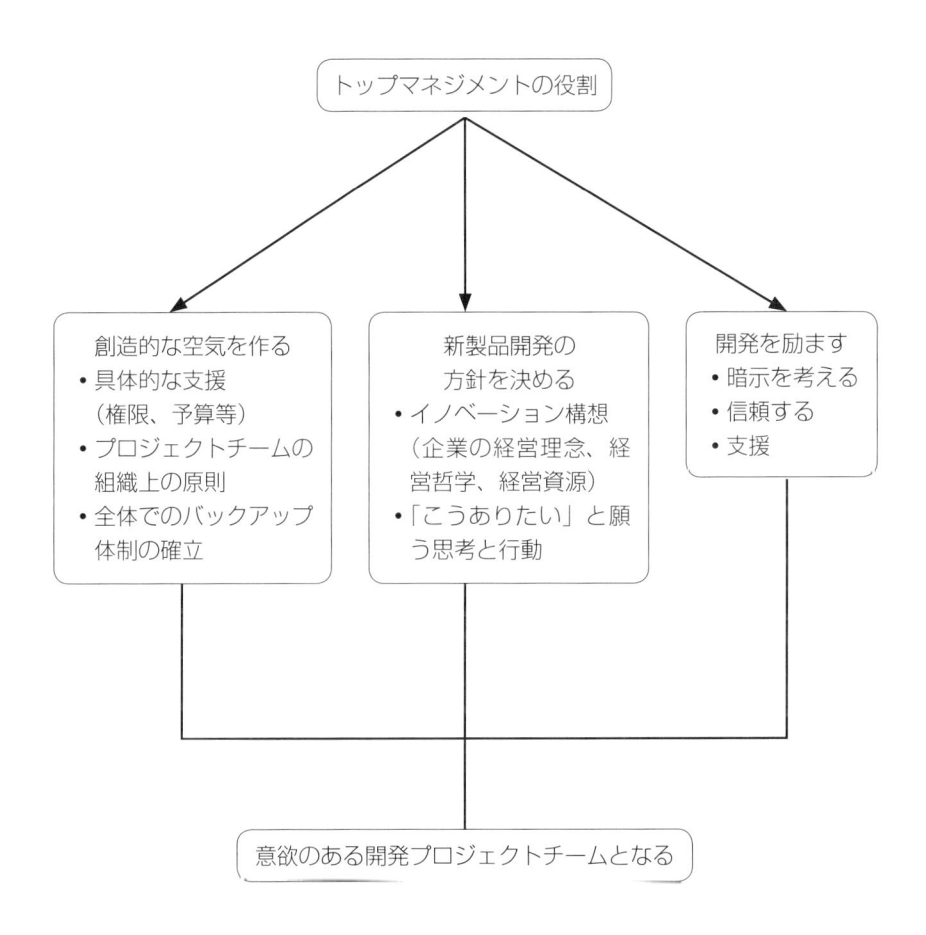

```
                    ┌──────────────────────┐
                    │ トップマネジメントの役割 │
                    └──────────────────────┘
                      ↙        ↓        ↘
┌──────────────────┐ ┌──────────────────┐ ┌──────────────┐
│ 創造的な空気を作る │ │ 新製品開発の     │ │ 開発を励ます │
│ • 具体的な支援    │ │ 方針を決める     │ │ • 暗示を考える│
│  （権限、予算等） │ │ • イノベーション構想│ │ • 信頼する   │
│ • プロジェクトチームの│ │  （企業の経営理念、経│ │ • 支援       │
│  組織上の原則    │ │  営哲学、経営資源）│ └──────────────┘
│ • 全体でのバックアップ│ │ •「こうありたい」と願│
│  体制の確立      │ │  う思考と行動    │
└──────────────────┘ └──────────────────┘
                      ↓
         ┌──────────────────────────────────┐
         │ 意欲のある開発プロジェクトチームとなる │
         └──────────────────────────────────┘
```

- 自然環境、人工的環境変化にともなう対人、対物、環境保全要望、願望のテーマ、アイデア

②創造的な空気をつくる

　トップマネジメントは、開発プロジェクトチームが仕事に対して勇気ある挑戦ができるように、権限、予算など、あらゆる面で具体的な支援をする。

また他部門や関連部門から、開発プロジェクトチームに対する非協力や理解不足による抵抗など、不活性化現象として現れることがある。その弊害をなくすためには、以下のような組織上の原則をしっかり決め、バックアップ体制を確立しておく必要がある。

- 目的、使命の明確化
- リーダーへの権限の委譲と権限範囲の明確化
- 意思決定方法の明確化
- 業務優先の付与
- 業績評価方法の明確化
- チーム解散時の処遇の明示

③開発を励ます

　トップマネジメント（おもに経営者）は、開発に対し命令、指示を与えるだけでなく、暗示と励ましを与えることが大切である。

　また新製品開発は、リスクも大きく、開発費用の支出も長期間となる。その時点での利益を減少させても、将来のための支出を決定することは、トップマネジメント以外では不可能である。

　既存事業部への影響、非協力や抵抗を説得し、新製品開発を推進させることも、トップマネジメントの役割となる。

MEMO

2　トップマネジメントの責任

　新製品開発におけるすべての責任は、トップマネジメントが引き受ける。

　新製品開発では、トラブルはつきものである。とくに実行段階では、さまざまなトラブルが発生し、計画どおり進まないことも多い。

　そういう状況で、開発担当者が苦悩しているときに、

　「金食い虫の開発などやめてしまえ、お前が能なしだからこんなことになる、馬鹿者！」

　と、本気で怒り出す経営トップがいる。

　このような企業では、高い目標や一見不可能と思われる課題に挑戦する人材がいなくなる。

　トップマネジメントが、自らの責任を果たすことが、企業を発展させ成長させる源泉となる。よってトップマネジメントの取るべき責任を以下に示す。

①**開発技術者の育成と確保**

　常日頃から起業家的開発技術者を選別し、来るべき時期に備える必要がある。

　また、次代の若手開発技術者の育成は、プロジェクトチームのなかに入れ、活動の実践のなかで教育訓練を行う。

　全社的な小集団活動、ＱＣサークル活動のなかから、開発技術者としての素養を十分備えた人材をピックアップして育成することも考えられる。

　開発技術者としての人材の確保、育成には、適正な評価眼も必要となる。

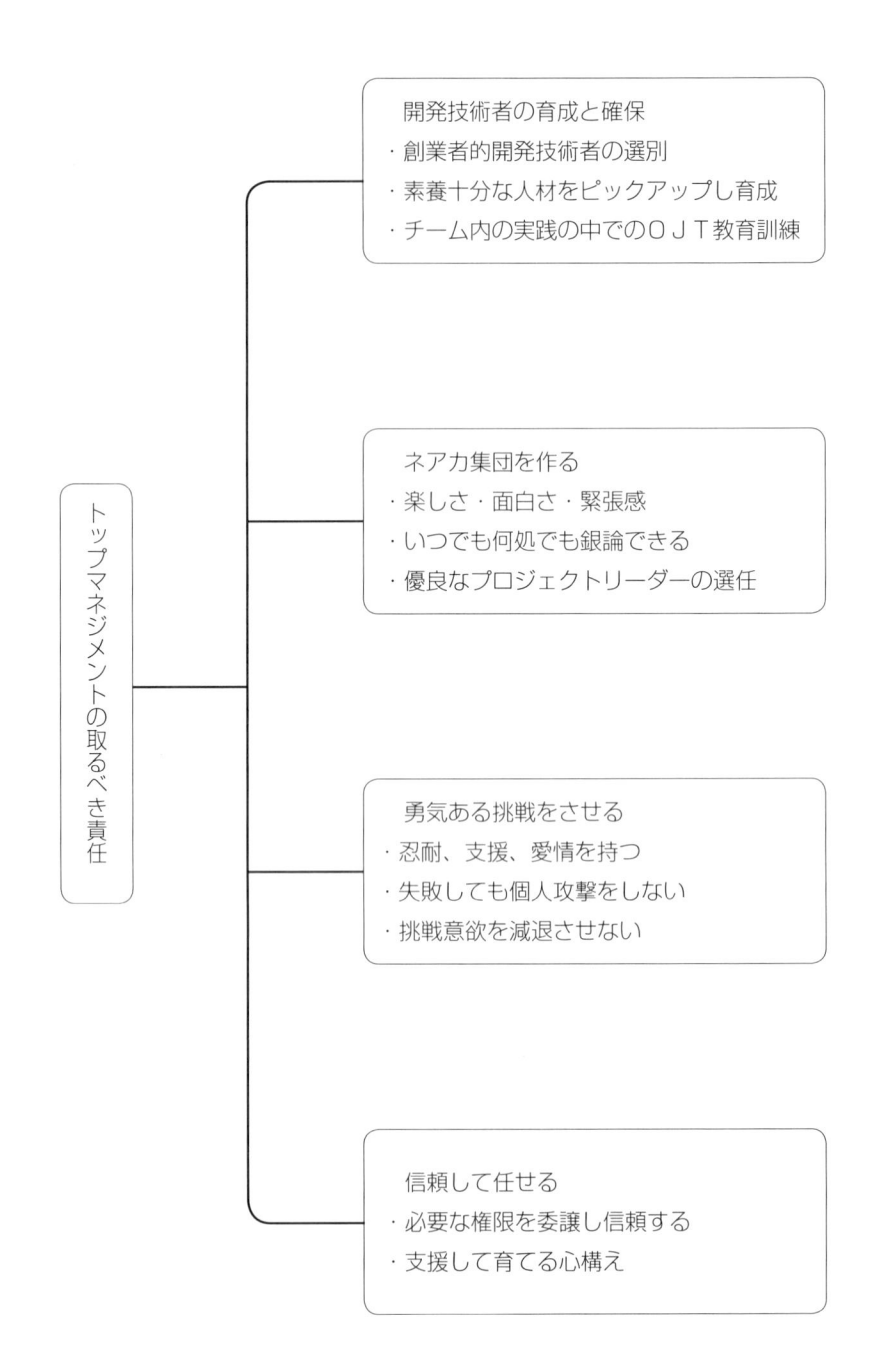

```
                              ┌─────────────────────────────────┐
                              │ 開発技術者の育成と確保          │
                         ─────┤ ・創業者的開発技術者の選別      │
                        │     │ ・素養十分な人材をピックアップし育成 │
                        │     │ ・チーム内の実践の中でのＯＪＴ教育訓練 │
                        │     └─────────────────────────────────┘
                        │
                        │     ┌─────────────────────────────────┐
                        │     │ ネアカ集団を作る                │
  ┌──────────┐          │     │ ・楽しさ・面白さ・緊張感        │
  │トップマネ│          ├─────┤ ・いつでも何処でも銀論できる    │
  │ジメントの│──────────┤     │ ・優良なプロジェクトリーダーの選任 │
  │取るべき責│          │     └─────────────────────────────────┘
  │任        │          │
  └──────────┘          │     ┌─────────────────────────────────┐
                        │     │ 勇気ある挑戦をさせる            │
                        ├─────┤ ・忍耐、支援、愛情を持つ        │
                        │     │ ・失敗しても個人攻撃をしない    │
                        │     │ ・挑戦意欲を減退させない        │
                        │     └─────────────────────────────────┘
                        │
                        │     ┌─────────────────────────────────┐
                        │     │ 信頼して任せる                  │
                         ─────┤ ・必要な権限を委譲し信頼する    │
                              │ ・支援して育てる心構え          │
                              └─────────────────────────────────┘
```

②プロジェクトチームをつくる
　新製品開発には、創造することの楽しさ、面白さ、緊張感を感じる集団、建設的な意見をいつでもどこでも議論できる集団が必要である。
　とくにプロジェクトチームリーダーの選任は、トップマネジメントの役割でもあり責任でもある。

③勇気ある挑戦をさせる
　勇気ある挑戦をさせる側の責任は、忍耐と支援と知恵と愛情（優しさ）を持つことである。
　また、失敗をしても、個人攻撃をせず、勇気と忍耐を評価し、挑戦意欲を減退させないで、次の機会を与えることである。
　そのような組織風土は、大きな経営資源となる。

④信頼して任せる
　信頼して任せるには、必要な権限を委譲することが必要である。
　信頼することができず、権限と責任を曖昧にして、逃げ口上をつくっている経営者もいる。失敗したら「部下の責任」、成功したら「おれのアイデア、おれのアドバイス」などの類である。
　経営者は、まず任せてみて、真の力量を見ると同時に、ほどよい支援をしながら育てる心構えが望まれる。
　とくに、失敗したら貴重な経験をしたことを認め、再挑戦させる度量も必要である。

3 テーマの選定（イノベーション構想）

　新製品開発のテーマの選定は、自社のイノベーション構想に基づいて決める。企業のあるべき姿、ありたい姿を示した経営理念、経営哲学がテーマ選定の前提となる。

　経営理念とは、一般的に企業が企業目的を果たすため、経営資源（人、物、金、技術、情報など）のあるべき運用の仕方を明示化したものである。

　この経営理念に基づき、新製品開発のテーマが示される。

　企業の目的が短期利益を優先すれば、追随的な改良型の製品主導となり、長期的利益、長期的成長を優先すれば、創造的な自社独自の新製品開発の方向に舵が取られる。

　したがってイノベーション構想でのテーマ選定にはさまざまな情報（国際情勢、政府方針、社内外情報など）から総合的な判断が求められる。

　判断するための要素は、以下に示すとおりである。

①経営資源要素
- 自社の研究、開発環境
- 組織体制（プロジェクトチーム編成要員の確保など）
- 蓄積、所有技術
- 人材、資金、設備など
- 社内外の情報ネットワーク
- 必要なアウトソーシング先とのコンタクト
- 基礎研究、応用研究と新製品開発とのインターフェイス

②ニーズ要素
- 企業ニーズ

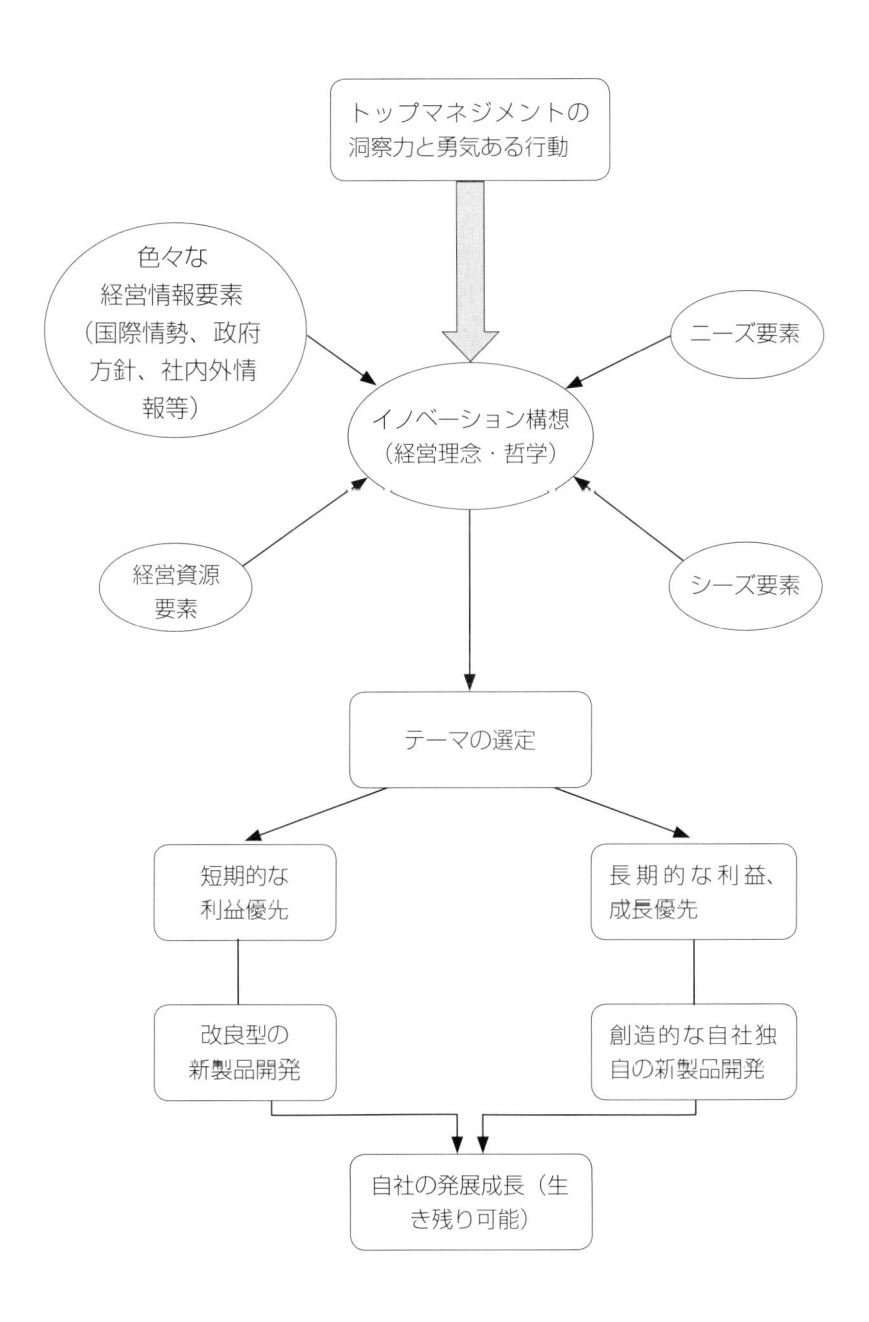

```
                    ┌─────────────────┐
                    │ トップマネジメントの │
                    │ 洞察力と勇気ある行動 │
                    └─────────────────┘
                              │
                              ▼
   ╭─────────╮         ╭──────────────╮         ╭─────────╮
   │  色々な   │         │ イノベーション構想 │         │ ニーズ要素 │
   │ 経営情報要素 │ ──────▶│ (経営理念・哲学) │◀────── ╰─────────╯
   │(国際情勢、政府│         ╰──────────────╯
   │ 方針、社内外情│              ▲  ▲
   │  報等)    │              │  │
   ╰─────────╯              │  │
        ╭─────────╮         │  │         ╭─────────╮
        │ 経営資源  │ ───────┘  └─────── │ シーズ要素 │
        │  要素   │                      ╰─────────╯
        ╰─────────╯
                              │
                              ▼
                    ┌─────────────────┐
                    │    テーマの選定    │
                    └─────────────────┘
                       ╱            ╲
                      ▼              ▼
            ┌──────────┐        ┌──────────┐
            │ 短期的な   │        │ 長期的な利益、│
            │ 利益優先  │        │ 成長優先   │
            └──────────┘        └──────────┘
                 │                    │
            ┌──────────┐        ┌──────────┐
            │ 改良型の   │        │ 創造的な自社独│
            │ 新製品開発 │        │ 自の新製品開発│
            └──────────┘        └──────────┘
                  ╲                   ╱
                   ▼                 ▼
                    ┌─────────────────┐
                    │ 自社の発展成長(生 │
                    │ き残り可能)      │
                    └─────────────────┘
```

- 市場ニーズ
- 国家的ニーズ
- 個人的（顧客）ニーズ

③シーズ要素
- 基礎技術（理論研究）の応用
- 蓄積技術の利用
- 関連技術の利用
- 国内外特許情報の利用

　また、近年のイノベーションの方向として考えられることは以下のとおりである。

①国際情勢が大きく変化し、国際化への対応が求められている
②社外資源（アウトソーシング化）の活用が活発化している
③巨大化、複雑化した企業システムの分権化
　（使命、役割、権限、責任の明確化）
④ベンチャー企業化に進み、組織の単純化やエンジニアリング企業への特殊技術に特化する
⑤新しい境界領域の事業システムを開拓する
⑥異質の優れた専門家集団による競争社会に移行している

　以上のような観点を見据え、自社のイノベーション構想を定め、新製品のテーマ選定をすることが、自社の発展、成長、生き残りのために必要である。
　また、これからの時代、さらなるトップマネジメントの洞察力と勇気ある行動が求められる。

4　開発部門とのコミュニケーション

　開発部門とのコミュニケーションをよくするためには、まず経営トップが自らの役割を自覚して、企業を引っ張っていく唯一のリーダーであることが前提となる。
　経営トップが開発部門との組織コミュニケーションを保つためには、以下のことを念頭において実践することが必要である。

①開発部門との情報ネットワークをつくる
　経営トップは、会議では聞くことのできない意見を聞く必要がある。
　管理者（開発リーダー）によって整理された情報だけでなく、その情報の背景にある本音の情報に注目しなければならない。
　そのためには、信頼感と親しみやすさを持った経営トップになる心構えが必要である。
　また経営者と開発技術者とが、お互いの役割を理解しあい、心が一つになっていないと、開発の仕事はうまくいかないので、両者のコミュニケーションは大切である。

②評価尺度を明確にする
　経営トップの言動が、自然に企業内に浸透し、無形の評価尺度として定着する。
　よい社風は、開発技術者の意欲をかき立てる。人間は自分の仕事が評価され、信頼され、自分の責任で仕事をしているという実感を持っているときに、意欲的になる。

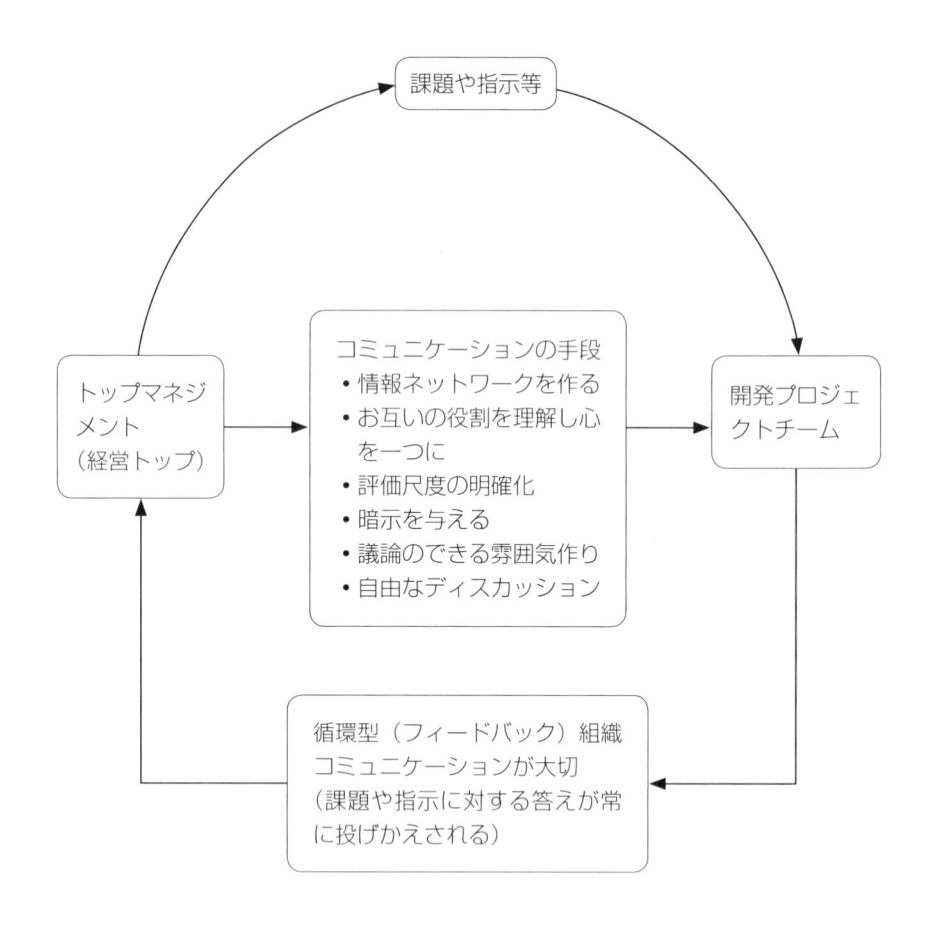

```
                    課題や指示等
          ┌──────────────────────────┐
          │                          ↓
  ┌──────────┐  →  ┌─────────────────────┐  →  ┌──────────┐
  │トップマネジ│     │コミュニケーションの手段│     │開発プロジェ│
  │メント      │     │・情報ネットワークを作る│     │クトチーム  │
  │(経営トップ)│     │・お互いの役割を理解し心│     │            │
  └──────────┘     │  を一つに              │     └──────────┘
          ↑         │・評価尺度の明確化       │          │
          │         │・暗示を与える           │          │
          │         │・議論のできる雰囲気作り │          │
          │         │・自由なディスカッション │          │
          │         └─────────────────────┘          │
          │         ┌─────────────────────┐          │
          └────────│循環型（フィードバック）組織│←────────┘
                    │コミュニケーションが大切  │
                    │（課題や指示に対する答えが常│
                    │に投げかえされる）         │
                    └─────────────────────┘
```

③暗示を与える

　経営トップは、開発のオルガナイザーに徹することが大切である。

　開発のすべてに対して、経営トップが命令・指示を与える管理者となるような、上意下達のコミュニケーションでは、開発の意欲をそぎ、企業の発展、成長は望めない。

　経営トップは、命令、指示を与えるのではなく、暗示を与えることが大事で、このような関係が望ましい姿である。

④議論のできる雰囲気をつくる

　新製品開発では、個々のぶつかり合いのない仲良し集団では、創造的な発想は生まれない。

　そのような集団のなかでは、自分の頭で考えることのできる人は、そうした雰囲気で、しだいに無口となっていくものである。発言しても無駄だと考え、発言しなくなるのである。これはチームにとっても企業にとっても損失である。

　さまざまな情報から本質的なものを抽出するには、いつでもどこでも情報交換、意見交換のできる場が必要である。

　そのためには、経営トップをはじめリーダーが、常日頃から地位や年功序列、キャリアなどに関係なく、自由にディスカッションができる雰囲気づくりが求められる。

　以上のように、コミュニケーションを活性化させるには、フィードバックルールを明確にする。

　送り手（経営者、リーダー）から受け手（開発リーダー、開発担当者）への仕事や課題、指示に対して、受け手から送り手への課題、指示に対する答えが、同じ速さと同じ量で投げ返されるフィードバック体制を確立すべきである。

　新製品開発にとって、このような巡回型の組織コミュニケーションをつくり上げることが必要である。

5 自社の技術レベルの理解（強み、弱み）

　新製品開発の内容として、改良・改善的開発（不具合の是正）と創造的・革新的開発（願望の実現）がある。二つとも大切であるが、基本的には市場創造型の独自性のある新製品開発が求められる。

　新製品開発を始めるにあたって、自社の技術的レベルは同業他社との比較によって概略判断できる。開発開始時に以下のような項目を設定して、客観的なテクノロジーイメージを調査する。

①技術の総合性
　総合的な技術力の判定で、マネジメント力も加味される。

②研究開発の先進性
　基礎的技術力で、おもに特許の出願件数や研究論文、新製品の実績なども比較する。

③応用開発の先進性
　基本技術（理論）を応用した応用技術力、製品化技術力、周辺特許の有無など。

④独創性、創造性
　独創的で独自の技術力、他社にない差別化製品やアイデア製品。

⑤新製品挑戦性
　ベンチャー精神の有無、ベンチャー的社風（得意な固有技術で特化製品に注力する方法）など。

⑥研究・技術開発要員数
　研究・技術開発に従事する人数比率、または研究開発費用比率など。

⑦業界における地位
　業界におけるリーダーシップ力やマーケットシェア、利益率など。
　以上の項目などの比較により、自社の技術の強み、弱みが把握できる。

それに基づいて、得意な技術は何か、不足している技術は何か、複合化すべき技術は何か、融合化すべき技術は何かがわかる。自社の新製品戦略上からも把握しておくことが必要である。

また、開発は時間の制約、技術の制約、費用の制約がある。

たとえば技術面の制約などがある場合は、技術提携、技術導入、技術交流、共同開発などが考えられる。

場合によっては、自社の得意技術を核として異業種や異分野の技術との複合化、融合化、システム化を進めることも考えられる。

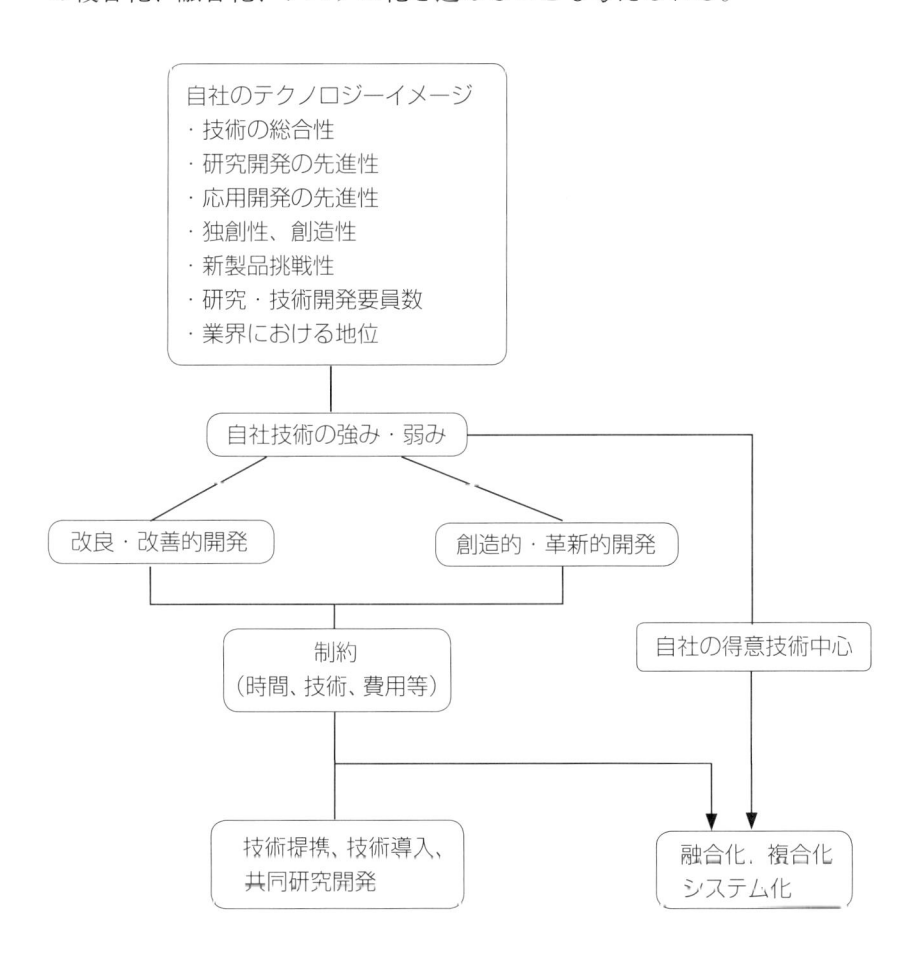

```
自社のテクノロジーイメージ
・技術の総合性
・研究開発の先進性
・応用開発の先進性
・独創性、創造性
・新製品挑戦性
・研究・技術開発要員数
・業界における地位
        │
  自社技術の強み・弱み
     ／        ＼
改良・改善的開発   創造的・革新的開発
     │              │
   制約          自社の得意技術中心
 （時間、技術、費用等）      │
     │              │
技術提携、技術導入、    融合化、複合化
 共同研究開発        システム化
```

第3章 開発はトップマネジメントで決まる 121

6　開発部門の情報収集

　開発中の関連情報やヒントになる情報は、学会やセミナー、あるいは関連分野の研究をしている大学や公的機関の研究所などに足を運んだりすることで、ある程度の技術動向はつかめる。また、同業他社からの特許出願、マスメディアなどの発表記事によって、他社の技術動向を察知することができる。
　開発部門全体にしろ、開発中の開発プロジェクトチームにしろ、最新の情報については、それぞれの立場で収集し、共有化することが必要となる。情報収集で集めた情報は、以下のような分類で整理するといい。

①ニーズ情報

　これからは、企業とユーザー（使用者・消費者）との関係の質が問われる時代となる。何がどのように不満なのか、どのようなことに困っているのか、どうすれば満足してもらえるのかなど、ユーザーに教えてもらうことが求められる。
　また、顧客の潜在ニーズを掘り起こし、新製品を提案、提供し、顧客に新しい満足を気づかせることが必要である。潜在ニーズは、製品クレームやサービスクレームのなかに表現されている場合もある。苦情をいったり批判ばかりする人がいるものだが、これも潜在ニーズについて話していることが多いのである。
　ニーズ情報として収集しておきたい情報は、企業ニーズ、市場ニーズ、国家的ニーズ、社会的ニーズ、個人的ニーズに分類される。
　ニーズのなかには、これまでの技術体系のなかには存在しなかったり、あるいは、まったく新しい技術を開発しなければ解決できないニーズもある。

②シーズ情報

　シーズ情報とは、すでに認知されている研究成果や新技術を応用または利用して、別の新技術、新製品開発に関する情報をいう。情報としては、特許公報、学会研究発表論文、専門誌、セミナー、見本市、展示会などの情報が有効なものとなる。そのほか、自社他社を問わず新製品開発に関係する関連技術、蓄積技術の情報（技術資料）収集にも心がけたいものである。

　とくに新製品開発担当者は収集したニーズ情報、シーズ情報を念頭に入れ、柔軟な対応、判断により、潜在ニーズや新しい価値を気づかせる独自性の高い新製品の開発が求められる。

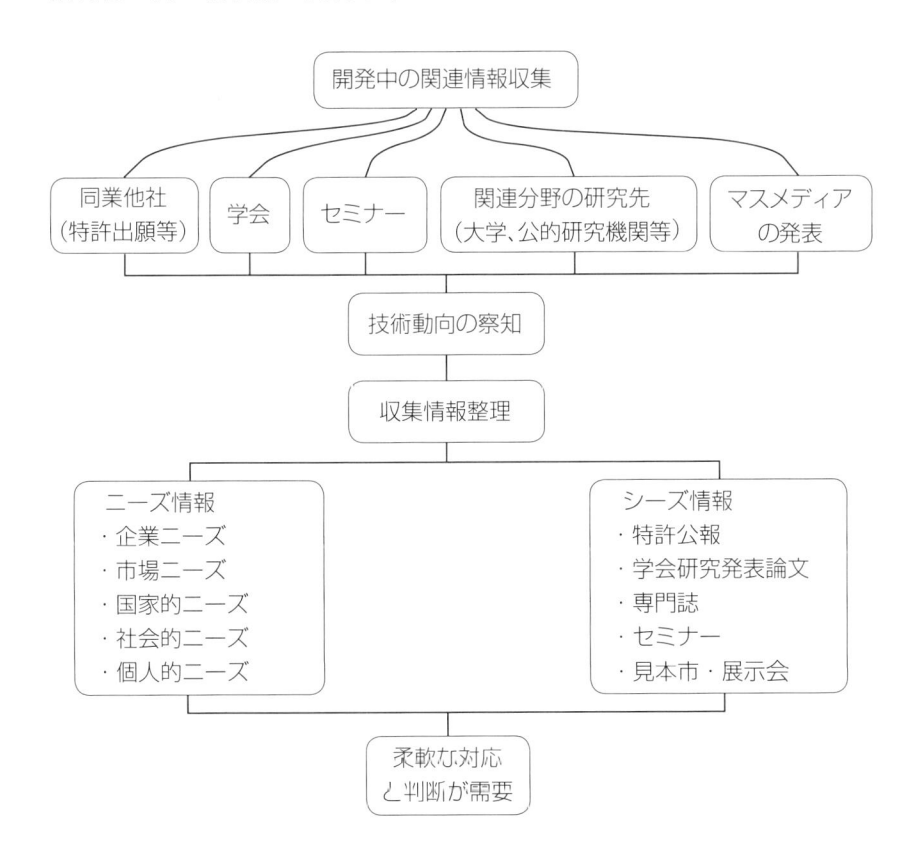

```
                    開発中の関連情報収集
        ┌──────┬──────┬──────┬──────┐
   同業他社    学会   セミナー  関連分野の研究先  マスメディア
  （特許出願等）              （大学、公的研究機関等） の発表
        └──────┴──────┴──────┴──────┘
                         │
                    技術動向の察知
                         │
                    収集情報整理
                  ┌──────┴──────┐
            ニーズ情報              シーズ情報
            ・企業ニーズ            ・特許公報
            ・市場ニーズ            ・学会研究発表論文
            ・国家的ニーズ          ・専門誌
            ・社会的ニーズ          ・セミナー
            ・個人的ニーズ          ・見本市・展示会
                  └──────┬──────┘
                    柔軟な対応
                    と判断が需要
```

7　開発技術者の確保と育成

　企業が、研究開発型またはベンチャー型をめざすのであれば、中小企業の小回り性を活かし、新しい発想のもとに、市場ニーズに合った製品の開発を継続させることが求められる。またそのためには、全社、全員がそれぞれの部門、セクションで創造性を発揮することが必要である。

　開発技術者の確保、育成には、企業独自の採用方法や育成方法を確立していると思われるが、企業内での小集団活動やQCサークル活動、あるいは部門内のプロジェクトチーム活動を通して創造的な開発技術者を見つけ、育成することも一つの方法である。

　チーム活動は、あるべき姿への挑戦活動である。開発技術者に必要不可欠な勇気ある行動、好奇心に満ちた考え方などを育成する。チーム活動のメンバーのなかには、新しい分野に飛び込んで新製品開発に挑戦できる人が必ずいる。それらの人材を確保し、開発技術者として育成することで、次代の開発技術者の確保は可能である。この人選を誤ると、企業としての発展の機会をなくしてしまう。とくに企業組織のライフサイクルの発展期から成熟期にかけての人選は非常に重要である。

　また、確保した人材を開発技術者として育成するためには、開発プロジェクトの仕事を通して、まず勇気、忍耐、知恵、優しさを持って、OJT教育による育成を行う。とくに新製品開発の仕事は、技術の高さや能力も必要であるが、それ以上に人間としての優しさや人の心を動かす動機づけ（支援、暗示、人間性の尊重など）が何よりも大切である。それにより、役割を果たす意欲をかき立てられ、自分自身も成長する。

　実務では、以下の事項を開発プロジェクトを通して、実践、育成する。
①洞察力を磨く
②アイデアを育てる能力を高める

③現状把握力と柔軟な対処能力を強化する
④ユーモアと包容力を持つ
⑤リーダーシップと支援能力を研鑽する
⑥対立した事象を包括して考える能力を磨く

　実務面の育成は、マニュアルがあるわけではない。すぐれたリーダーと開発員の問題意識と自己改革意識による。
　いい組織風土、いい社風は、いい人柄によって可能となる。
　いい仕事をする。自信を持つ。人間として成長する。リスクを背負って挑戦する。創造する喜びを感じる。新しい価値を生み出す。
　これらを当り前のように全社で共有していることが、さらなる好環境をつくり出す。

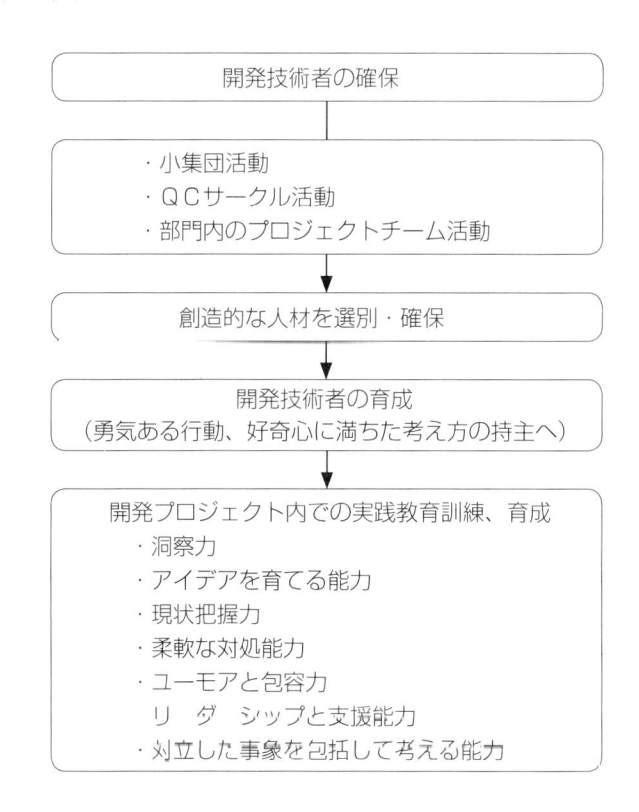

```
┌─────────────────────────┐
│    開発技術者の確保      │
└─────────────────────────┘
┌─────────────────────────┐
│ ・小集団活動             │
│ ・QCサークル活動         │
│ ・部門内のプロジェクトチーム活動 │
└─────────────────────────┘
┌─────────────────────────┐
│   創造的な人材を選別・確保 │
└─────────────────────────┘
┌─────────────────────────┐
│    開発技術者の育成       │
│ (勇気ある行動、好奇心に満ちた考え方の持主へ) │
└─────────────────────────┘
┌─────────────────────────┐
│ 開発プロジェクト内での実践教育訓練、育成 │
│   ・洞察力               │
│   ・アイデアを育てる能力 │
│   ・現状把握力           │
│   ・柔軟な対処能力       │
│   ・ユーモアと包容力     │
│   ・リーダーシップと支援能力 │
│   ・対立した事象を包括して考える能力 │
└─────────────────────────┘
```

第3章　開発はトップマネジメントで決まる

8　個性集団をつくる

　開発集団（新製品開発プロジェクトチーム）としては、開発意欲がある組織、面白さと緊張感のある組織、多様な価値観を持った組織である。個性集団にするためには、自己革新型の人材を集めなければならない。自己革新型の人材には、次のような特性がある。
　①現状に対する不満、将来に対する危機感を持っている
　②その不満や危機感を打破するため建設的な具申をしている
　③専門能力（業務遂行能力と応用能力）を持っている
　④専門分野のほかに、いくつかの異分野の知識が豊富である
　⑤衆知を集める能力がある
　⑥異質の人、異分野の人とも一緒に仕事ができる
　⑦自己革新の意志と行動力がある
　⑧コミュニケーション能力と支援、協力を実践している
　以上のような自己革新型の人材は、組織を重んじる上意下達の企業では、異質な人と思われがちである。また、流れに逆らった発言や反対意見を堂々と述べたりする人、価値の創造を通して自己実現を考えている人、視点を変えてものの本質を見極めようと考えている人は、変化を求めない組織では、はじかれる存在となる人である。
　経営者には、これらの自己革新型の人材を、見極め選出する評価眼が求められる。また、個性ある人材を集めた集団をコントロールできるすぐれたリーダーも必要である。しかし新製品開発では、これらの個性集団が必要である。現状への不満や将来に対する危機感を持っている集団であればあるほど、面白い仕事ができる。
　しかし、個性的な集団はえてしてわが道を行くというような思考が強く、各自の個性がぶつかり合うだけで、バラバラとなり、マイナス効果

になる場合があるが、すぐれたリーダーにより個性集団のコントロールは可能となる。

自己革新型の人材を結集した開発プロジェクトチーム（集団）は、以下のようなネアカ集団になる必要がある。
①何でも背負い込まない
②創造力のある人に協力をもとめる
③論理的であること
④ものにこだわらない
⑤協力的である
⑥前向きに考える（適応力）

以上のような集団にするためには、すぐれたリーダーの存在が不可欠である。新製品（新しい価値の創造）は、年功序列や単なる仲良し集団ではできない。個々のぶつかり合いから創造的な発想が生まれる。いつでもどこでも議論ができる雰囲気づくりが求められる。またお互いの自尊心を傷つけず、勇気や忍耐を評価し、支援と暗示を与えることも必要である。

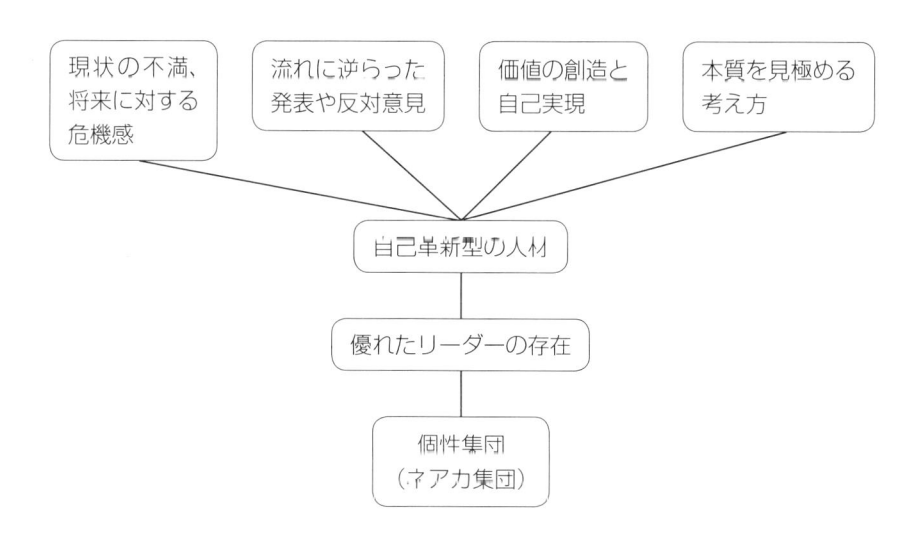

```
現状の不満、        流れに沂らった      価値の創造と      本質を見極める
将来に対する        発表や反対意見      自己実現         考え方
危機感
           ＼           ＼            ／            ／
                    自己革新型の人材
                          │
                    優れたリーダーの存在
                          │
                    個性集団
                    （ネアカ集団）
```

9　責任と権限委譲

　勇気ある挑戦をさせ、与えた使命を遂行させるには、信頼して任せること、開発に関するすべての権限の委譲が必要である。しかしこの場合も、報告のルール（報告・連絡・相談〈法・連・相〉）、不測事態の処理ルール、計画外事象の発生した場合の対処方法などは明確にしておきたい。

　とくに経営者は、開発プロジェクトに対して勇気ある挑戦ができるように、権限以外の予算面、調査研究面など、あらゆる面で具体的な支援を工夫する。

　開発プロジェクトチーム（リーダーやメンバー）は、経営者が誤った判断をしないように、報告内容や報告方法の信頼性に注意することが必要である。開発リーダー（プロジェクトのリーダーも含む）のなかには、いい情報のみ上げ、不都合な情報は止めておいたり、予測の段階の情報を予断で先行報告したりする例を見受ける。このようなリーダーは、成功したら「わたしの指導がよかった」と自慢し、失敗したら「誰々が失敗した」とメンバーに責任を押しつけるタイプが多いようである。

　必要な権限を与えていないと、リーダーも責任逃れの毎日を送り、メンバーの前向きな姿勢に対しても責任ある態度が取れなくなる。経営者は、任せて真の力量を見るとともに、ほどよい支援をしながら育てる心構えが必要である。

　また新規性のあるテーマほど創造性を求められるので、計画どおり進展せず、さまざまなトラブルが発生する。そのトラブルが解決したときに、最初から予測し、発見していなかったことを悔やみ、自分の未熟さにやるせない気持ちになるものである。こんなとき本気で馬鹿呼ばわりして人間性や自尊心まで傷つける経営者や管理者に出会うことがある。

　このような企業では、勇気ある挑戦をする人材がいなくなる。傷つけ

られた人は無関心派の人間となり、立場上、いわれたことには従うが、心のなかでは軽蔑し、早くその人から離れることを考える。したがって、誰がやってもできそうな目標やテーマを設定するようになる。

　逆に権限を与えても、失敗したときのリーダーの仕事の責任は経営者が自ら取り、リーダーは、メンバーの失敗はリーダー自らの責任であるといえる関係が、権限と責任を持つ真の意味だと思われる。

　また失敗しても、個人攻撃はせず、むしろ失敗を未然に防ぐ施策やアイデアがなかったことを反省すべきである。同時に本人には失敗の原因を追究させ、解決策を考えさせることも大切である。失敗を失敗として認める忍耐と、失敗しても挑戦意欲を減退させない社風が、さらなる勇気と効率的な開発業務を推進させる。

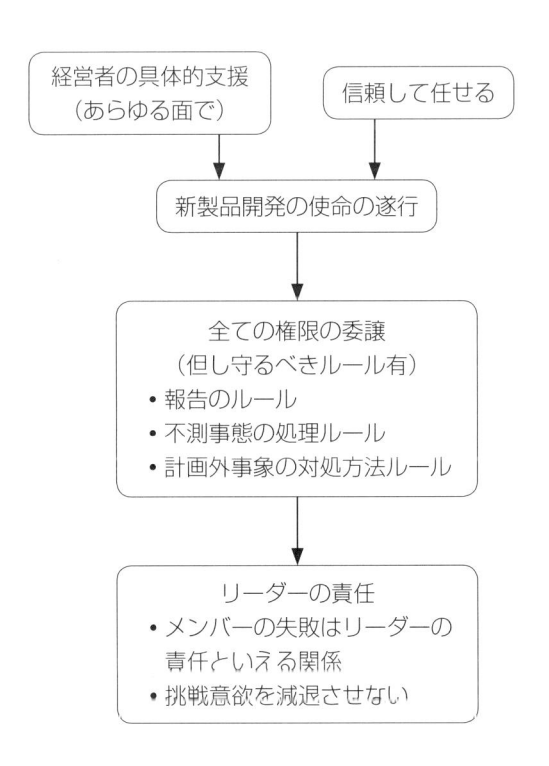

```
┌──────────────────┐      ┌──────────────┐
│ 経営者の具体的支援 │      │ 信頼して任せる │
│  （あらゆる面で）  │      └──────┬───────┘
└─────────┬────────┘             │
          │                      │
          ▼                      ▼
       ┌─────────────────────────────┐
       │   新製品開発の使命の遂行      │
       └──────────────┬──────────────┘
                      │
                      ▼
       ┌─────────────────────────────┐
       │      全ての権限の委譲        │
       │   （但し守るべきルール有）    │
       │ ・報告のルール               │
       │ ・不測事態の処理ルール       │
       │ ・計画外事象の対処方法ルール │
       └──────────────┬──────────────┘
                      │
                      ▼
       ┌─────────────────────────────┐
       │        リーダーの責任         │
       │ ・メンバーの失敗はリーダーの  │
       │   責任といえる関係           │
       │ ・挑戦意欲を減退させない     │
       └─────────────────────────────┘
```

10　開発中止の明確化

　開発過程での中止は、明快に中止命令を出すことが必要である。
　開発技術者は責任感の強い人が多く、仕事の困難さは承知のうえで、やりがいのある仕事をしたいと考えている人である。開発中止は、メンバーの自尊心やプライドを傷つけず、勇気と忍耐を評価し、再度の挑戦意欲を減退させない心配りが必要である。
　経営トップやプロジェクトリーダーが開発中止を告げるわけだが、開発関係者を納得させるには、それなりの材料を揃えたうえで、勇気を持って、はっきりと中止の指令を出すことが必要である。
　プロジェクトチームの開発技術者が、中止されたことに対する不満としては、それまでの勇気ある挑戦を否定され、生き甲斐を奪われ、自分たちの能力も過小評価されることや、市場の有望性に対する技術的な壁を突破することのできない苛立ちなどがある。
　したがって指示する側としては、常日頃から個々のぶつかり合いの意見交換や議論のできる情報交換の場をつくり、すべての情報が共有できる開発集団をつくり上げておかなければならない。
　必要なのは、人の心を動かす人間に対する優しい心遣いである。この関係の質が、この人（経営者や開発リーダー）となら、もう一度一緒に創造的な仕事をやりたい、やってみたい、という信頼をつくり、再度意欲ある挑戦を可能にする。
　開発過程中に中止または見直しする要素は、次のようなものがある。
①市場が期待ほどではなく、また他社との差別化の程度が小さい
②より緊急度の高い仕事が発生した
③技術的な壁が突破できないと判断された
④予想以上の開発費用が必要なことがわかった

⑤会社の方針が変わった

　上記のどのような理由にしても、経営トップや開発リーダーの対応は重要である。

　開発途中でも、変だな、まずいな、と感じたときは、流れを止め視点を変えて見直すことが必要である。

　そのためには、通常の組織コミュニケーションルール以外にも、信頼感と親しみやすさを持った人間になるよう心がけることが大切である。

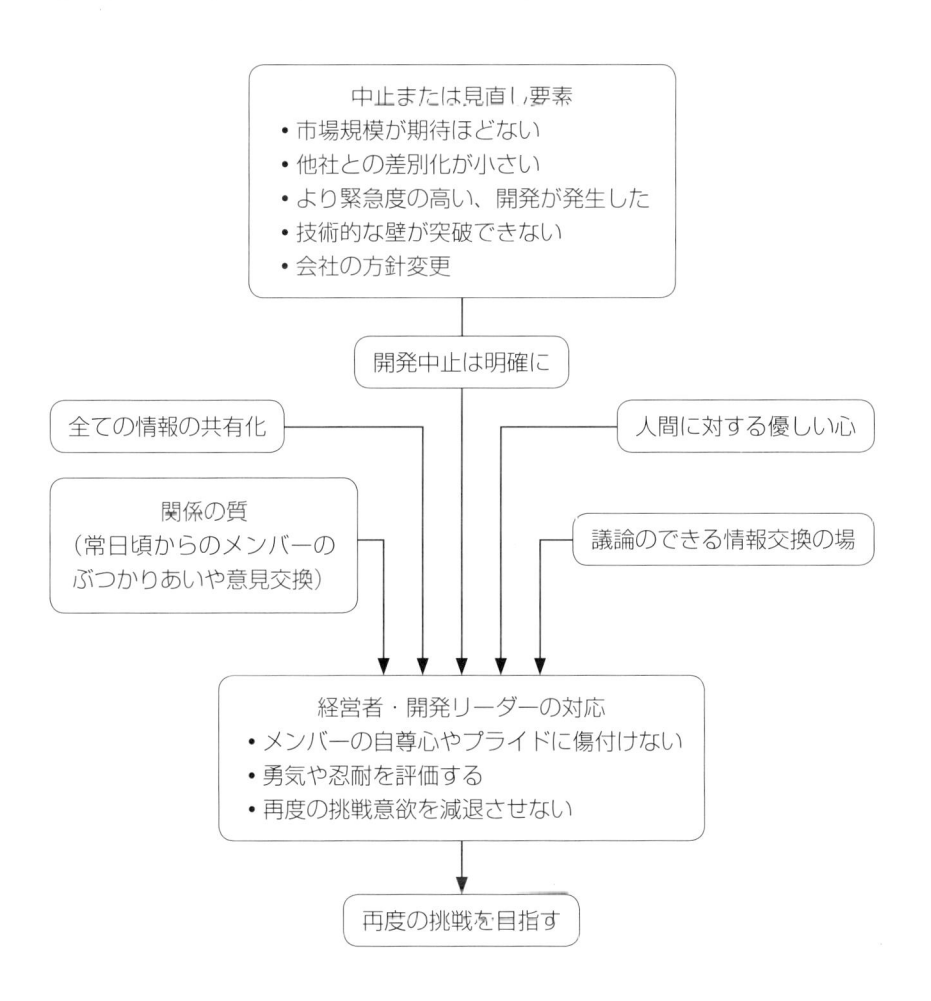

```
┌─────────────────────────┐
│    中止または見直し要素    │
│ ・市場規模が期待ほどない    │
│ ・他社との差別化が小さい    │
│ ・より緊急度の高い、開発が発生した │
│ ・技術的な壁が突破できない   │
│ ・会社の方針変更          │
└─────────────────────────┘
           ↓
    ┌──────────────┐
    │ 開発中止は明確に │
    └──────────────┘

┌──────────────┐              ┌──────────────┐
│ 全ての情報の共有化│              │人間に対する優しい心│
└──────────────┘              └──────────────┘

┌──────────────┐         ┌────────────────────┐
│    関係の質    │         │ 議論のできる情報交換の場 │
│(常日頃からのメンバーの│         └────────────────────┘
│ぶつかりあいや意見交換)│
└──────────────┘

┌─────────────────────────────┐
│      経営者・開発リーダーの対応      │
│ ・メンバーの自尊心やプライドに傷付けない │
│ ・勇気や忍耐を評価する              │
│ ・再度の挑戦意欲を減退させない        │
└─────────────────────────────┘
           ↓
      ┌──────────────┐
      │ 再度の挑戦を目指す │
      └──────────────┘
```

11　革新技術への関心

　新製品を他の追従を許さない独創的なものにするためには、革新技術を自社の新製品開発に、いかに取り入れるかを考えねばならない。

　革新技術そのものをさらに革新することも重要であるが、これを活用する応用技術も新製品開発には必要である。

　自社の得意技術を核に、革新的技術を取り入れ、融合化、システム化を考えることも大切である。

　中小企業の新製品開発は、応用技術開発が主流であり、開発期間も短期集中型である。報告書や研究（または技術）論文の評価の優秀性がいかに高くても、それだけで事足りるわけではない。製品（または商品）が市場に受け入れられない限り、成功したとはいえない。

　技術は市場（顧客）ニーズに応える手段である。したがって中小企業の開発技術者は、市場ニーズが何を求めているかを読み取るセンスも必要である。

　また、いかに革新技術を採用しても、自社の製造技術能力、技術レベルが、その技術を消化できるかを、自分の目で確かめておく必要がある。

　これを怠ると、いざ製造段階に入ったとき、製造コスト膨大となり、市場から歓迎されない代物となる。

　誰のための、何のための新製品開発なのかを明確にしたうえで、革新技術の組合せを考えたいものである。

　一般的に、中小企業では、基礎研究への参画は少なく、応用開発製品、改良開発製品が多くなっている。しかし、革新的な最新の技術情報には絶えず目を向け、収集することが必要である。

　革新的な技術情報を入手する方法を次に示す。

①**特許出願情報**

　特許庁においても、「産業活性化のための特許活用——特許はベンチャービジネスを支援する」などのパンフレットで、特許の有効な活用を啓蒙している。

　特許情報サービスは、インターネットで検索が可能となり、出願されている革新的な技術（ただし1.5年経過後の公開特許）も、容易に入手できるようになった。

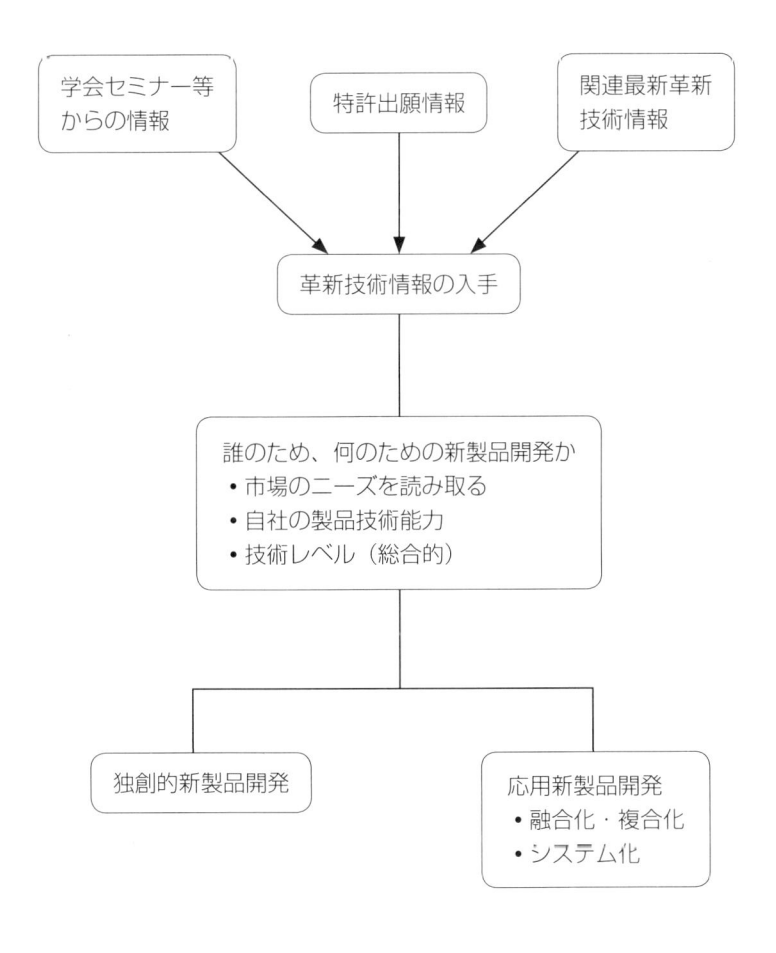

```
┌─────────────┐   ┌─────────────┐   ┌─────────────┐
│ 学会セミナー等 │   │ 特許出願情報 │   │ 関連最新革新 │
│ からの情報    │   │              │   │ 技術情報     │
└──────┬──────┘   └──────┬──────┘   └──────┬──────┘
       │                  │                  │
       └──────────────────▼──────────────────┘
                ┌──────────────────┐
                │ 革新技術情報の入手 │
                └─────────┬────────┘
                          │
          ┌───────────────▼────────────────┐
          │ 誰のため、何のための新製品開発か │
          │ ・市場のニーズを読み取る         │
          │ ・自社の製品技術能力             │
          │ ・技術レベル（総合的）           │
          └───────────────┬────────────────┘
              ┌───────────┴───────────┐
     ┌────────▼────────┐    ┌─────────▼─────────┐
     │ 独創的新製品開発 │    │ 応用新製品開発     │
     │                  │    │ ・融合化・複合化   │
     │                  │    │ ・システム化       │
     └──────────────────┘    └────────────────────┘
```

第3章　開発はトップマネジメントで決まる

それらを知ることによって、自社開発の先進性、技術力の評価や、他社の革新技術の動向もわかる。

②学会、技術セミナーなどからの情報

会社の入会している学会や業者団体、個人的に入っている同業種・異業種団体、技術団体や大学などが主催するセミナーおよび製品発表会や展示会などに積極的に参画して、最新の革新技術の情報を入手し、関連する技術の動向を把握しておく。

③関連革新技術情報

最新革新技術（たとえばエレクトロニクス、新素材、ニューセラミック、光・センサー技術、バイオ〈遺伝子組み換え、有機、微生物〉、環境など）については、各種の技術情報誌、専門誌（紙）のなかから、継続的に情報収集を行う。

また、海外の最新の関連技術情報やニーズ、シーズについても、定期的に情報を入手する。

今後はさらなるグローバル化が進むため、いま以上の重要な情報源となってくる。

MEMO

第4章

開発プロジェクトチームが実務の主役

1　新製品開発に適した組織体制はプロジェクトチーム

　長い間、同じセクションにいた企業の開発技術者には、新しい分野に飛び込んで新製品開発に挑戦することはかなり難しい。

　全社で発想の転換が求められているときに、若い人のアイデアに対して、「そんなことは無茶だ、現実的でない」とか「おれの経験では……」とか「上層部がわかってくれないから、体制に従わざるをえない」などと頭から否定したり、排除するというような上司の発言などの、寂しい話を聞くことがある。

　このような発想の転換ができず、若い人の創造性の芽を摘んでいる管理者は、新製品開発には不向きな人である。その資質を見極めて他の部署に配転したほうが、お互いに幸せである。

　要は、社内に散在している開発適正要員（アイデアを生み出せる人、アイデアを現実化できる人）を全社的に把握し、結集することが必要なのである。

　したがって、開発に適した組織体制としては、次に述べるような視点と考え方が重要である。

①プロジェクトチーム方式の採用

　プロジェクトチームでの活動は、時間、技術、コストの三つの基本条件をコントロールしながら、新製品開発を実践する場である。とくに時間の制約は人を育てる。

　また、プロジェクトチーム方式は、次の世代の開発技術者を育成することにも役立つ。

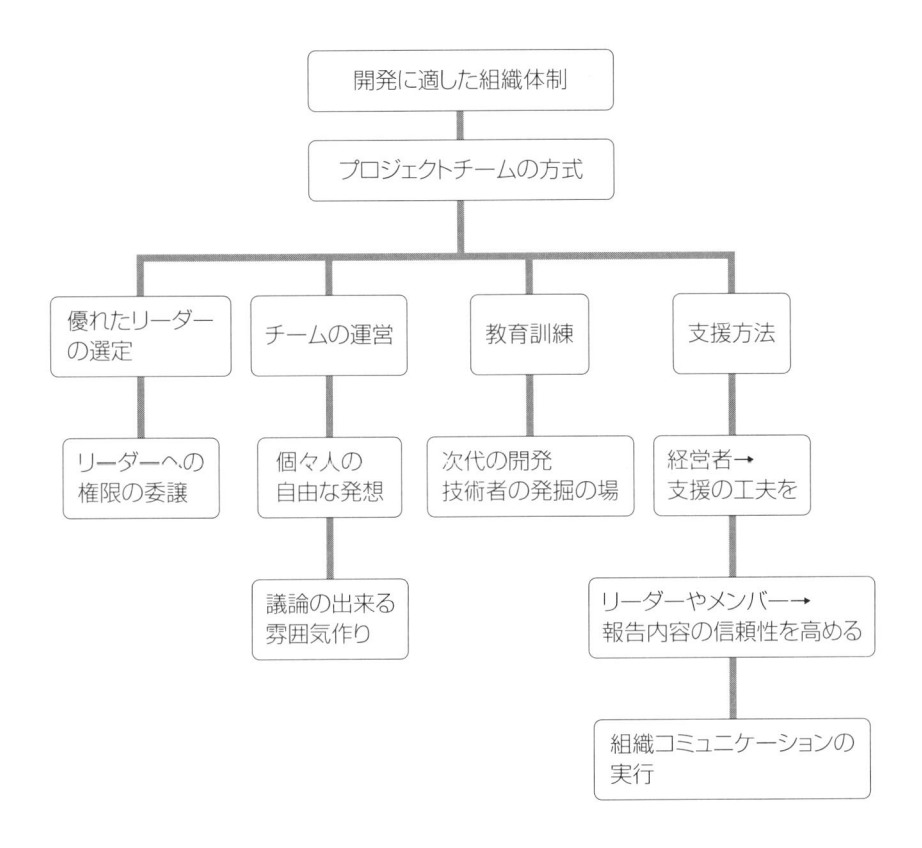

```
                    ┌─────────────────┐
                    │ 開発に適した組織体制 │
                    └────────┬────────┘
                    ┌────────┴────────┐
                    │ プロジェクトチームの方式 │
                    └────────┬────────┘
         ┌──────────┬────────┼────────┬──────────┐
    ┌────┴────┐ ┌───┴───┐ ┌──┴───┐ ┌──┴───┐
    │優れたリーダー│ │チームの運営│ │教育訓練│ │支援方法│
    │  の選定   │ │       │ │      │ │      │
    └────┬────┘ └───┬───┘ └──┬───┘ └──┬───┘
```

```
┌──────────┐  ┌──────────┐  ┌──────────┐  ┌──────────┐
│リーダーへの│  │個々人の   │  │次代の開発 │  │経営者→   │
│権限の委譲 │  │自由な発想 │  │技術者の発掘の場│ │支援の工夫を│
└──────────┘  └────┬─────┘  └──────────┘  └────┬─────┘
              ┌────┴─────┐              ┌────┴──────────┐
              │議論の出来る│              │リーダーやメンバー→ │
              │雰囲気作り │              │報告内容の信頼性を高める│
              └──────────┘              └────┬──────────┘
                                        ┌────┴──────────┐
                                        │組織コミュニケーションの│
                                        │実行          │
                                        └─────────────┘
```

②すぐれたリーダーの選定

　開発力を発揮するには、有能ですぐれたリーダーが必要である。

　高学歴者やすぐれた専門技術者が、必ずしも有能なリーダーとは限らない。

③チームの運営と教育訓練

　リーダーは、開発プロジェクトチームの組織特性を活かし、いかにして創造性を発揮させ、課題適応力を持たせるかということに力を注ぐ。

　そのためには、やりがい → 好奇心 → 積極性 → やってみる →

責任感 → 緊張感（リスク）というように展開する行動様式のなかで、個々人が自由な発想に基づいて議論のできる雰囲気をつくることが大切である。

また、プロジェクトチームの編成は、若い次代の開発技術者を発掘する場でもある。

チーム活動は、あるべき姿への挑戦を通した教育訓練の場でもあり、開発技術者の養成・育成の場としても重要である。

④支援方法の創造

経営者は、開発プロジェクトチームを、プロジェクトチームは経営者を信頼し、メンバーは、経営者に対するフィードバックコミュニケーションを常に図ることが大切である。そうでなければ、全社的な挑戦にはならない。

経営者は、勇気ある挑戦ができるように、あらゆる面の支援を工夫する必要がある。

リーダーやメンバーは、フィードバックの報告内容などで誤った判断を経営者にさせないため、その信頼性に注意することが必要である。

⑤リーダーへの権限の委譲

与えられた使命を遂行するには、権限を委譲し、信頼して任せることが、トップマネジメントに求められる。責任や権限が不明確だと、責任逃れに走る。

経営トップは、任せて真の力量を見ると同時に、ほどよい支援をしながら育てる心構えが望まれる。

2　経営トップの思考とその関係

　経営トップは、企業のありたい姿、あるべき姿を求め、実現しうるプロセスを模索し、企業を引っ張っていくリーダーである。経営者（トップ＝社長）が管理者になっては、企業の推進力は弱体化し、成長発展は望めない。経営者と開発プロジェクトチームは、お互いの役割を理解し、心が一つにならないと、開発の仕事は成功しない。経営者は、開発担当者（リーダー）に対し、命令、指示を与えるだけでなく、暗示を与えることが大切である。したがって、新製品開発を遂行するにあたっては、以下のような関係が求められる。

①経営者も開発担当者も、多方面から市場情報を集めることは職務である。専門誌、業界紙や新聞などの情報を感度をよくして集めることが必要である。

②直接ユーザーと対話し、ユーザーの希望や困ったことを聞き、ユーザー情報を整理整頓して共有する。

③製品は可能な限り自社内で内製化する。

④開発テーマ選定の良否は、新製品開発の成否に直結する。開発担当者が心から納得して挑戦できるテーマで、開発者の意欲を結集することが大切である。

⑤経営者は、開発のオルガナイザーに徹する。強力なリーダーシップの発揮は、あとの手段とする。

⑥経営者は、失敗したリーダーの責任を自ら取る。リーダーは、メンバーの失敗は自分の責任であるといえる信頼関係を創造する。

⑦経営トップは、陣頭指揮を執り、他社にないものを開発するのだというベンチャー精神を組織に浸透させる。そのため市場に対しては、つねに自社の考え、挑戦している姿、具体的にやっていることをＰＲす

る。同時に、得意な技術は何か、育成すべき技術は、複合化すべき技術は何か、融合化すべき技術は何かなど、あらゆる可能性を求めてテーマの探索を行う。

⑧経営トップは、信頼感と親しみやすさを持った人間になるよう心がける。そのためには、信頼して任せ、勇気ある挑戦をさせることである。勇気ある挑戦をさせる側（経営陣）は、忍耐と支援と愛情（優しさ）を持つことである。

⑨経営者は、勇気ある挑戦ができるよう、あらゆる面での具体的な支援が必要である。また、リーダーやメンバーも誤った判断をしないよう、信頼性を高めることが必要である。これは組織コミュニケーションの一つのルールである。

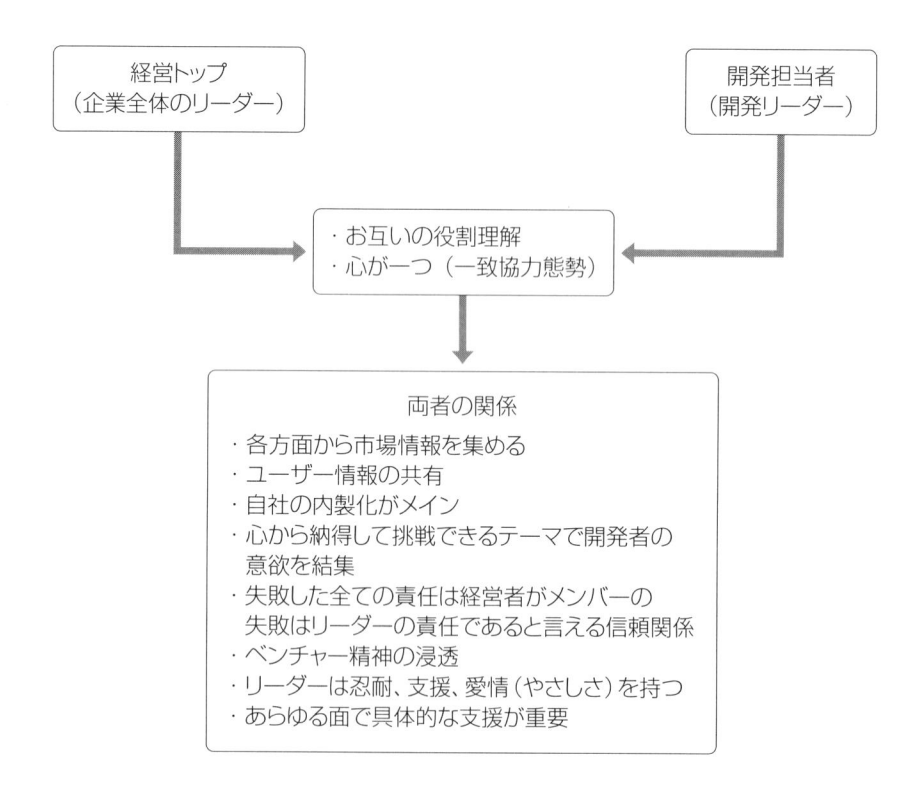

```
┌─────────────────┐                    ┌─────────────────┐
│   経営トップ      │                    │   開発担当者     │
│(企業全体のリーダー)│                    │  (開発リーダー)   │
└────────┬────────┘                    └────────┬────────┘
         │                                       │
         ▼                                       ▼
         ┌───────────────────────────────────────┐
         │ ・お互いの役割理解                      │
         │ ・心が一つ（一致協力態勢）              │
         └───────────────┬───────────────────────┘
                         │
                         ▼
         ┌───────────────────────────────────────┐
         │            両者の関係                   │
         │ ・各方面から市場情報を集める            │
         │ ・ユーザー情報の共有                    │
         │ ・自社の内製化がメイン                  │
         │ ・心から納得して挑戦できるテーマで開発者の│
         │   意欲を結集                            │
         │ ・失敗した全ての責任は経営者がメンバーの │
         │   失敗はリーダーの責任であると言える信頼関係│
         │ ・ベンチャー精神の浸透                  │
         │ ・リーダーは忍耐、支援、愛情（やさしさ）を持つ│
         │ ・あらゆる面で具体的な支援が重要        │
         └───────────────────────────────────────┘
```

3　新製品開発戦略の策定とプロジェクトチーム

　新製品開発戦略を策定しても、勇気ある挑戦をする人材がいなかったり、関係部門の一致協力体制ができないと、絵に描いた餅になる。
　常日頃から創造性発揮に投資する社風をつくっておかないと、全社的な挑戦とはならず、担当者（プロジェクトチーム）だけの挑戦となる。その結果、テーマの重圧につぶされることもある。
　とくに選任された人（開発プロジェクトリーダー）への羨望、妬み、嫉妬などの知的・感情面の対立により、ベクトルを合わせた一致協力体制がつくられず、面従腹背の姿勢を取られることも多いので、注意が必要である。
　したがって、研究開発型企業にふさわしい経営力（トップマネジメント力・技術力・組織力・財務力）投資を行い、いつでも新製品開発のできる体制（社風）をつくっておくことが必要である。

①技術の総合力
　技術の総合性は、開発技術者の発掘や育成も大切であるが、Q、C、Dに関連する生産技術部門（工場）、情報収集に関連する営業・マーケティング部門のレベルアップも図る。いつでも全社で新製品開発に取り組める社風づくりが、トップマネジメントの役目である。

②基礎的技術力
　研究開発の先進性は、基礎技術または差別化技術の有無で判断される。研究開発型の企業としては、自社で研究開発できる基礎技術であれば、自社で人材を投入する。自社ではできないが必要な基礎技術であれば、共同研究や技術導入を行う。また必要なら、国内外に留学が当り前

第4章　開発プロジェクトチームが実務の主役

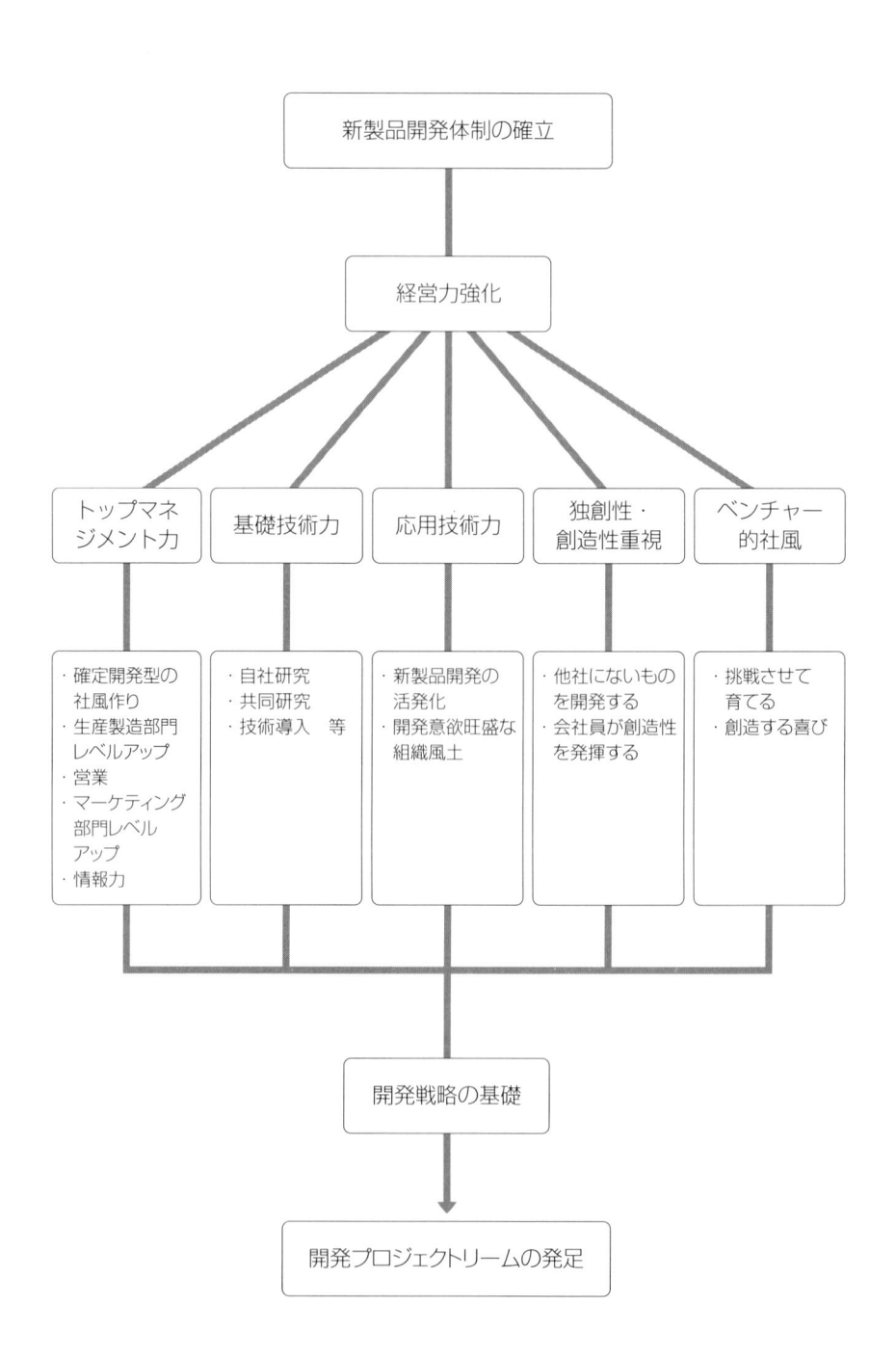

```
                  ┌─────────────────────┐
                  │ 新製品開発体制の確立 │
                  └──────────┬──────────┘
                             │
                  ┌──────────┴──────────┐
                  │    経営力強化       │
                  └──────────┬──────────┘
                             │
   ┌─────────┬───────────────┼───────────────┬─────────┐
┌──┴───┐ ┌───┴───┐ ┌────┴────┐ ┌──┴────┐ ┌──┴────┐
│トップマ│ │基礎技 │ │応用技術力│ │独創性・│ │ベンチャー│
│ネジメ │ │術力   │ │         │ │創造性 │ │的社風  │
│ント力 │ │       │ │         │ │重視   │ │        │
└──┬───┘ └───┬───┘ └────┬────┘ └──┬────┘ └──┬────┘
```

トップマネジメント力	基礎技術力	応用技術力	独創性・創造性重視	ベンチャー的社風
・確定開発型の社風作り ・生産製造部門レベルアップ ・営業 ・マーケティング部門レベルアップ ・情報力	・自社研究 ・共同研究 ・技術導入　等	・新製品開発の活発化 ・開発意欲旺盛な組織風土	・他社にないものを開発する ・会社員が創造性を発揮する	・挑戦させて育てる ・創造する喜び

```
                  ┌─────────────────────┐
                  │   開発戦略の基礎    │
                  └──────────┬──────────┘
                             ▼
                  ┌─────────────────────┐
                  │開発プロジェクトリームの発足│
                  └─────────────────────┘
```

のようにできる社風を持つことが求められる。

③応用技術力
　新製品開発が活発に行われている企業は、応用技術力有無のバロメーターとなる。組織自体が開発意欲、緊張感、多様な価値観を持った組織で、自由な発想を育て、失敗しても創造的な発想を生み出し、挑戦意欲を減退させない組織風土となっている。

④独創性・創造性重視
　社長自ら「他社にないものを開発する」という信念のもと、全社員にそれぞれの部門、立場で創造性を発揮させるようにする。プロジェクトチームの編成、小集団活動、QCサークル活動は、独創性や創造性豊かな若い人材の発掘の場ともなり、人材育成や人材確保の面からも重要である。とくにプロジェクトチームは、各分野ごとに編成し、小さな成功体験を積ませることが、全社の雰囲気を活性化させる。

⑤ベンチャー的社風にする
　社長の陣頭指揮のもと、ベンチャー精神を浸透させる。また任せてみることも必要である。たとえ失敗しても、再挑戦させる度量を持つことも大切である。それにより、自信を持ち、人間として大きく成長し、リスクを背負って挑戦し、創造する喜びを感じる組織風土がつくられる。

MEMO

4　プロジェクトチームの編成

　新製品開発は、プロジェクトチームを編成して行うのが一般的である。名目だけのプロジェクトチームの編成を行ったり、開発テーマとは無関係のチーム編成であったりすると、プロジェクトチームに関する理解不足や経験不足、他事業部門の抵抗や非協力などが、不活性化現象として表れる。

　したがって新製品開発が、開発報告書や特許出願するだけの形式的な開発に終始し、創造の喜び、新しい価値を生み出す開発意欲も減退し、誰がやってもできそうな目標やテーマを設定するようになり、勇気ある挑戦をする人材がいなくなる。それを避けるためには、組織運営上の原則をしっかり決めてプロジェクトチームを編成することが必要である。

①目的・使命の明確化

　何のためか、誰のためかを明確にすることで、活動領域も設定される。またユーザーニーズにも合致し、社会的、経済的にも妥当で、競争にも十分耐えられる差別化製品となる。開発担当者も目的・使命を納得し、開発意欲を結集できるテーマであることが求められる。

②リーダーとメンバーの決定

　開発テーマの内容に基づいて、プロジェクトチームを編成する。リーダーはすぐれた技術企画力、専門技術を持ち、経験、キャリアも必要であるし、開発の目的、使命を理解し、メンバーの自由な発想を育てられるリーダーシップを持っている人が最適である。メンバーは自己革新型の人材のなかから選任する。

③リーダーへの権限付与と責任範囲の明確化

　信頼して任せるには、リーダーに権限を委譲することが必要である。この場合でも、企業としてのルール（たとえば報・連・相コミュニケーション、不測事態の処理、計画外事象の発生時の対応など）を明確にしておく必要がある。

④意思決定方法の明確化

　創造性豊かな個性集団の場合、技術評価の考え方、感情的な対立など

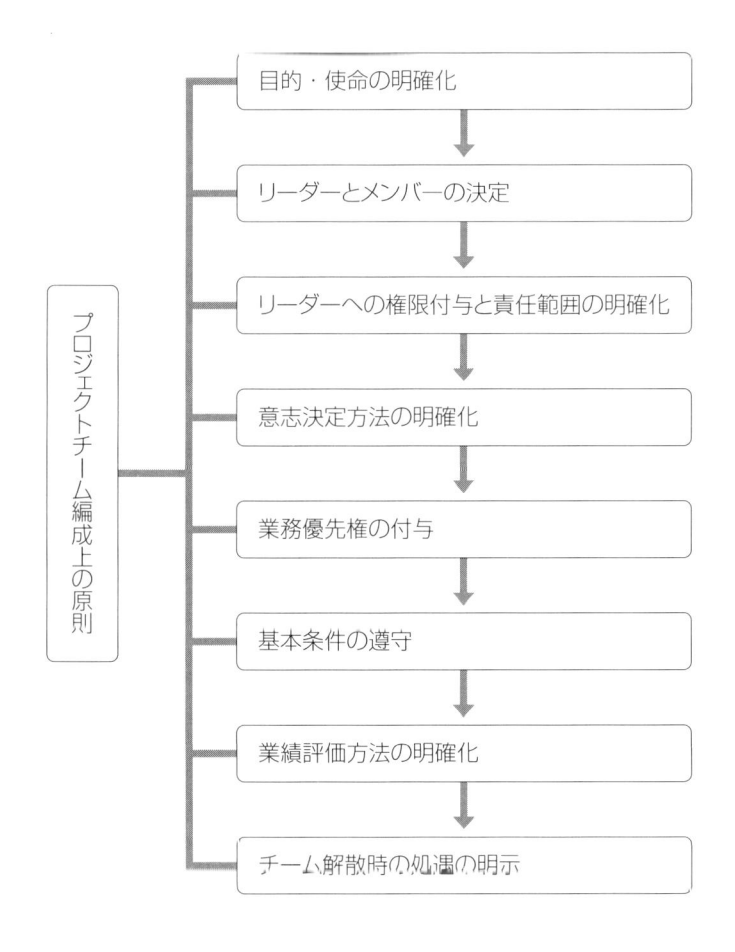

```
プロジェクトチーム編成上の原則
├─ 目的・使命の明確化
│       ↓
├─ リーダーとメンバーの決定
│       ↓
├─ リーダーへの権限付与と責任範囲の明確化
│       ↓
├─ 意志決定方法の明確化
│       ↓
├─ 業務優先権の付与
│       ↓
├─ 基本条件の遵守
│       ↓
├─ 業績評価方法の明確化
│       ↓
└─ チーム解散時の処遇の明示
```

が、しばしば発生する。案件に対する意思決定方法の評価をめぐっては、あらかじめ客観的な評価基準を決め、確立しておく必要がある（たとえば技術の新規性、市場性、技術の発展性など）。

また開発がたとえ失敗したとしても、勇気と忍耐を評価し、挑戦意欲と執念を減退させないことが大切である。

⑤業務優先権の付与
開発プロジェクトチームは、短期決戦の場である。それぞれに与えられた業務（課題や問題点）は、期限内に最良な形で製品化することが求められる。プロジェクトチームのメンバーは、与えられた業務を最優先に実行する義務を負う。

⑥基本条件の遵守（日程、技術、経済性）
新製品開発は、与えられた基本条件を遵守しなければならない。競合他社との差別化を図るためには、開発スピード（日程を守る）、要求品質（技術力）、経済性（コストダウン）をクリアーすることが求められる。

⑦業務評価方法の明確化
開発業務の評価は、経営トップの経営理念や経営哲学、日頃の「こうありたい」という思考からつくられる。新製品開発は全社的な活動であるから、形式主義に流されない、真の開発意欲の高揚に役立つ評価基準が必要である。

⑧チーム解散時の処遇の明示
プロジェクトチームのメンバーが、開発終了後に元の職場に戻るのか、そのまま新製品を担当するのかなどのはっきりした方針がないと、解散時に不利な処遇を受けることになり、次の新規テーマへの意欲ある挑戦を不可能にする。

5　チーム編成上の留意点

　開発プロジェクトチームを編成し、期限内に与えられた目標（または課題、問題点）を達成するには、まずプロジェクト運営上の組織原則をしっかり決めなければならない。企業がプロジェクト方式に慣れない場合は、関連部門の抵抗や非協力、テーマ選定の不明確さ、人事上の評価や手続きの不手際などにより、新製品開発が特殊化され、不活性化現象として表れ、協力体制が取れず、コミュニケーションのネットワークがつくられない例が数多くある。

　開発プロジェクトチーム編成上のおもな留意点を以下に示す。

①少人数の編成

　新製品開発のプロジェクトチームの場合は5～7人が適当であるが、小規模企業では人員構成上、リーダー以下2～3人程度になると思われる。しかし、極力兼任は避け、専任させて、期間内の開発に集中させることが必要である。

②有能なリーダーの選定

　年功序列による管理者や発想の転換ができない管理者を開発プロジェクトリーダーに選任すると、自ら先頭に立って新しい分野に飛び込むような挑戦はせず、若い人のアイデアを自らの経験だけで判断して決めつけるため、若い人の創造性を摘み取るだけで、メンバーの信頼を得ることができない。有能なリーダーとは、開発について専門家であると同時に、メンバーを燃え上がらせるために、開発に専念できる動機づけができる能力を持っている人が適任である。社内ベンチャー制度では、アイデアを出した者がリーダーになることがよくあるが、動機づけの能力が

リーダーに欠け、失敗する例が見受けられるので注意が必要である。

③支援体制

経営者は開発プロジェクトチームを、チームは経営者を支援する方法を創造し、信頼関係を構築することが必要である。新しいプロジェクトを編成した場合、部下を引き抜かれたという意識や、競争上の嫉妬から、反対したり足を引っ張ったりする人がいる。このような反対者に対する対抗勢力となり、プロジェクトに対する理解と励ましと資源獲得を支援してくれる支援者が必要となる。支援としては、経営陣のなかの１～２人と他部門（たとえば生産製造部門や営業、販売部門）の責任担当者の支援者がいることが、新製品開発の役割を果たす意欲を引き出す。

④リーダーへの権限の付与

新製品開発を信頼して任せるには、リーダーに権限を付与することが必要である。開発に対しては、日本的な権限の与え方では責任の所在が曖昧となるため、責任逃れに走ったり、メンバーに対して責任ある態度が取られなくなる。したがって新製品開発においては、すべての権限を与え、開発の手段についてはリーダーに任せることが必要となる。

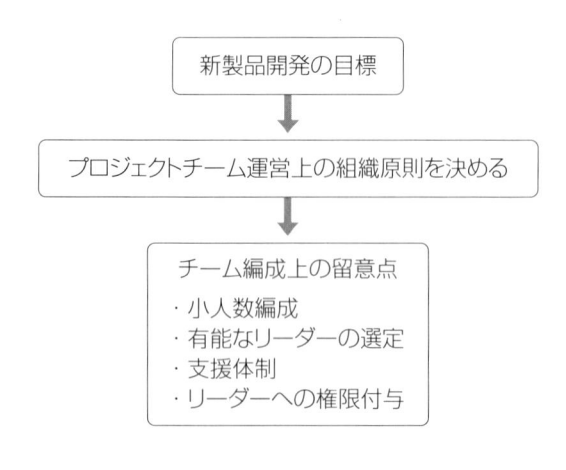

```
┌──────────────────┐
│  新製品開発の目標  │
└──────────────────┘
          ↓
┌──────────────────────────────┐
│ プロジェクトチーム運営上の組織原則を決める │
└──────────────────────────────┘
          ↓
┌──────────────────────┐
│   チーム編成上の留意点    │
│  ・小人数編成           │
│  ・有能なリーダーの選定   │
│  ・支援体制             │
│  ・リーダーへの権限付与   │
└──────────────────────┘
```

6　プロジェクトチームの運営

　開発メンバーはそれぞれの専門家であり、自分の役割を確実に果たす責任感の強い人たちである。
　しかし、プロジェクトチームでは、自己中心的な個人プレーは許されない。お互いの役割を正しく認識し、相互関係を理解していないと、適切な協力関係はできない。
　リーダーは、忍耐強くメンバーの専門能力を総合化するためにリーダーシップを発揮し、自由な発想を引き出す運営が求められる。
　創業社長やワンマン的経営者の場合は、チームに任せるというより、自らが率先型となり、経営トップとチームに意識のずれが生じることがある。ただし例外として、小規模企業では、経営者の率先型運営方法の方が、よい結果が得られる確率が高いと思われる。
　しかし、その場合も、与えた使命を遂行してもらうためには、リーダーに権限を委譲し、信頼して任せることが必要である。
　権限を委譲されたリーダーとしては、新製品開発を成功させるべく、勇気と忍耐と信念を持った運営が求められる。

①自由な発想を育てる

　新製品開発には、革新することの楽しさ、面白さ、緊張感のある創造集団でなければならない。プロジェクトチームには、建設的な意見交換が、いつでもどこでも行えるネアカ集団が必要である。
　また、その集団の特性を活かし、課題適応力を持たせることに努力を傾注する。組織が単なる年功序列や仲良し集団では、新しい価値の創出はできないし、個々のぶつかり合いを避けては、自由で創造的な発想は育たない。

```
                    ┌──────────────────┐
                    │  与えられた使命の遂行  │
                    └─────────┬────────┘
┌──────────┐                  │              ┌──────────┐
│ 信頼して任せる │────┐           │         ┌────│  権限の委譲  │
└──────────┘    │           │         │    └──────────┘
                ▼           ▼         ▼
              ┌─────────────────────┐
              │  プロジェクトリーダーの   │
              │     リーダーシップ      │
              └──────────┬──────────┘
                         ▼
              ┌─────────────────────┐
              │       運営           │
              │  （勇気・忍耐・信念）   │
              └──────────┬──────────┘
                         │
       ┌─────────────────┼─────────────────┐
       ▼                 ▼                 ▼
```

自由な発想を育てる	個人攻撃をしない	お互い自尊心を傷付けない
・ネアカ集団 ・課題適応力 ・建設的な意見交換 ・個々のぶつかり合い議論をさけない	・リーダーは失敗を事実として認める忍耐は必要 ・失敗しても再度、勇気を持って挑戦する意欲を育てる	・信頼する ・暗示を与える ・勇気ある挑戦を支える

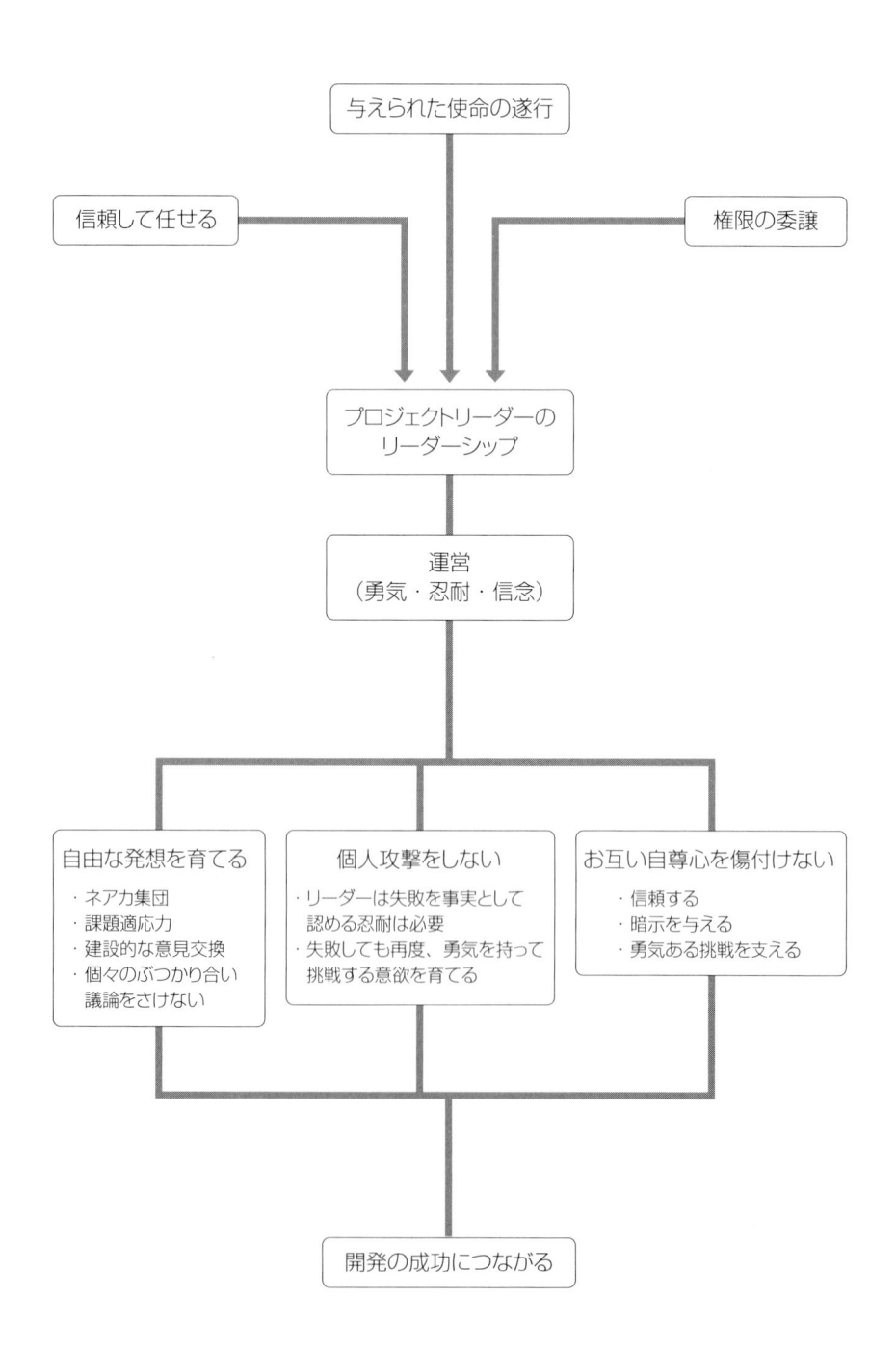

```
                         ▼
              ┌─────────────────────┐
              │   開発の成功につながる   │
              └─────────────────────┘
```

②お互いに自尊心を傷つけない

　有能な人、若い人は、自尊心を傷つけられると、無関心派の人間になってしまう可能性が高い。

　新製品開発の仕事は、時間の制限と技術競争のなかで、課題や問題点の解決にもがいている精神状態である。そのなかで、自尊心を傷つけられると、それまでの信頼感が絶望感となり、面従腹背の姿勢を取るようになってしまう。その結果、画期的な新製品の開発は望めなくなる。

　命令や指示のなかに、自尊心を傷つける言葉がある。会議などでこうした言葉が放たれることが多いが、言った本人は気づいていないのである。したがって、とくに注意が肝要である。

　リーダーはプロジェクトチームのメンバーに対し、命令、指示を与えるとともに、やる気を起こす暗示を与え、勇気ある挑戦を支えることが大切である。

③個人攻撃はしない

　プロジェクトチームは、集団による活動である。たとえ特定の個人のミスがもとの失敗でも、個人を責めることはできない。

　新しい仕事には、それが失敗であっても、勇気を持って挑戦する意欲と執念が大切である。

　また、失敗は事実として認める忍耐も、リーダーには必要である。

　以上のように、プロジェクトチームのリーダーは、メンバーを育てる心構えが必要である。

7　チーム運営上の留意点

　開発プロジェクトの場合は、チームの運営はリーダーの権限と責任で行われる。
　しかし、日本の企業では、権限の委譲が曖昧で、責任感が希薄になり、その結果、運営面にも影響を与えている例が多いようである。
　チームの運営に対しては、開発の権限をリーダーに与え、信頼して運営を任せることが前提となる。

①経営トップの留意点
　創業社長やワンマン経営者は、リーダーに権限を与えても名目だけの場合が多く、リーダーに任せるより、自ら率先して管理する傾向がある。
　小規模企業の場合には率先型でもいいが、中規模以上の企業の経営トップは、開発チームに参加して管理することは避けたほうがよい。
　全社的な視点から、どうしたらチーム能力を十分に発揮できるかを考え、舵取りに徹することが重要である。
　経営者はチームに対し、勇気ある挑戦ができるように、あらゆる面で具体的な支援を工夫することに留意すべきである。

②リーダーの留意点
　リーダーは、経営トップといつでも意志の疎通ができるホットラインをつくっておくことが大切である。
　またリーダーやメンバーは、経営者が誤った判断をしないように、経営者に上げる情報（報告内容、開発技術情報など）の信頼性に注意する必要がある。

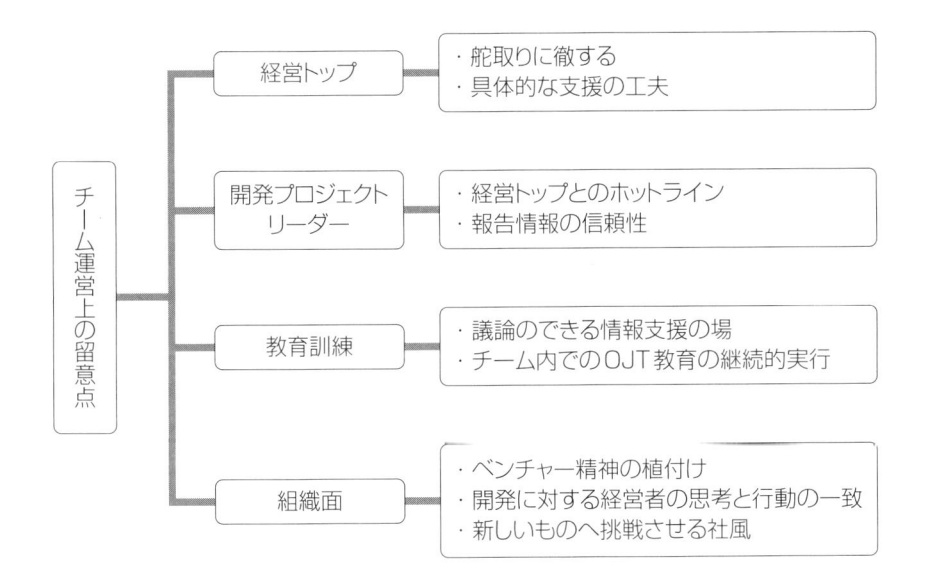

```
                    ┌─────────────┐  ┌─────────────────────────────┐
                ┌───│ 経営トップ   │──│・舵取りに徹する              │
                │   └─────────────┘  │・具体的な支援の工夫          │
                │                     └─────────────────────────────┘
                │   ┌─────────────┐  ┌─────────────────────────────┐
 チーム運営上   │   │開発プロジェクト│──│・経営トップとのホットライン  │
 の留意点      ─┤   │  リーダー    │  │・報告情報の信頼性            │
                │   └─────────────┘  └─────────────────────────────┘
                │   ┌─────────────┐  ┌─────────────────────────────┐
                ├───│ 教育訓練    │──│・議論のできる情報支援の場    │
                │   └─────────────┘  │・チーム内でのOJT教育の継続的実行│
                │                     └─────────────────────────────┘
                │   ┌─────────────┐  ┌─────────────────────────────┐
                └───│ 組織面      │──│・ベンチャー精神の植付け      │
                    └─────────────┘  │・開発に対する経営者の思考と行動の一致│
                                      │・新しいものへ挑戦させる社風  │
                                      └─────────────────────────────┘
```

③教育訓練実践の留意点

　チームワーク確立には、メンバー間の相互作用による創造性の発揮がポイントとなる。

　そのためには、いつでもどこでも議論のできる情報交換の場が必要である。いくつもの議論のぶつかり合いのなかから、新しい創造的な発想が生まれる。

　忌憚のない情報交換と創造的な議論ができるような、燃える集団にするためには、以下のような点をふまえた教育訓練を、根気よく継続的に実行することが必要である。

- 新規性に対する希求力強化のための時間の創出
- 行動領域を拡大する努力
- 新しいネットワークづくり
- 成功への機会創出の努力

第4章　開発プロジェクトチームが実務の主役

- ネットワーク内での支援、協力行動

④組織特性上の留意点

　開発型の企業としては、他社にないものを開発するというベンチャー精神を全員に植えつける必要がある。

　経営者の日頃の「こうしたい」という思考と行動が、企業内の無形の評価尺度となり定着する。これが社風となり、組織風土となる。

　開発の仕事には、失敗やミスがつきものである。たとえ失敗したとしても、個人を責めず、失敗を未然に防げなかったことを反省すべきである。それよりも、何度失敗しても挑戦させる社風を維持させることに留意したいものである。

MEMO

8　プロジェクトチームの役割

　プロジェクトチームの一員として役割を果たすためには、時間をつくり、機会をつくり、成功するための支援、協力の仕方をつくり出す行動力が必要である。また、メンバー全員に意欲と執念がなければ、前向きのよい仕事は不可能である。

　開発マネジメントを良好に機能させるためには、組織集団（プロジェクトチーム）が活性化していて、創造性の発揮や課題適応力など、持つべき機能と実行すべき機能を持つことである。さまざまな情報のなかから意味を汲み取り、本質的なものを抽出することで、誰もが自由に議論できる、創造的な発想ができるということである。

　以上のようなプロジェクトチームの開発期間中での役割は、開発マネジメントを実行し、開発を成功させることである。開発プロジェクトチームの役割条件は、日程（時間）、技術（品質）、コスト（原価）をコントロールすることである。

①新製品開発の課題（問題点）の明確化

　まず課題（問題点）を明確にすることが大切である。
　また、顧客の真の「願い」は何かを確認する。
　したがって計画の準備として、次のことが必要となる。

- 課題（問題点）の構造を明確にする
- 不確実性のある要素については十分検討する
- そのうえで計画を立て代替案（アイデア）を2～3案つくる

```
        ┌─────────────────────────┐
        │ 開発プロジェクトチームの役割条件 │
        └─────────────────────────┘
           ↙        ↓        ↘
    ┌─────────┐ ┌─────────┐ ┌─────────┐
    │ 日程(時間) │ │ 技術(品質) │ │コスト(費用)│
    └─────────┘ └─────────┘ └─────────┘
              ↓
       ┌──────────────┐
       │ 開発を成功させる │
       └──────────────┘
              ↓
    ┌────────────────────────────┐
    │ 新製品開発の課題の明確化          │
    │ ・不確定要素の検討              │
    │ ・代替案(アイデア)を出す(2〜3案) │
    └────────────────────────────┘
              ↓
       ┌──────────────┐
       │ 最適案の実施    │
       └──────────────┘
              ↓
    ┌────────────────────────────────┐
    │ 結果の評価                        │
    │ ・開発報告は経営者へ                │
    │ ・社内報告会は若い技術者の自己啓発の場 │
    │ ・中止時の対処と配慮(万一の場合)     │
    └────────────────────────────────┘
```

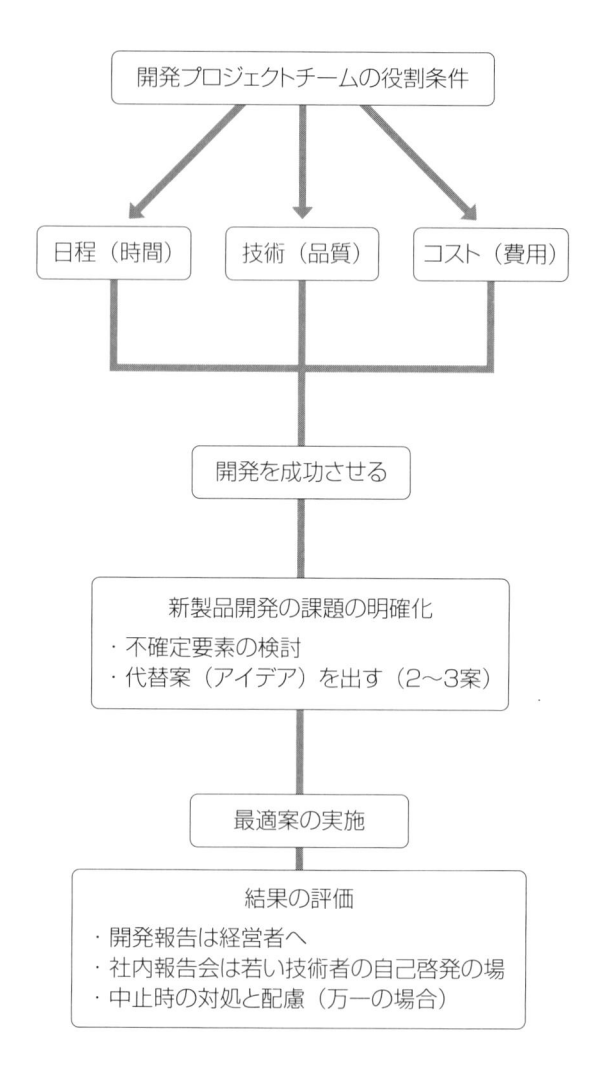

②最適案の実施

複数案のなかから最適と考えられるものを選んで実行に移す。
実行段階には、次の点を徹底することが重要である。

- 計画の不備、是正の処理を行う
- 不測事態への対応を図る
- 日程、予算(許容コスト)内での実施

③結果の評価

　開発報告は、経営者に対して行うことは当然であるが、社内で開発報告会を開いて、開発環境の育成に役立てることも必要である。

　また、多くの若い技術者のための自己啓発の場としても活用する。

　開発の完了は、生産準備の始まりでもあるので、報告会には現場(生産、製造部門)の技術者の出席も望まれる。

　また、市場の変化、顧客の都合、技術の変化などの理由で、プロジェクトを中止せざるをえない場合もでてくる。

　万一、中止しなければならなくなったときには、納得させるだけの材料、資料を揃え、はっきり中止を指示することが大切である。

　同時に、プロジェクトへの愛着心を傷つけない配慮も必要である。その説得力の源泉は、人間に対する優しい心である。

MEMO

9　開発プロジェクトリーダーの選定

　リーダーの選定にあたっては、現状把握の視点について、自分の考えを持っており、十分なキャリアを持っている人材を登用することが求められる。
　現在は価値観が多様化し、技術革新も加速し、国際化が進んでいる。
　このような時代は、最低条件の能力として、自分で考え、状況の変化を素早く判断し、部下や同僚に情報の提供ができる人材が必要である。変化の時代に適応できる人は、自己革新に勇気を持って挑戦できる人である。
　自己革新の勇気を持たない、単なる経験を積んだだけのいわゆるベテランと称する人は、これからの時代は役に立たない。発想の転換のできない化石のような頭で、過去の経験だけでは、変化に対応できない。
　新製品開発は、感性と直感に基づいて走り出す。それは自己革新の意識を持った人たちの行動である。
　したがってリーダーの選定にあたっては、以下のような観点から決めることが重要である。

①**現状把握力**
- 情報への視点………潜在ニーズを発掘できる能力
- 市場への視点………創出すべきアイデアが豊富
- 技術への視点………技術が価値創出および経済性解決の手段であることを理解し実践できる技術センス
- 組織への視点………ネットワークづくりの重要性を心得ている（社内外とも）
- 人間への視点………個性に合わせた教育訓練、暗黙知の尊重

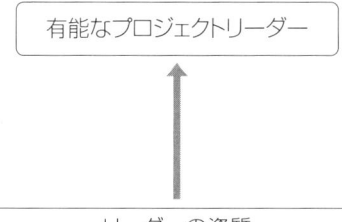

```
                    ┌─────────────────────────┐
                    │  有能なプロジェクトリーダー  │
                    └─────────────────────────┘
                                ↑
              ┌─────────────────────────────────┐
              │         リーダーの資質           │
              │ ・変化の時代に適応できる         │
              │ ・自己革新に勇気を持って挑戦できる │
              │ ・感性と直感                    │
              └─────────────────────────────────┘
                     ↑                    ↑
┌──────────────────────────┐   ┌──────────────────────────────┐
│       現状把握力          │   │       必要なキャリア           │
│ ・潜在ニーズを発掘できる能力 │   │ ・技術企画力                  │
│ ・アイデアが豊富           │   │   (基礎技術力、注意力、解析力、判断力等) │
│ ・技術センス              │   │ ・専門技術力                  │
│ ・ネットワーク作りの重要性を │   │   (開発、設計、実験技術力、IE・QC技術、│
│   心得ている              │   │   技術企画計画力、生産管理技術、    │
│ ・個性に合せた教育訓練ができる│   │   プロジェクトマネジメント力等)    │
│ ・暗黙知の尊重            │   │ ・人物                       │
│                          │   │   (明るい性格、チームワーク性良好  │
│                          │   │   前向き対応型、リーダーシップ能力等)│
└──────────────────────────┘   └──────────────────────────────┘
```

②必要なキャリア

- 技術企画力
  基礎技術力が優秀で、注意力・解析力が優秀であり、判断力がシャープで客観的である
- 専門技術力
  開発・設計・実験技術、ＩＥ・ＱＣ技術、技術企画力・計画力、生

第4章 開発プロジェクトチームが実務の主役 159

産管理技術およびプロジェクトマネジメント力などの専門技術を習得し理解している
・人　物
明るい性格、チームワーク性良好、積極的でファイト型、かつ前向き対応型でリーダーシップ能力がある

リーダーの選定は、経営者（または開発担当トップ）の役目である。社運を賭けたプロジェクトのリーダーとして権限を与え、信頼して任せることになるので、選定には客観的で的確な評価眼が求められる。

MEMO

10　プロジェクトリーダーの仕事

　リーダーは、メンバーの良好なチームワークを確立する責任を持つ。
　リーダーはチーム編成に際して、以下の諸事項を明確にしておく必要がある。

①メンバーの役割と専門性を明確にしておくこと
②専門別、課題別の教育訓練方法を決めておくこと
③チーム内外での情報の収集と報告上の基本ルールを決めておくこと
④チーム内での相互支援と、チーム外組織との協力方法を決めておくこと
⑤不測事態や計画外の事態への対処方法を検討しておくこと

　また、リーダーは、新製品開発の企画から新製品の立ち上げまでの、すべての権限を委譲され任される。
　これらを適切に処理していくためには、各ステップごとの課題や問題点を抽出し、解決策を考えなければならない。
　さらに、いかなる作業も、日程（開発の制限時間内）、技術（要求品質を満足させる品質）、コスト（許容予算〈原価〉以内に収める）という基本条件を満足させることが求められる。
　そのためリーダーは、的確な命令・指示と、問題解決のための暗示（ヒントや励まし）を与えることも必要である。
　したがって、開発マネジメントとしてリーダーがやるべき仕事をまとめると、次のとおりである。

①計画段階では、開発の目的の確認と取組み課題の時期と日程を、メン

```
                    ┌──────────────────────┐
                    │ プロジェクトリーダーの仕事 │
                    └──────────┬───────────┘
                               │
         ┌─────────────────────▼──────────────────────┐
         │         良好なチームワークの確立              │
         │  ・メンバーの役割と専門性                     │
         │  ・専門別、課題別の教育訓練方法               │
         │  ・チーム内の情報収集と報告上の基本ルール     │
         │  ・チーム内の相互支援とチーム外組織との協力方法 │
         │  ・不測事態や計画外の事態への対処方法         │
         └──────────────────────▲──────────────────────┘
                                │
         ┌──────────────────────┴──────────────────────┐
         │           リーダーのやるべき仕事              │
         │ ・開発の目的、開発の日程（開発の制限時間）をメンバーに周知徹底 │
         │ ・課題、問題点を明確にし、時間的制限内での適切な指示          │
         │ ・メンバー同士の支援、協力体制を作る（スピード競争に負けないため）│
         │ ・不確定要素の検討                                          │
         │ ・計画、不備の是正処置への対応                                │
         │ ・上層部への提言（判断を誤らせない報告）                      │
         └──────────────────────────────────────────────┘
```

バーに対し早めに周知徹底させる。

②開発は他社とのスピード競争である。負けることは開発が失敗したことを意味する。限られた時間内で新製品を開発するためには、チームワークを守り、それぞれのメンバーの解決すべき課題の日程計画を念頭に置き、メンバー同士の支援、協力体制をつくる。

③その他不確定性のある問題の検討や、実施段階での計画不備の是正処置の対応などの考慮の検討。

④上層部（経営陣）への提言、判断を誤らせない報告をする。

11　開発プロジェクトの成功条件

　開発プロジェクトチームは、さまざまな部門の能力を持った人材を集めてチームを編成する。

　開発プロジェクトには、開発テーマ、課題、予算、完成期間（時間）が明確に決められている。プロジェクトチームは、計画・試作・性能確認・本生産・本販売までを実行する組織である。

　プロジェクトチームとして新製品開発を成功させるためには、下記の条項が条件となる。

　もちろん、その前提条件として、メンバーが心から納得して挑戦できる開発テーマであることが基本となる。

①支援と励まし（トップのリーダーシップ）

　経営者は、プロジェクトチームが開発に対し勇気ある挑戦ができるように、あらゆる面で具体的な支援をする工夫をする。

　また経営者やプロジェクトリーダーは、命令や指示を与えるだけでなく、暗示を与え、かつ励ますことが大切である。

②開発テーマの目標が明確

　新製品開発は、基礎研究や基礎技術と異なり、製品コンセプト、目標、仕事の内容、スケジュールなどが明確で、責任もはっきりしている。

　しかし与えた使命を遂行するために、リーダーに権限を委譲し、開発マネジメントについては、リーダーに一任することが重要である。

③有能ですぐれたリーダーの選任

　開発プロジェクトでは、リーダーの役割は重要である。

```
┌──────────────────┐
│ メンバーが心から納得して │
│ 挑戦できる開発テーマ   │
└────────┬─────────┘
         │
┌────────┴──────────────┐         ┌──────────────────┐
│ 開発プロジェクトの成功条件  │         │ 支援と励まし        │
│ ・トップマネジメントの関心が │─────────│ (トップのリーダーシップ) │
│  あり、経営陣が重要性を認識 │         └──────────────────┘
│ ・開発目的、目標が明確で、  │         ┌──────────────────┐
│  開発機関が限られている   │─────────│ 開発テーマが明確     │
│ ・メンバーの目的意識が高く、 │         └──────────────────┘
│  優秀で選ばれた小人数である │         ┌──────────────────┐
│  という意識を持っている   │─────────│ 有能なリーダーの存在   │
└───────────────────────┘         └──────────────────┘
                                  ┌──────────────────┐
                                ──│ 情報収集の徹底      │
                                  └──────────────────┘
                                  ┌──────────────────┐
                                ──│ 関係部門との協力関係  │
                                  └──────────────────┘
```

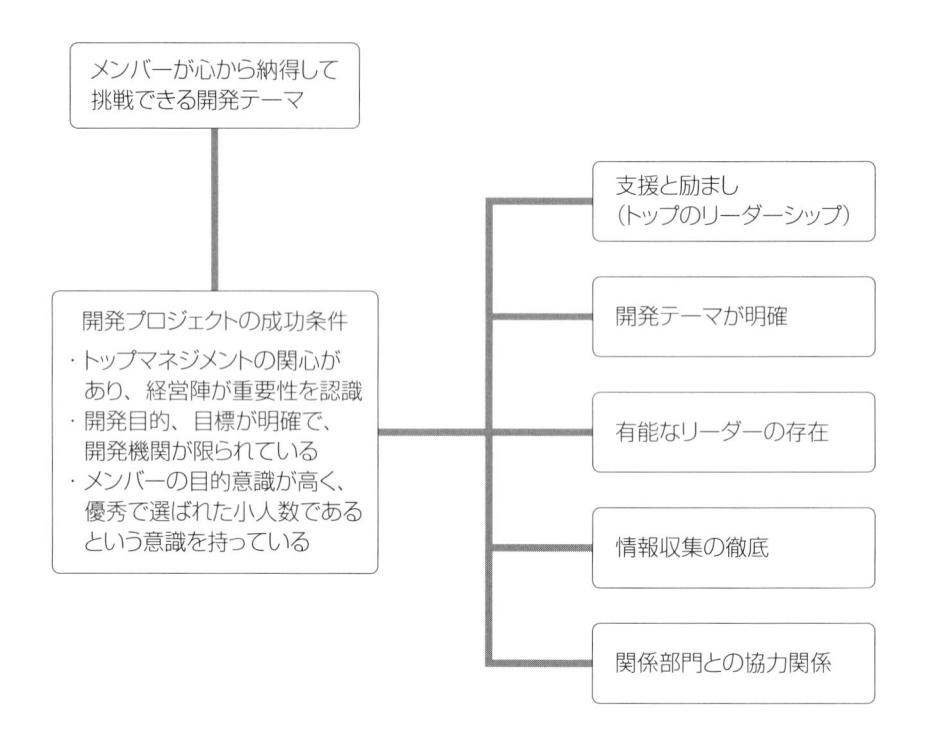

　メンバーもまたすぐれた専門家の集団であるが、能力がすぐれていれば開発が成功するとは限らない。

　メンバーには選ばれた少数であるという誇りを持たせ、地位についての欲求、期待されている仕事の欲求を満たす動機づけを行い、燃える集団にすることが求められる。

　したがってプロジェクトチームにおいては、とくにリーダーがすぐれていることが重要である。

　新製品開発は、自社にとって前例のない、しかも不可能を可能にするストレスのかかる仕事となる。

　そのチームリーダーは、プロジェクトの趣旨、内容、社内の期待をよ

く理解し、創業者的でシステム思考を持ったゼネラリストである人材が最適と思われる。

④情報収集

開発プロジェクトチームに必要な情報を入手するためには、それぞれが情報感度を高め、以下のような精度の高い情報を収集することが求められる。

- 良質な情報源を持つ（潜在ニーズ、顕在ニーズ）
- 使用者ニーズの収集の徹底（クレームや批判者など）
- 自社ニーズの収集方法の確立化（社内潜在ニーズやフィールドテスト情報など）

⑤関係部門との協力関係

自社で生産し販売する製品であれば、営業・販売部門、生産・製造部門との協力が必要である。

新製品ができても、売れなければ失敗である。新製品開発は、各部門の一致協力体制が不可欠である。

MEMO

12 期待されるチーム能力

　プロジェクトチームで構成された新製品開発チームは、さまざまな能力を持った人材を集めて編成される。このチームは、明確な課題、予算、完成期間などのターゲットを与えられ、計画から完成まで仕事を行う一時的な組織である。
　とくにそのリーダーは、経営者（トップマネジメント）に対し、目的遂行のためのシナリオを提案する能力が要求される。
　またメンバーにも、変化の時代に適応できる人、自己革新に勇気を持って挑戦できる人が必要である。
　自己革新の勇気を持った人材によるチーム編成が、チーム能力を発揮するうえでの基本条件となる。

①現状への不満、将来に対する危機感を持っている人材の集団にする。

②革新することの楽しさ、面白さ、緊張感を感じる開発意欲のある集団にする。

③建設的なテーマや意見を、いつでもどこでも議論できる集団にする。
　　新しい価値ある情報は人と人との相互作用で創出される。年功序列型の組織や仲良し集団になって、個々のぶつかり合いを避けていたら、新しい価値や差別化製品は創造できない。

④役割を果たす意欲を持った集団にする。
　　チームワークがよく、意欲と執念がなければよい仕事はできない。
　　お互いに役割を果たすためには、時間をつくり、機会をつくり、支

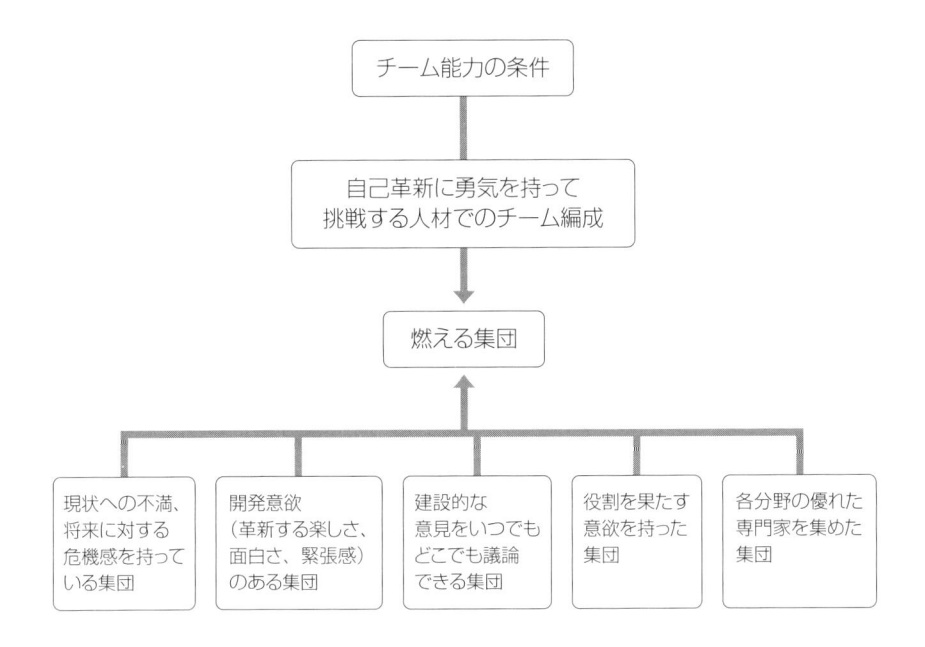

```
                    ┌──────────────┐
                    │ チーム能力の条件 │
                    └──────┬───────┘
                           ↓
              ┌──────────────────────┐
              │ 自己革新に勇気を持って  │
              │ 挑戦する人材でのチーム編成 │
              └──────────┬───────────┘
                         ↓
                   ┌──────────┐
                   │ 燃える集団 │
                   └─────▲────┘
```

| 現状への不満、将来に対する危機感を持っている集団 | 開発意欲（革新する楽しさ、面白さ、緊張感）のある集団 | 建設的な意見をいつでもどこでも議論できる集団 | 役割を果たす意欲を持った集団 | 各分野の優れた専門家を集めた集団 |

援の仕方をつくり出す行動を実践することが大切である。

⑤各分野のすぐれた専門家を集めた集団にする。
　メンバーの質と量を充実させる。とくに専門能力（業務遂行能力と応用能力）を持っていることが重要である。また専門分野以外でも、いくつかの異分野の知識と理解力も必要である。

　以上のような人材を集めた集団が、有能ですぐれたリーダーのリーダーシップによって燃える集団となり、期待されるチーム能力を発揮することで、新製品開発の成功の確率も向上する。

13　好ましくないリーダーとは

　有能ですぐれたリーダーと意欲的なネアカ人間の集団でないと、新製品開発は成功しない。
　開発プロジェクトチームの組織は、開発意欲があり、緊張感があり、多様な価値観を持ち合わせた組織が最適である。このような組織に、いかにして創造性を発揮させるか、いかにして課題適応力を持たせるか、が求められる。
　組織は、持つべき機能と、実行する機能の相乗効果によって、力を発揮する。この実行する機能を最大限に活かすか活かさないかは、権限を付与されたリーダーの最大の役割となる。
　開発プロジェクトの成否は、リーダーしだいといっても過言ではない。したがって、以下のようなリーダーは要注意である。

①自主行動独善型リーダー

　自己顕示欲が人一倍強く、経営トップとのホットラインも持ち、親分肌の行動力のあるリーダーは、放任しても自主的に処理するタイプである。
　だから、歯車がうまく回転しているときは、リーダーシップのあるリーダーに見える。
　しかし、意思決定が独善的になりやすく、経営トップへの報告も主観的になる。
　悪い結果が出そうな場合でも、上手に取り繕う能力を持っているので、他の協力者や開発メンバーを傷つけることになる。

```
         ┌─────────────────────┐
         │ 開発プロジェクトの成否 │
         └──────────┬──────────┘
                    │
         ┌──────────┴──────────┐
         │    リーダー次第      │
         │・システムエンジニアリング思考 │
         │・実績と経験＋ゼネラリスト │
         └──────────┬──────────┘
                    │
            ┌───────┴───────┐
            │ 要注意のリーダー │
            └───────┬───────┘
        ┌───────────┼───────────┐
        ▼           ▼           ▼
```

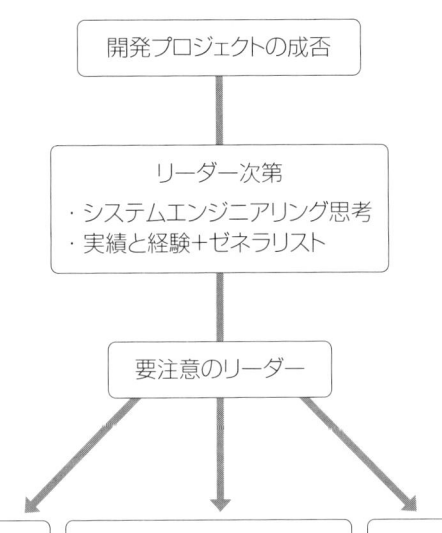

自主行動独善型 リーダー	実績重視継承型 リーダー	謹言実直型 リーダー
・自己顕示欲が強い ・親分肌の行動力 ・意思決定が独善的 ・報告も主観的 ・上手に取り繕う能力	・年数を積み重ねただけの実績、経験の押し付け ・継承型の思考 ・発想の転換や自己革新のできない	・形式重視 ・まじめで勤勉で努力型 ・魅力なく面白味がない

②謹厳実直型リーダー

　技術者の特徴として、形式を重んじ、まじめで勤勉で努力型のリーダーがいる。

　このようなリーダーは、勉強家であり、仕事にも明るく、人間的にも悪い人ではないのだが、魅力がなく面白味がない人である。

　新製品開発のリーダーは、創造的で自己革新のできる人、遊び心を持ち知的で多才な人、直感やひらめき、感性を持ち、幅広い教養の豊かな人が最適である。

　形式や経験、実績を重んじるリーダーは、新製品を開発するプロジェ

クトのリーダーとしては失格である。

③実績重視継承型リーダー

　実績重視、経験重視のベテランといわれる人は、往々にして、ただ年数を積み重ねただけの継承型の思考だけで、発想の転換や自己革新ができない。

　このようなリーダーは、開発プロジェクトチームをまとめ、リーダーシップを発揮することはできない。また、若い人の創造性を摘み取り、挑戦意欲を減退させる結果に陥る。

　リーダーの選任にあたっては、実績、経験以外の資質として、システムエンジニアリング思考を持ったゼネラリストの人材を選びたいものである。

MEMO

14 プロジェクトチームの活性化

　リーダーを先頭にチームが一丸となって一つの目標に向かい、自由な発想のもと新製品開発に燃えている集団となって挑戦している組織が、活性化している集団といえる。開発プロジェクトチームを活性化させるためには、次の条件が必要である。

①役割を果たす開発意欲があること

　自分の判断で決められ、自分の責任範囲と責任がわかり、仕事の評価に得心すれば、意欲が湧く。また、意欲と執念がなければ、前向きに仕事はできない。

②面白さとやりがいがあること

　過大なテーマや開発件数の過多などはやりがいに結びつかない。小さくとも将来性のある、自分でも納得したテーマを選ぶことが重要である。

③緊張感（リスク）のある納得できるテーマであること

　新製品開発にリスクはつきものである。リスクは、開発技術者に緊張感を持たせ、挑戦意欲をかき立てる。日常から挑戦的社風をつくっておかないと、担当者だけの挑戦になってしまう。失敗を恐れず、技術者の創造性、独創性の発揮に投資し、他社にないものを開発するのだというベンチャー精神は、開発型企業にとって必要不可欠である。

④多様な価値観を持っている組織であること

　メンバーが多様な価値観を持ち、年功序列や単なる仲良し集団でない、いつでもどこでも議論のできる知的・文化的協力関係が重要である。新しい価値、創造的な発想は、人と人との相互作用によって増幅される。

　上記のような活性化要因のなかに、以下のような現象が現れてきたら、新製品開発の組織としては注意が必要である。

　①禁止事項が増えている

②減点主義的発想が出てきた
③理屈が先行し、理屈屋が幅をきかせている
④細かいチェックが多く、意思決定に時間がかかる
⑤短期的な業績改善の施策が優先となっている
⑥革新的なユニークな提案がしにくい雰囲気になっている
⑦経営トップがリーダーでなく、管理者のようになっている
⑧発言や報告が内容（意味）より方法（形式）を重視している

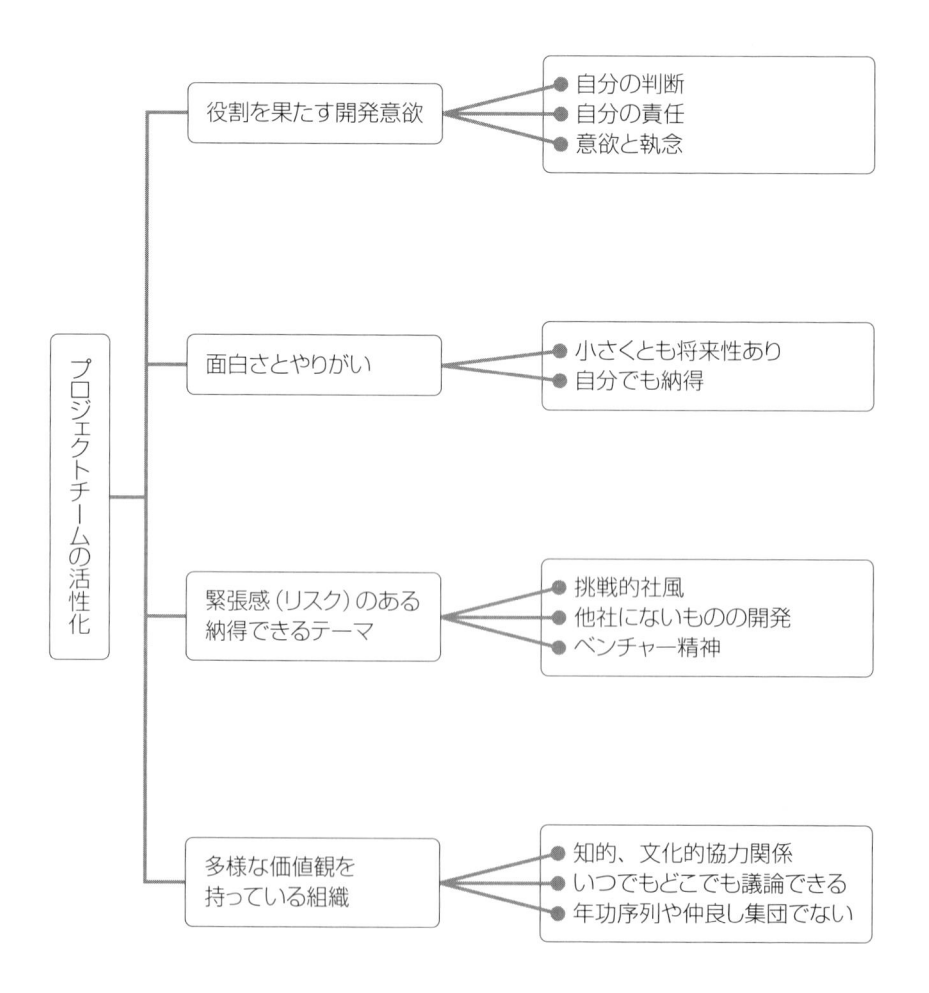

```
プロジェクトチームの活性化
├─ 役割を果たす開発意欲
│   ├─ 自分の判断
│   ├─ 自分の責任
│   └─ 意欲と執念
├─ 面白さとやりがい
│   ├─ 小さくとも将来性あり
│   └─ 自分でも納得
├─ 緊張感（リスク）のある納得できるテーマ
│   ├─ 挑戦的社風
│   ├─ 他社にないものの開発
│   └─ ベンチャー精神
└─ 多様な価値観を持っている組織
    ├─ 知的、文化的協力関係
    ├─ いつでもどこでも議論できる
    └─ 年功序列や仲良し集団でない
```

15　人の心を動かすリーダーとは

　開発技術者は責任感が強く、面白く、やりがいのある仕事を好む。したがって、開発テーマが開発技術者の心に共鳴すれば、やる気と意欲は自然に湧き出てくる。また、そのテーマが創造性を必要とされればされるほど、彼らの心を動かす。そのテーマとは、メンバーが納得できるテーマで、将来性のあるテーマである。その開発テーマを担当するプロジェクトのリーダーは、チームワークの確立責任とともに、働きやすい環境を提供し、さらなるやる気と意欲を発揮させるための支援とバックアップが必要である。リーダーがやるべきことを以下に示す。

①メンバーの役割の明確化
　メンバーの専門分野がわかっているので、それぞれの役割を指示する。その目的、目標、課題などを明確にして、かつ開発期限を明示しベクトルの方向性を一致させる。

②OJT教育
　専門別、課題別の教育訓練については、メンバーの合意を取りつけ、根気よく継続的に実行する。これが、いつでもどこでも議論のできる雰囲気をつくり、チームワーク（支援、協力関係）をよくする。

③情報収集と報告上の基本ルール
　開発が進行すると、情報収集がおろそかになる。自分たちが開発をしている技術がナンバーワンであるという過信が出てくる。開発中でも社外の情報を入手し、国内外の技術動向に注意する。また報告上の最低限の基本ルールとして、報・連・相コミュニケーションは徹底する。えてして技術者は、自分が知っている技術情報は他人も知っていると思ったり、こんな情報、アイデアを提供すると笑われるという意識が強いので、これを取り除くコミュニケーションが必要である。情報の内容によって

は、新たな意思決定が必要になる場合もある。

④チームの相互支援とチーム外組織との協力関係

　リーダーのリーダーシップがないと、チーム内の相互支援は進行しない。選ばれたメンバーはプライドの高い人が多く、人との協調性を考えない人も多くいる。リーダーはメンバーに合わせた目標と日程を示し、メンバー自らがやる気と意欲をかき立てる暗示を与えることが重要である。またチーム外組織との協力関係として、とくに生産製造部門、営業販売部門との一致協力体制が不可欠である。

⑤計画外の事態への対処の検討

　新製品開発には、さまざまなアクシデントが発生する。このときの対処方法を考えておかないと、多くの経営資源（人、物、お金、技術、情報など）を無駄にし、犠牲にする。そのため、中止や見直しの命令は、明確で明快に行うことが必要である。

　以上のようなリーダーの適切な対応が、メンバーの心を動かし、さらなるやる気と意欲をかき立てる勇気ある挑戦を可能にさせる。

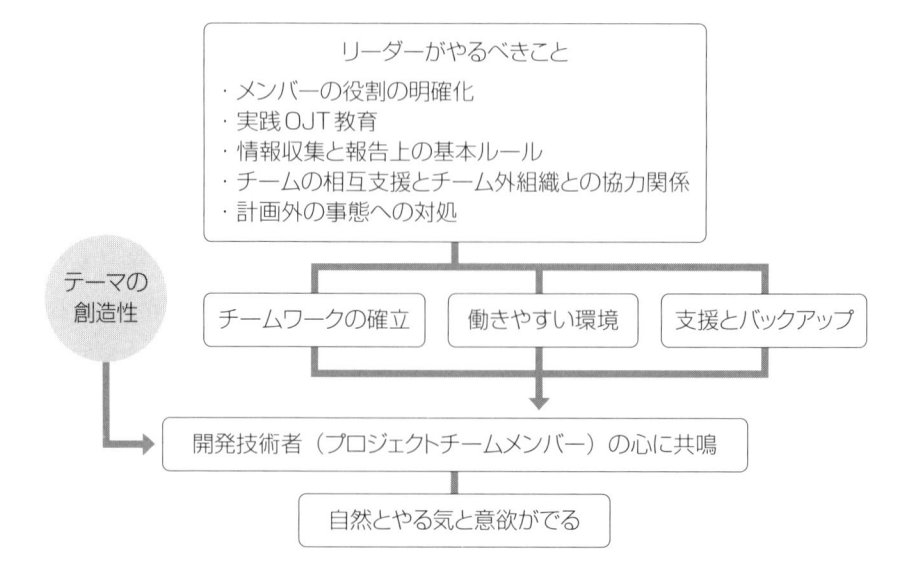

```
             ┌─────────────────────────────┐
             │    リーダーがやるべきこと         │
             │ ・メンバーの役割の明確化           │
             │ ・実践OJT教育                   │
             │ ・情報収集と報告上の基本ルール       │
             │ ・チームの相互支援とチーム外組織との協力関係 │
             │ ・計画外の事態への対処             │
             └─────────────────────────────┘
                    ↓         ↓         ↓
 (テーマの      ┌──────────┐┌──────────┐┌──────────┐
  創造性)      │チームワークの確立││働きやすい環境 ││支援とバックアップ│
              └──────────┘└──────────┘└──────────┘
      →              ↓
         ┌─────────────────────────────┐
         │開発技術者（プロジェクトチームメンバー）の心に共鳴│
         └─────────────────────────────┘
                        ↓
              ┌──────────────────┐
              │自然とやる気と意欲がでる     │
              └──────────────────┘
```

16　他部門や外部能力との連携

　新製品ができてもさっぱり売れない場合がある。開発部門では、よい製品（商品）を開発したのに、販売部門や営業部門が努力しないからだとし、一方販売部門では、技術重視で市場（顧客）のニーズを考えていないし、販売側の要望、要求事項を取り入れていないからだとするなど、開発責任を曖昧にしている例が数多くある。新製品開発では、全社、全部門の一致協力体制が不可欠で、他部門との連携や外部能力の利用による連携の良否が成功を支える一つの要素でもある。
　社内の他部門との連携については、次のことに留意する。

①関連部門との協議を密に

　新製品開発の場合は、通常の設計業務と異なり、新規性を要求されるため、計画から完成まで頻繁に設計上のデザインレビュー（設計審査）を行い、合意したことを確認して進める。また、時間の制限がありスピードが要求されるため、出席者が専門的な立場で数案を持ち込み、技術的な立場から協議し集約する。たとえば、客先のニーズおよび要求事項は営業部門で、低コストで製造するための技術や知識、経験は、生産技術・製造部門、品質に関する事項は、品質保証部門が集まって協議する。

②情報交換により信頼を得る

　自社内での各部門との上手な連係プレーは、新製品開発には欠かせない。新製品開発は、経営トップの具体的な支援は欠かせない要素であるが、それに依存しすぎると、部門の抵抗や妬みなどがしがらみとなって現れ、表面だけの協力体制に終始し、積極的な支援や協力は得られなくなり、プロジェクトの成否にも及んでくる。したがってリーダーは、関係部門と疎通を図り、他部門の責任者から信頼と信用を得て協力を取りつけておくことも、リーダーの大切な役目である。

一方、新製品に要求される技術レベルが高度化するに従って、高度な科学技術の能力を持った人材を集める必要がある。そのような人材が自社に不足している場合は、外部能力との連携が考えられる。
　外部能力との連携については、次のような方法がある。
①公的機関や大学などに開発業務の一部を委託する
②同業または異業種企業と提携して開発を行う
③他社が所有している基本技術（特許）と契約し、共同開発または自社独自の応用開発を行う
④自社の得意とする製品群の強化のため、クロスライセンス提携やＯＥＭ生産を行い、新製品開発と市場開発（開拓）を同時に行う
　以上のように、外部の能力（技術）を有効活用することにより、開発能力が高まる。今後の新製品開発においては、このような外部能力の活用が増えると考えられるが、中小企業の場合は、契約面、予算面、技術面など、多くの制約があると思われるので、注意が必要である。

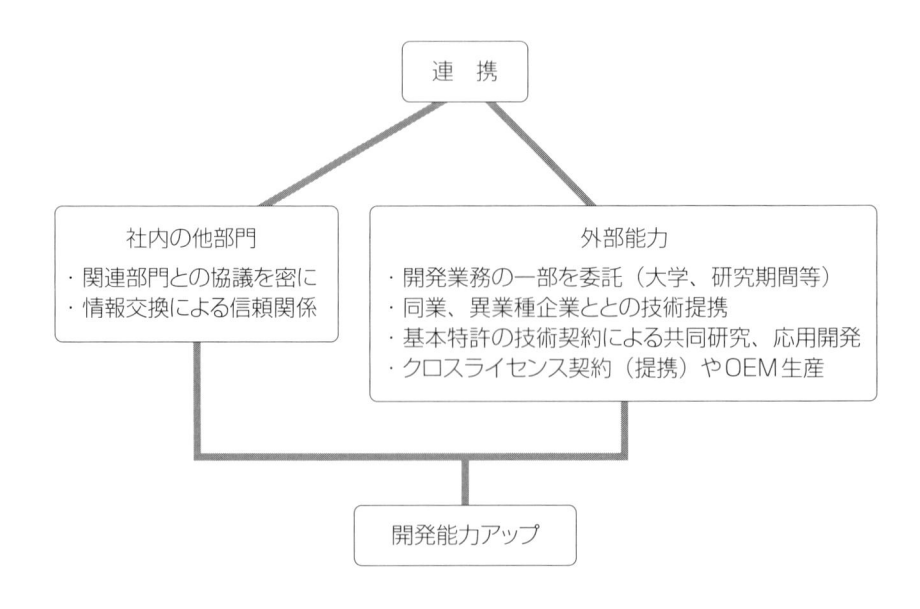

```
                    ┌─────────┐
                    │  連 携  │
                    └────┬────┘
            ┌────────────┴────────────┐
┌───────────────────────┐   ┌─────────────────────────────────────────┐
│    社内の他部門       │   │              外部能力                   │
│ ・関連部門との協議を密に│   │ ・開発業務の一部を委託（大学、研究期間等）│
│ ・情報交換による信頼関係│   │ ・同業、異業種企業ととの技術提携        │
└───────────┬───────────┘   │ ・基本特許の技術契約による共同研究、応用開発│
            │               │ ・クロスライセンス契約（提携）やOEM生産  │
            │               └─────────────────┬───────────────────────┘
            └───────────────┬─────────────────┘
                        ┌───┴────────┐
                        │ 開発能力アップ │
                        └────────────┘
```

17　創造性を発揮する人材の育成

　創造性発揮の育成指導は、プロジェクトチーム内での実践を通してのОＪＴ教育が最適で効果のある方法と考えられる。プロジェクトチームの活動は、時間、技術、コストの三条件をコントロールしながら、与えられた開発テーマの課題や問題点を処理する実践活動である。とくに時間の制約は人を育てる。創造性を発揮させるためには、企業全体の組織体がベンチャー精神を持っていることも必要であるが、次のようなことを実践させることにより、創造性豊かな、かつ開発意欲のある人材が育成される。

①情報は歩いて集める

　地図は足がかりにはなるが、過去情報で現在、未来の情報はわからない。見て、聞いて、質問して、自分の考えを述べ、本質を抽出することが必要である。

②納得できるテーマ、将来性のあるテーマを選ぶ

　新製品開発は会社から支援され、期待されるテーマで、全社的挑戦によって、すぐれた新製品が生み出される。緊張感（リスク）を背負って挑戦する喜びを感じさせる社風、組織風土は、開発に参加した技術者を大きく成長させる。

③権限委譲による経営者、プロジェクトリーダーの役割分担

　経営トップが管理者になったり、リーダーが独善的、主観的、形式・経験重視的な思考の持ち主では、創造的な人材は育たないし、活性化もできない。経営者はリーダーへ、リーダーはメンバーへと権限を委譲し、勇気ある挑戦をさせ、任せ、育てる心構えが必要である。勇気ある挑戦をさせる側は「忍耐」「支援の知恵」と「優しさ」の対応が、メンバー（次世代の人材）を成長させる。

④失敗を恐れぬ挑戦的な技術者を評価する

経営トップの「あるべき姿」「こうありたい」をめざして挑戦した結果が、たとえ失敗でも、その努力と執念を高く評価する風土が大切である。経営トップの日頃の言動が自然に企業内の無形の評価尺度として定着する。これが開発技術者の心を動かし、やる気と意欲をかき立てる。

⑤人材は発掘して育てる

人材は、小集団活動、QCサークル活動、プロジェクトチームなどの活動のなかからすぐれた人材を発掘し、活動の場を創出し、教育訓練を行い、眠っている能力（創造性豊かな発想力）を引き出す。

⑥アイデアの評価は洞察力で

多くのいいアイデアは、会議で潰されたり、理屈や経験で評価されることが多々ある。アイデアは、それを利用する人、評価する人により大きく変わる。年功序列や経験にかかわらず、先見性と洞察力を持っている人材を重視する社風をつくることも大切である。

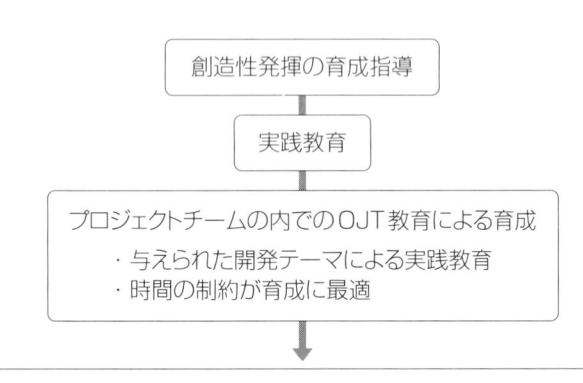

```
           創造性発揮の育成指導
                 ↓
              実践教育
                 ↓
    プロジェクトチームの内でのOJT教育による育成
       ・与えられた開発テーマによる実践教育
       ・時間の制約が育成に最適
                 ↓
           開発意欲のある人材の育成
 ・情報は歩いて集め、本質を抽出する
 ・納得できるテーマ、将来性のあるテーマに挑戦し、新製品を生み出す組織風土に参加する
 ・優れたリーダーの思考に学ぶ・失敗を恐れず挑戦的する技術者を評価する社風の中で
 ・アイデアは年功序列や経験のみでなく先見性と洞察力を重視する社風
```

第5章

新製品を開発する

1　よい製品とは

　よい製品は新規性があり、他と差別化でき、独自性があると認められる製品のことである。よい製品とは、以下の特性を持っている。
①既存のものよりもすぐれた価値を提案していると、ユーザーが評価してくれた製品
②既存のものとくらべ、ユーザーが明確に必要だ、重要だと気づく差別化ポイントを提案している製品
③斬新なアイデアであることをユーザーがわかる製品
- 製品が人に与える影響……………対人安全性
- 製品が環境に与える影響…………対環境保護
- 環境が人に与える影響……………快適性、安全性
- 環境が製品に与える影響…………使用の場の条件

　また最近、新製品などの品質保証の考え方は、有用性重視から安全性重視へと重心が移りつつあることも留意すべきである。したがって、新製品開発に対して今後関心を持つべき事項としては、以下のことが考えられる。
①地球環境の変化にともない、対人、対物、健康、保全などの要請、願望のテーマ
②人間や環境に与える障害を未然に防ぐ必要のある要望、願望のテーマ
③価値観の変化、個性化、老齢化などの進展にともなって発生する社会的要請、願望のテーマ
④生産性向上を図るための経済的要請、願望のテーマ
⑤行政的、法的、習慣的、情報的要望、願望のテーマ

2　よいテーマの条件

　よい製品開発のテーマとは、創造性を要求されたもの、やりがいと責任（リスク）を感じるもの、全社的な支援、応援を感じられるものである。
　とくに経営トップの理解とバックアップで支えられたテーマであることも、欠かせない条件となる。
　また、開発担当者がやる気と挑戦意欲をかき立てるものも条件の一つとなる。
　開発テーマの選択基準は、経営理念 → 経営戦略 → 技術開発戦略に基づいて実行されるが、自社の置かれている立場、自社の活動領域と環境条件から、現在何がいちばん要求され、要望されているのかを考えることが大切である。
　よいテーマの選択基準としては、創造思考性があり、使命感、好奇心が持て、執念を持って、挑戦意欲をかき立てる革新的なテーマを選ぶことが望まれる。

①他分野との境界領域や隣接分野上のもの

　最近の新製品は、多くの分野の境界領域や隣接分野にまたがった機器やプラントなど、システム化されたものが多くなっている。
　それらの開発に対しては、開発テーマごとにそれぞれの専門技術者を集めたプロジェクトチームを編成した期間限定の開発が、従来にもまして注目されている。

②自社の現有事業に脅威を与えそうなもの

　現在の事業、現在の製品、技術に対して、近い将来他社が脅威を与えるとすれば、どのような事業か、どのような製品か、を考えれば、自ず

から自社の技術開発の方向性は見え、そのなかから必要なテーマが出てくる。

③既存の技術で複合化できるもの

　自社の既存の技術を使い、複合化した新製品ができれば、新たな成長・発展製品となり、企業の生き残りにも貢献できる。

　また、自社の保有技術のため、比較的低コストで競争力のある製品を供給することができる。

④他の資源を取り込んでシステム化できるもの

　社内外の技術、ノウハウを取り込み、味方にするのは、新製品開発にとって大切な条件である。

　これからは、顧客や他企業、大学、公的研究機関などの研究者や技術者との交流や提携はますます重要視される。

　昔のように、開発はすべて自前技術とか、機密が保持できないとか、従来の延長線上での開発手法では開発競争に勝てない。

　このような企業の開発責任者は、早急に意識改革をしない限り、新製品開発を担当することはできない。

⑤得意技術を核として、新市場を開拓することが可能と思えるもの

　従来の自社の得意技術の改良、または新技術の開発により、市場強化、市場開拓を行い、自社の優位性を保ち、他社の追随を許さない製品の展開は、企業の成熟段階の戦略としてはオーソドックスな開発となる。

　通常は、その製品担当事業部内で、開発プロジェクトチームを編成することになる。

3 新製品コンセプトの条件

　新製品開発のコンセプトとして重要なのは、企業ドメイン（活動領域／誰に？）を明確にして、標的市場・売上目標を決め、目標達成の戦略を考えることである。
　すなわち、製品そのもの、原価構成（価格）、マーケッティング、流通などを明確化する。とくに他社製品との差別化とマーケッティングのしやすさが重要となる。
　上記の観点から、コンセプトを満足させる条件を示す。
①ユーザー（使用者側）の業務目標に合致していること
②社会的、経済的に妥当であること
③競争に耐え、勝てること
　言い換えると、誰に、どのような便益を、どのような場所で、どのように使用するのか、その際どのような既存品と競争しなければならないのか、差別化はできるのか、などを考えることが必要である。
　新製品開発製品のコンセプトの決定には、次の点をふまえて考える。

①新製品開発の目的
　まず、新製品を何のために開発するのか、誰のために開発するのか、目的を明確にしなければならない。

②ターゲットの明確化
　「誰のために」を明確化するために、ターゲットを絞り込むことが必要となる。ターゲットが決まったら、ターゲットユーザーの受容能力、必要性、使用頻度、または使用量などの推測から、ターゲット先の使用目的を明確にする。

③便益性の分析

ユーザーに対して何を便益性とするか、つくられる製品は、成分や物質、形状（寸法）、形態などの客観的な便益性なのか、またはユーザーのニーズに対応する主観的な感性に訴える便益性なのかなどについて、分析しておくことが必要である。

④使用される場の分析

どのような場に使われるのか、機会の創造を分析する。たとえば生活の場、作業の場、生産の場、産業システムの場などから抽出して、そのシステムの相互関係を把握し、どのような使用が可能かを探る。新市場の開拓などに関するマーケッティング的な分析が必要となる。

⑤競合性の分析

便益性と機会の創造の分析から、競合品の代替可能性を推測する。競争相手はどこか、他社製品と、品質（精度・性能・技術力）や価格などで差別化はできるのかなど、競合他社との優位性を確保するためにも、調査分析は必要となる。

MEMO

4　新製品コンセプトの企画立案プロセス

　新製品開発が決まるまで、社内外のアイデア提案や技術情報など、新製品開発に関する情報は、多岐にわたっている。そのアイデアを調査評価し、かつ自社の経営理念、経営資源、イノベーション構想などから、新製品開発の方針を決定する。

　新製品開発コンセプトの企画立案は、決定したテーマについては、開発を担当する開発プロジェクトチームの統括リーダー（当該プロジェクトの開発責任者）が作成し、第一回目の開発方針会議で、開発関係者全員にコンセプトの趣旨を説明し、全員に徹底させる。したがって、この会議は重要な会合となる。

　新製品開発コンセプトの企画立案に対する考え方を示すが、基本的には、コンセプトを企画立案する統括リーダーの役割は重要である。

　リーダーは技術を知り、市場を知り、深い洞察力がないと、中途半端なコンセプトとなり、潜在ニーズを掘り起こすような新製品開発ができず、開発報告書だけの開発となるので、注意が必要である。

　コンセプトの企画立案については、企業（おもに大企業）によっては、マニュアル化されていることもあると思うが、以下の点については、これまでの技術的経験に基づく判断力と洞察力が求められる。

①志向分野

　開発する新製品の志向分野は、○○産業分野（たとえば環境・リサイクル）に属し、○○製品（たとえば微生物処理による有機処理対応型プラント製品）であるというように、志向分野を明確に定義する。

②志向対象

 開発する製品の志向対象が企業なのか、一般消費者なのか、一般消費者なら老人、若人、既婚者、未婚者、男性、女性など、志向対象の明確なイメージ化を図る。ターゲットの明確化は、この部分のコンセプトによって決まる。

③志向機能

 開発製品の志向機能は何か、たとえば安全性なのか、高品質なのか、信頼性なのかなど、セールスポイントになる機能は何かを決める。これが競合他社との差別化にもなる。

 計画立案に対し、開発シナリオ(たとえば製品名〈仮称〉、開発目的、開発日程、課題・問題点などのまとめ資料および新製品のイメージ図を添付)を作成し、最終コンセプトとする。

 開発プロジェクトメンバーは、このコンセプトに対して、その場で開発製品のイメージが浮かばないようでは、開発プロジェクトチームを辞退すべきである。

MEMO

5　競合品に勝つためには

　新製品開発製品が他社との競合製品に勝つためには、差別化を図ることが常套手段となる。他社製品（競合品）との差別化を図るためには、以下のことが考えられる。

- 違いが一目でわかるような、根本的に新しい形態や品質の製品
- 同一価格でも高品質（性能面、機能面、精度面、デザイン面）の製品
- 高価格の場合は超高品質の製品
  （超高品質とは、従来の品質をはるかに超えた性能、機能、精度、デザインなどを有する。たとえば、超ミクロン、超微細加工、超高圧、超精密などで、これまでのオーダーと桁違いの品質のこと）
- 競合品を徹底的に分析し、類似で支障のないところは類似化させ、安心感を持たせる製品
  （この場合は、コスト〈低価格〉での差別化と性能・機能面での技術的仕掛けを内蔵し、使ってみて違いがはっきりわかることが重要）

　競合品に勝つための条件を下記に示す。

① 競合品と比較して、明らかに品質、信頼性、安全性、価格などで優位性があるとユーザーが認めた製品。既存の製品よりも明らかにすぐれた価値のある新製品
② 競合品と明確な差別化ができていると、ユーザーにわかってもらえる製品
③ 斬新なアイデアであることをユーザーにわかってもらえる製品

さらに競合品に勝つためには、新製品の特性をベースに、次のことを付加して設計構想を再確認し、そのなかに組み込むことが必要である。

- 対人安全性………製品が人に与える影響について十分検討し、安全、安心を製品に取り入れる
- 対環境保護…………製品が環境に与える影響について、自然環境との共生を考えた製品かを設計思想のなかに取り入れる
- 快適性・安全性……環境が人に与える影響について、環境と製品が共生する地球上の環境（土・空気・水）に対して快適性、安全性を追求し、新製品開発のなかに取り入れる（たとえばダイオキシン、バイオテクノロジー、遺伝子組換操作などの開発）
- 使用の場の条件……使用の場の条件を十分に吟味し、新製品（設備または製造物〈気体、液体、固体〉）が周囲の環境に共生できるシステムを検討する

MEMO

6　市場情報から品質情報への変換

　開発担当者は、市場情報から設計可能な品質特性情報に翻訳する必要がある。新製品開発の初期の段階でまとめる。
　この作業は、一般的には品質特性展開法とか品質特性要因分析法などの技法で行う。新製品の品質、差別化、セールスポイントが確定され、どの特性がユーザーにとって、どのくらい重要なのかなど、新製品開発の設計目標を立てるうえで大切な作業となる。
　この作業で注意することは、情報の不足、裏づけのない二次、三次情報、主観的で思い込みなどからの作成が、そのまま品質情報として流れ、市場情報が適切かつ客観的に変換できなくなることである。
　とくに開発実績や経験のある人ほど主観的な思い込みで作成した品質情報がそのまま流れ、ユーザーが真に求めている要求品質とかけ離れて失敗することがある。開発プロジェクトチームとしては、ちょっとした疑問や不確定要素を思いついたら、いつでも気軽に議論できる雰囲気づくりが必要である。
　また市場情報が、直接品質情報の形でユーザーから提示されることもある。だが、以下のように取り扱いにくい情報になっているのが普通である。
①製品の全体、部分、材質、あるいは製法などを表す名詞的情報（たとえば、有機肥料プラント装置、マイナスイオン製造方法など）
②書く、持つ、握る、運ぶ、操作するなどを表す動詞的情報（たとえば、操作容易なハンドル、スパイラル方向に運ぶなど）
③軽い、重い、冷たい、熱い、大きい、小さいなど、形容詞的情報（たとえば、大きなパイプ、重いコンテナ、軽くて大きい箱など）
　このような情報のなかから、新製品の品質を決める諸特性には次のよ

うなものがある。
- 寸法・規格特性（形状、重量、粘度など）
- 化学特性（吸湿性、水溶性、耐食性など）
- 熱特性（耐熱性、熱伝導性など）
- 物理特性（弾性、騒音レベル、吸音性など）
- 強度特性（耐久性、剛性、引張強度、圧縮強度など）
- 機能特性（操作性、自動化性、制御性、迅速性、移動性、性能など）
- 使用特性（応用性、便利性、保全性、安全性、利用範囲など）
- 感覚特性（味、色、香り、感触、音、光沢など）
- その他（価格、経済性など）

　以上のような市場情報を各種の特性に翻訳し、特性値を表示することが品質表示となり、設計への足がかりとなる。

　新製品開発の場合は、モデルや参考例がないのが普通で、この品質情報が基準となり開発が進行するので、この情報のなかに不確定要素や不安定要素があると、ユーザーニーズ（または潜在ニーズ）とかけ離れた新製品開発となってしまう。

MEMO

7 開発設計構想の立て方

　新製品開発では、既存製品のニーズに応える新製品開発と、自社独自の市場創造型の新製品開発によって、開発に対する基本的な姿勢は多少異なるが、開発設計構想の立て方は同じだと考えられている。

　企業としては、成長段階、発展段階、成熟段階の製品を持ち、絶えず新製品開発を繰り返しているが、それぞれの段階での開発には、市場の動向や技術の動向に反映させ、より効率のいい新製品開発を行っている。

　通常、既存製品は、改良技術や新技術を採用した開発で、市場強化、新市場開拓を行い、企業の生き残りを図る。

　現状の新製品開発動機は、顧客ニーズ対応型の開発がほとんどであるが、潜在ニーズや新しい価値を気づかせる新製品開発も必要である。

　基本的には、市場創造型の独自性のある新製品の開発が求められる。
　また新製品には、品質の差別化と同時に価格面の差別化も求められる。
　以上のように、新製品開発の設計を始める前にやらなくてはならない設計構想・目標の立て方は以下のとおりである。

①ユーザーの要求品質を正確に把握すること

　要求事項、要望事項は、顕在的なもの、潜在的なものなど、さまざまな表現で話してくる。そのなかからユーザーが求めている品質（性能、機能、機構、精度など）を正確に把握する。

②ユーザーの要求・要望事項を整理、整頓する

　名詞的、動詞的または形容詞的な曖昧な要求・要望事項について、重要度の高い順に整理する。

③整理した市場情報を品質情報に換える

詳細については「6　市場情報から品質情報への変換」を参照のこと。

④他社製品と品質特性を比較する

他社に類似製品または競合品がある場合は、品質特性の比較を行い、差別化の糸口を見つける。

⑤セールスポイントの抽出

差別化技術やセールスポイントになりうる品質特性を数項目洗い上げ、評価資料を作成する。

⑥市場情報（ユーザーニーズおよび情報）を再確認する

上記項目（①～⑤）でまとめた品質特性を、ユーザーに対してフィードバックコミュニケーションを行い、要求・要望事項から設定した要求品質について、お互いに再確認する。

⑦セールスポイントを設定する

セールスポイントを抽出した評価資料に基づいて、最初の開発方針会議の時検討を行い、セールスポイントを設定し、開発プロジェクトチームの開発認識を一致させる。

⑧設計品質（品質目標値、規格値など）、設計仕様を決定する

開発設計は、要求品質で決めた仕様、品質が設計の基準となる。ここから設計に関する業務（図面を作成する）がスタートする。

8 技術的可能性の検討

　新製品開発の目的である開発コンセプトやターゲット、制約条件である概略仕様、基本構想図（概略図）による大枠の概念決定後、開発プロジェクトチーム内での担当者が決まる。

　それぞれの開発担当者は、担当部門の技術的課題と問題点を抽出する。

　まず仕様を満たすため、技術的可能性の検討として、性能・品質面について技術的な構想を練る。

　性能・品質面については、はっきりとした優位性を持ち、違いが一目でわかる新材料や機能を取り入れた新しい技術による差別化を図ることが必要である。

　それらのアイデアは計画図として図面化し、それぞれの技術的な特徴を比較検討する。

　その検討書をもとに、チーム内のアイデア会議を頻繁に開き、ブレーンストーミング的なフリーディスカッションで意見交換を行い、煮詰め絞り込んでいく。

　このアイデア会議では、多くの参加者の意見が飛び交い、上乗せアイデアが出てくるようなコミュニケーションの場にならないと、効果を発揮しない。

　新しい価値あるアイデアは、人と人との相互作用の相乗効果で創出される。単なる発表の場であったり、声の大きい人の独演会になったり、黙して語らず式の仲良し集団では、新しいものはできない。

　個々の個性のぶつかり合いを避けては、創造的な発想は生まれない。新製品開発に選抜された開発プロジェクトチーム員は、肝に銘じて行動することが求められる。

　また、使用検討の技術が概念だけで確立されている技術であったり、

未知の技術の場合は、自らの思い込みや甘い判断で開発を進めていくと、最終段階でトラブルが発生する。

　とくに開発スタッフの少ない中小企業においては、思い込みやアイデアだけの開発が多く、頓挫する例を多く見受ける。

　少しでも疑問や納得のいかない技術のときは、要注意である。

　そのようなときは、一歩退き、専門家の意見、技術論文、特許、国内外の文献調査などを行う必要がある。

　外部の技術資源の活用や、新製品開発に使える技術にするため、自社の研究部門、外部との共同開発という手段もあるので、開発プロジェクトの開発日程に合わせ、早い時期に方針を決めることが肝心である。

MEMO

9 具体的アイデアの採決

　新製品開発では、具体的なアイデアを、一つだけのアイデアで解決することは無理で、アイデア構想は、少なくとも3〜5件のアイデアを考え、比較検討することが必要である。これらのアイデアを付加し煮詰め絞り込み、具体化していく。
　一人でアイデアを考えると、自分のアイデアが唯一で、他人のアイデアを取り入れたり、素直に聞く耳を持てなくなり、他人のいいアイデアが埋もれることもある。
　開発者は、自分の経験に対してプライドと自信を持つことは必要であるが、他から出たアイデアに対し、真摯に検討し、取捨選択できる柔軟性を持ちたいものである。
　具体的なアイデアを採択するには、次のように進めていく。

①具体的なアイデアを多く抽出する

　アイデアは言葉だけでなく、イラストまたは図面（フリーハンド図でもよい）で表現する。
　またアイデアは、論理的で理屈に合っていることが必要である。

②採択方法

　多くのアイデアは、アイデア会議などで活発な議論を行う。
　基本的には、自社の経営資源が有効に活用できるアイデアを採択する。
　また、自社の技術で対応できないものは、外部の技術資源の活用を検討する。
　アイデアの優劣が判断できないときは、小さな実験室的な比較試験などで判定し、採択する方法もある。

③アイデアの決定

　アイデアが採択されたなら、そのアイデアに基づいて設計（新製品開発の基本計画図）を行う。

　設計は、まず仕様を守ることが前提となる。要求品質の仕様から性能面に関する計算（能力・強度など）を行い、それに見合った機構、形状などを決めていく。

　また、設計上の制約条件（大きさ、重さ、外的条件など）もあるので、忍耐を必要とする作業となる。

　以上のように、よいアイデアを採択するには、具体的なアイデアを数多く出すことである。

　その多くのアイデアから本質的なものを採択するには、個々の議論をぶつけ合う場が必要となる。

　そのためには、開発プロジェクトチームを編成するとき、ネクラ的な人材（感情的、こだわり人間、自己過信、閉鎖的でネガティブな人）よりもネアカ的な人材（前向きで、明るい、ポジティブな考えの人）を選びたい。

MEMO

10　特許状況調査

　開発プロジェクトチーム編成後、開発担当者は、すみやかに新製品開発関連の特許の状況調査を行う。特許調査は、自社の契約弁理士に依頼するか、自分で調査する方法もある。現在では、特許庁のデータベースサービスにより、インターネット検索や各県の発明協会の検索サービスもあり、非常に楽に特許調査ができるようになった。

　特許状況調査の目的は、自社の新製品開発の技術、システム、製法などが国内外で先願や類似出願されていないか、競合企業の開発状況や技術動向を把握することで、重要な調査となる。この時点での特許状況の把握事項としては、以下の点が必要である。

①現状の技術動向

　自社新製品開発の技術、システム、製法などが、世界の技術動向に対して、どの程度のところにあるのか、特許出願状況から把握しておくことが必要である。

　1.5年で特許は公開になるので、1.5年以前の特許は検索できるから、現在開発している技術の位置づけ、優位性、先行技術の可否など、現状の特許を介して技術動向がわかる。

②競合企業の開発動向

　競合企業の開発状況を、他社の特許出願から判断することができる。

　まず企業名による特許検索を行い、自社の新製品開発と同類と思われる「発明の名称」をピックアップし、「明細書」を見聞することにより、競合企業の開発状況や技術の予測がつき、対応策を事前に取ることが可能となる。

③類似技術の把握

　特許の調査を進めると、思わぬ異種企業から類似技術の出願があるので、気になる技術はマークして、出願状況を定期的に検索することも必要である。
　早めに類似技術を把握することにより、自社の新製品開発の技術はそれ以上の技術なのか、それに抵触しない技術なのかなどが確認できる。

　しかし中小企業の場合、人材面のハンディとともに、独創技術であるとの思い込みが強く、特許調査が比較的おろそかになり、そのまま製品化に走る場合が多い。結果として、販売を開始した後で、特許侵害のクレームをつけられる例が多くなっている。
　たとえ中小企業といえども、新製品開発の初期段階での特許の状況調査は、必要不可欠な調査の一つである。

MEMO

11　特許上の障害の確認

　新製品開発においては、収集する技術情報のなかには特許情報も入っているが、情報収集の段階では特許の詳細な部分までは把握していない。
　したがって、開発プロジェクトチーム編成後、早い時期に特許調査を行う（「10　特許状況調査」を参照）。
　万一、自社の製品開発の技術またはシステム、製法などに抵触するような類似技術が出願されていた場合は、特許（または実用新案）明細書の全文を入手し、自社の新製品開発への影響の有無を詳細に比較検討して、特許問題をクリアーにしておくことが必要である。
　類似技術の抵触可否判断の方法としては、「特許請求の範囲」「添付図面」「明細書」から、この特許の特徴、セールスポイントなどを一覧表にまとめると、技術上の相違点・類似点、技術レベル、機構・構造などがわかる。
　万一、自社の開発する新製品とほとんど類似している場合は、以下の対策を取り、開発プロジェクトは、進行する前に特許問題を解決しておくことが重要である。

①類似技術を回避する
　類似技術以外の他の技術（新しい機構や構造）を考え、類似技術を避ける。またすみやかに特許出願をする。
　出願に関しては、慎重を期して弁理士や専門家に相談し、明らかに相違技術であることを確認しておくこと。

②避けられない技術への対応
　どう考えても避けられず、それが自社の新製品開発のコア技術で、重

要な技術であると判断したときの対処としては、開発期間を延ばして、その技術を超える新たな技術の研究開発を行う。

ただし、開発担当者としては、いかなる場合でも客観的な判断資料を作成し、開発担当責任者（上層部）の判断を仰ぐことにする。

③類似技術出願企業の継続調査

他社から類似出願が出ていることは、類似の開発を行っていると考えられるので、継続的に検索することが必要である。

これにより、出願企業の出願日時、出願数、特許内容などから技術傾向、技術力、開発思想、開発の進展具合などがわかり、自社との技術比較が容易になる。

MEMO

12 特許の確保（出願）

　新製品開発において、特許の取得は重要である。新製品の基本となる技術は、通常開発プロジェクトチーム編成前に基本特許として、すでに出願済みとなっていることが多い。

　開発方針会議後、各開発担当者はそれぞれの専門ごとに、まず技術情報調査（対外技術、特許、競合品、同業者の技術など）を行い、計画段階においては、新しい機構、新しい材料、新規な制御システムなどの新技術を出す。

　それらのアイデアを設計（計画図）し、開発会議（アイデア会議またはデザインレビューという）で技術検討会を行い、最終決定する。

　新しい技術については、応用周辺技術として特許（または実用新案）出願手続を行う。

　基本特許の周辺技術を出願することは、開発した新製品の周辺すべてを権利化することになり、他社が参入できない技術を確保することになるので、完成時の販売戦略上からも優位に立つことが可能となる。

　新製品の特許戦略としては、次の点をふまえることが重要である。

①基本技術は必ず特許出願をする

　新製品開発にはさまざまな開発形態があるが、基本的には市場創造型の独自性のある新製品を開発することである。

　この開発には、必ず基本特許となりうる技術で構成されているので、必ず特許を確保しておくことが必要である。

②応用周辺特許の確保

　独自性のある新製品は、必ず新しい機構・構造、新しい材料の使用、

新しいシステムなど、基本特許以外から構成される周辺の関連技術にも多くのアイデアが活かされている。したがって、それらの応用関連技術を周辺特許として確保しておくことにより、今後の新製品戦略を有利に展開することが可能となる。

　中小企業では、一つの特許を出願しただけで安心したり、親会社と安易に共同出願したり、他社に先行出願されたりするケースが多々ある。
　その結果、特許紛争に巻き込まれたり、自社の特許にクレームがつけられるなど、特許ゆえに思わぬトラブルになることもあるので、注意が必要である。

MEMO

13　対外技術の基礎評価

　開発プロジェクトチームの開発者は、自社の新製品開発の先進性や創造性に関する技術は、他社よりもすぐれていて、独自の技術であると自負している技術者が多いと思われる。この自信とプライドがないと、独自性のある新製品の開発はできない。

　社外技術の評価には、バランス感覚も必要である。評価の対象としては、新製品開発に関連すると思われる社内外、国内外の類似技術、応用技術、ユニーク技術についての技術情報を入手する。

①社内にある類似技術の評価

　社内の他部門、他製品に使われている技術、工夫すれば流用可能な技術が埋もれている例などは数多くある。それぞれの部門の保有技術を洗い出し、使用可否の評価を行う。

②社外技術の評価

　社外の競合企業や新規参入企業の技術を、学会情報、業界情報、特許情報およびその他の情報（マスメディア、専門誌〈紙〉）を収集し、自社の新製品との比較を行い、冷静で柔軟な評価を行う。

　また場合によっては、共同研究、技術導入、技術提携などに発展することもある。

　同じような技術が、異業種の業界で当り前のように使用されている場合もあるので、異業種の学会発表、見本市、展示会などで技術情報を入手し、類似技術、周辺技術を評価・分析しておく必要がある。

　この場合も、従来考えられなかった異業種間の共同研究、技術提携、技術導入に発展することもある。

③国外技術の評価

　国際化時代となり、国外の技術情報もいち早く入手できる状況となっている。

　国内の技術情報と同様、新製品開発に関連する類似技術、周辺技術は定期的に収集し、評価・分析しておく。

　国外情報については、それまでの実績と経験により絞り込む（情報誌の種類、技術ジャンル、国別、企業ごと）ことも必要である。

　また、国外に営業所や企業進出を行っている場合には、その方面からも最新の技術情報を入手する。評価によっては、技術提携、技術導入も考えられる。

MEMO

14　競合品の調査

　開発型の企業の陥りやすい企業特性の一つに、自社開発の製品がナンバーワンで、かつ独創的な技術であるから、他社が追従できないという自信と過信からか、業界情報や競合品の調査を怠り、新製品の開発だけに邁進するきらいがある。

　たとえ自信のある新製品開発でも、業界や顧客などの使用者側のニーズ情報や、競合品、競争会社の調査は必要である。

　調査の方法としては、ターゲット先業界の技術革新の変遷、現状の問題点、将来展望など、業界特有の情報を収集する。

　入手の方法としては、業界団体や関連企業からの情報を主に、それらに関連している社内外の関係者からも収集することで、顕在ニーズや潜在ニーズも分析できる。

　一方、競合品の調査方法としては、競合品、競争会社があるかないかだけの調査にとどまらず、技術面全般の調査も必要である。

①関連業界・学会の技術情報チェック

　競合品をつくっている業界の技術情報や学会の技術情報などで競合する技術を調査する。

②見本市、展示会などでチェック

　関連業界、関連企業が出展している見本市や展示会などで、どのような製品が出ているか調査する。

③特許調査

　特許調査することにより、かなりの確率で競合品、競合会社の技術力、

応用的技術、独創的技術力などが把握でき、かつ目標がはっきりするので、開発戦略が容易になる（詳細は「10　特許状況調査」参照）。

　以上のように、競合品を知ることは「敵を知り己を知る」のたとえのように、自社の目標が明確となり、開発の動機づけにもなる。
　競合品の調査は、初期段階でやるべき調査で、この情報が的確でないと、事業化の段階でトラブルにつながるため、抜け落ちや見落としのない調査をすることが求められる。

MEMO

15　競合品の具体的調査

　競合品の調査から、自社の新製品開発との競合品が特定できる。
　当然自社が開発した新製品とは、使用技術、システムなどで差別化されているものの、競合品となることは間違いないので、具体的な調査を行い、詳細に検討することが必要となる。
　具体的な調査としては、以下のことが考えられる。

①仕様の確認
　仕様で重要なのは、性能・能力に関する数値、形状に関する重要寸法や重量および安全性、保守・メンテナンス、価格などを調査する。

②機構・構造の確認
　競合品の機構・構造はどんな要素技術を使っているのか、心臓部の加工精度や使用材料など、構成する部品や加工技術、製造技術、生産技術を確認する。また概略コストも算定する。

③特許の詳細調査
　競合品の特許の明細書一式を取り寄せ、特許請求の範囲、添付図面、明細書から、機構・構造の特徴、セールスポイントを知り、競合品製造企業の設計思想や技術の考え方などを把握する。

④使い勝手の確認
　競合品が使われている場所、または展示会などに出向き、どのような使われ方、使い方をしているか、能書きどおりの使いやすさなどを確認する。

⑤販売・営業面の調査

競合品の販売・営業方法の特徴は何かを十分に調査する。

売れている理由など、さまざまなルートを使って、競合品の売れ筋、売り方、販売ルートなどの調査分析を行う。

⑥価格について

競合品の販売価格は、コスト積み上げか実勢価格か、また価格は生産方式でも変わるので、受注か、見込みか、量産型か、非量産型かなど、コスト面についても調査分析しておく必要がある。

⑦安全、サービス、メンテナンス面の確認調査

ＰＬ法対応の安全対策やサービス、メンテナンスはどう対応しているのか、現状のサービス、メンテナンスへの取組みなどを調査する。

品質（Ｑ）、価格（Ｃ）、納期（Ｄ）面の対応が同一ならば、後の差別化はサービス技術の比重が大きなウェートを占めるので、競合品製造企業の取組みについては、十分に調査する必要がある。

MEMO

16　関係法規の調査

　新製品開発の調査段階では、関係法規の調査は軽視されやすい。

　開発プロジェクトチームは、開発が任務であるという大義名分を振りかざして軽視していたと思う。

　しかし近年、新製品の高付加価値の源泉として、従来のいい製品、サービス特性のほかに、対人安全性、対環境保護、快適性・安全性などの条件も求められている。

　それらを守っていくためには、開発段階から関連する法規、条例、国内外の規格やターゲット先の基準などを調査把握し、理解し、新製品のなかに取り入れられるものは取り入れて対応しなければならない。

　守るべき法規、規格は最低限の基準であるから、新製品を開発するにあたっては、それを上回る技術で開発することが課題となる。調査した関連法規を、新製品開発に活かしてこそ意義がある。

　現状の法律のなかで、とくに新製品開発時に念頭に置いて考えなければならないものは、ＰＬ法（製造物責任）とリサイクル関連法と思われる。

①ＰＬ法を意識した開発

　ＰＬ法とは「製造業者が製造または加工した動産物で製品の欠陥が原因で、事故が発生した場合に責任が発生する」という法律である。

　したがって、開発者は、より安全な製品づくりを心がけ、設計上の欠陥、製造上の欠陥をなくす製品安全対策を、設計思想の一つとして取り入れることが必要である。

②安全基準を守る

　新製品開発段階においては、ＪＩＳやＩＳＯなど、各種の安全基準、

規則を守るとともに、当開発製品の危険性を予見し、事故防止対策を講じていくことが大切である。

③ターゲット先（販売先）の基準、規格を守る

　初めてのターゲット先には、その市場独自の規格や基準（ローカル基準、約束事など）がある場合がある。そのため、それらについて、十分な調査を行い、それらを理解しての新製品開発が求められる。

　以上のように、これからの新製品開発は、対人、対環境が考慮すべきキーワードであるから、関連する法規類の調査は不可欠である。
　またその法規や基準、規格を新製品に反映させることが必要となる。とくに安全面、リサイクル面の対応は、今後の課題となる。
　ごく一部ではあるが、「おれたちは自信のあるいい製品をつくっている。事故やトラブルは、ユーザー（顧客）の使い方が悪いからだ」と発言する傲慢な開発者もいるようであるが、ユーザー志向の開発を心がけたいものである。

MEMO

17　実験室試験

　実験室試験とは、試作機をつくる前に確認する技術であり、これにより性能、機能、構造などを左右するもので、その一部を実験的な規模で行う試験のことである。
　試験は、実機大のモックアップ（原型）で試験するほうが、確実なデータが取れる。
　場所などで制約のある場合は、縮小した試験装置で行う。
　しかし、縮小した試験でのデータを、そのままスケールアップした場合、性能・能力にそのとおり反映されないこともある。
　とくに縮小したものが、面積や体積に関連する実験室的な試験でのデータの使用には、細心の注意が必要である。
　実験室試験の内容によっては、開発プロジェクトチーム以外の自社の研究部門や、他の研究機関に依頼することもある。
　依頼可否の判断としては、基本的な要素が多く含まれている技術の試験などは、研究部門の専門家（研究者）に依頼するほうが早道の場合もある。
　実験室試験で確認しておきたい試験内容には、以下のようなものがある。

①不確定要素のある技術の確認

　現在ではシュミレーション技術が発達し、条件さえ設定すれば、パソコン上でモニター画面に必要な不確定要素の解決が容易に抽出される解析ソフトが導入されているが、それだけに頼るのではなく、むしろそれを確認する意味でも、実験室的な確認試験は必要である。
　とくに機械系の場合、経験的な係数を使用した性能計算、動力計算お

よび強度計算などが多く、その係数の使い方によっては、無駄なコスト、無駄な形状を余儀なくされている。

それらの不確定部の確認をすることにより、コスト面、設計面に役立つデータを取ることができる。

②コア技術のアイデアに優劣がつかない場合の確認

同一条件で実験装置をつくり、同じ条件の試験を行い優劣をつける。

この場合、明らかに優劣がつけばいいのだが、えてして目に見える優劣がつかないことがある。

そうした場合の判断としては、生産技術者を交えて生産面、製造面、コスト面などを比較検討して最終判断を行う。

最終判断は、プロジェクトリーダーが決定するが、このとき恣意的な判断をすると、後々の開発員の志気にも影響するので、判断基準を明確にしておくことも必要である。

③類似技術との比較試験

独自性のある新製品開発であれば、類似品はなく自社優位の開発ができるが、思わぬところから類似技術の競合品が出てくる場合もある。

その類似技術を実験室で確認し、自社製品との相違点、優位性、差別化技術などを比較検討する。

比較検討することにより、将来ライバルとなる企業の実体（技術力の先進性、応用力、創造性など）を把握できる利点もある。

MEMO

18　製品化プロセスの決定

　製品化プロセスを開発段階から予測して、それに沿って開発をするのが、開発担当者の役割の一つでもある。
　新製品には量産化タイプと非量産化タイプの二つがある。両タイプとも製品化プロセスとして一部異なるところがあるが、基本的には変わらない。
　新製品は、新材料、新部品、新規の機構、あるいは新規の制御ソフトなど、新しい技術が多く使われている。したがって、新製品は製造部門への技術移転業務も兼ねている。
　そのため開発設計段階から、ＱＣ的手法やＩＥ的手法を取り入れ、スムーズに新技術の移転ができるシステムをつくり、プロセスを予測し、準備しておくことも、開発プロジェクトチームには求められる。

　製品化プロセスを成功させるためには、当該プロセスに参画する部門が役割を認識して、設計・製造の共同作業を機能させることが必要である。
　素晴らしい新製品の共同作業のプロセスをつくっても、それを動かす責任感の強いリーダーがいない限り、せっかくのプロセスは活きてこない。プロセスを活かし機能させるには、開発プロジェクトリーダーが引き続き製品化プロセスを引き継ぐのが最良の方法である。

　製品化プロセスを実行するリーダーが、新製品を担当する事業部や製造部門出身だったりすると、事前にこの製品化プロセスについて、根回し的なコンタクトをしておかないと、開発プロジェクトチームで策定したプロセスの決定を、無視したり変更してしまうことがしばしば発生す

る。これらを防止するには、開発プロジェクトチームは開発段階から関係部署には、絶えず情報を提供し、情報の共有化を図る必要がある。

　新製品開発が進行するにつれて、予測から決定へと変わっていく。
　技術移転（生産部門へ引き渡す）は、各自の管理項目や責任範囲を明確化し、決定項目として決定される。できれば試作段階で予測して、プロセスどおりに機能させ、最終決定することもいい方法である。
　決定前のプロセス予測は、開発プロジェクトチームがまとまっていないとうまく運ばない。開発プロジェクトは専門家の集団であるから、それぞれが有機的に結合し、つねにコミュニケーションが図られ、チームワークがよくないとばらばらになり、プロセスの予測すらできなくなるので注意が必要である。

MEMO

19　スペックの設定

　新製品開発のコンセプト、ターゲットが決まり、開発はスタートする。
　開発プロジェクトチーム全員は、性能をはじめとする品質要求事項を確認し、共通の認識を共有する。
　その後、新製品開発のユニットごとに担当者が決まる。担当者は、担当したユニット部の設計図（基本設計図）を作成する。
　設計図ができた時点で、開発会議において設計審査（デザインレビュー）を行い、他ユニットとのインターフェイス部（取り合い部分）を確認した後に、詳細なスペックを確定していく。
　ターゲット先が感性に関する要素が多い新製品開発の場合は、設計図ができた時点で、開発会議において設計審査を行い、スペックを確定する。
　とくに外観デザインを重視するターゲット先の場合には、このような方法が有効だと思われる。
　スペック決定は、開発会議の設計審査を経て決まるが、それ以前の非公式のインフォーマルな開発プロジェクトチーム内の技術交換の場での話のなかからヒントを得ることも多々あるので、自由な意見交換ができる場は重要である。
　なかには自分の担当のスペックだけを守ろうとしたり、他ユニットのインターフェイス部をおろそかにすると、整合性のないアンバランスなスペックとなるので、十分な注意が必要である。
　新製品開発での一般的なスペックとしては、次のものがある。

①性能、能力に関するもの
②品質、機能、機構、使用材料などに関するもの

③形状など、主要寸法に関するもの

　以上を一般的にスペックと称し、設計図の進行により予測スペックから確立されたスペックへと絞り込まれていく。
　部品図を描く前の設計図では、すべてのスペックが決定していることが条件となる。

MEMO

20　コストの推定

　新製品開発のコストは、曖昧なコスト設定から始まる。

　企画段階では、総開発費として設定する。これは、開発費用（おもに開発要員の人件費）、製作費（材料、加工、組立、購入品、外注費など）、試験費（試験費用）に分けて、総開発費（総コスト）を算出する。これは企画立案者の経験と開発部門からの提出資料により作成される。

　この段階でのコストは、予算取りを目的としている。

　開発が始まると、開発プロジェクトチームでは、開発コンセプトや要求品質に基づき、最終スペックによる設計図（部品図を描く前の図面で、寸法、材質など、あらゆる情報が記載されている）によりコスト（おもに製造コスト）を出す。

　プロジェクトチームでは、上記図面をもとに材料表（材料寸法、材質、購入品、個数、重量などを記載）を作成し、組立図、部品詳細図を添付して生産管理部門の資材・購買担当者にコストの見積を依頼する。

　個々で算定されるコストは材料費、加工費、組立費、外注加工費、現場諸経費からなる。

　プロジェクトチームからの依頼した図面、材料表は、技術重視のため安全側に設計したり、高い材料を指定したり、精度の高い加工を要求しているため、通常この時点でのコストは高くなるのが普通である。

　この時点での開発設計手法、賛否両論があると思われる。

　開発進行時の開発会議では、生産面、コスト面の議題は出るが、まず性能面の技術重視の方向に傾く傾向がある。

　したがってこの時点で見積もった製造コストは、コストダウンの要素の入っていない技術重視をベースとした製造コストと考えられる。

上記設計によりつくられた新製品の各種性能確認試験終了後は、事業化のためのコストパフォーマンスが行われる。
　この段階では最終的な価格を決定するための製造コストの算出を行う。このコスト会議にはＶＥ（ＶＡ）手法を使う。
　ＶＥの基本は、性能・機能を低下させずコストを引き下げることを主目的とするものである。
　参加者はコストのかかっている材料、資材、購入品および加工法（寸法、形状など）について、図面に基づいて徹底的に、技術面、生産面（加工・組立など）、材料面から、コストの削減を検討する。
　その製造コストにより、自社の販売価格が決められる。
　この会議では、性能や機能が不変ならば、できる範囲でコストダウンすべきである。

MEMO

21　試作品の社内評価

　試作品の社内評価は、性能試験確認時または終了時に実施する。
　参加者は、開発担当部門、営業部門、マーケティング部門、移管先事業部門などで、性能面など開発時の品質要求を満たしているか否かを評価する。
　ここでの参加者は、開発過程の開発会議にも出席していて、開発の経緯や設計仕様の策定については、すでに承知しているはずであるが、製品化された試作品を見るといろいろと異なった評価をする。

　試作品の評価対象は性能面、能力面などの評価が主となる。
　そのすべてが計画どおりできていると欲が出て、デザインが悪いとか、重すぎるとか、もっと能力アップできないかとか、根幹ではない部分の構造、機構部をこんな構造、機構にできないかなど、自分の主義を押しつけてくる。
　最終形状やデザインについては、事前に図面などで説明をしてあっても、現物の試作品を見ると変わるものである。その指摘が説得力のある、的を射たもっともな案であれば、早急に再試験をしたり、改善を施すことになる。
　社内評価では、相当辛辣な意見も出るが、それぞれの立場の意見と考え、柔軟な対応ができる心構えが必要である。
　参加者は、その部門の代表として建設的な評価と意見交換を行い、事業化に向けて推進する。

①開発部門（おもに開発プロジェクトチーム）の立場
　性能確認試験を行えば、計画した要求品質との差異はすぐにわかる。

今後やるべき問題点や課題も、ほぼ推定できる。事業部移管時のコストダウン会議では、柔軟な対応が求められる。

しかし、性能、機能に影響するコストについては、守るべき点は主張することが必要である。

②営業部門

市場（顧客）ニーズの最前線にいる営業部門は、営業で求めている要求・要望が試作品に反映されているかという目で評価する。

営業には、こんな物が欲しいなど、客先からの要求は多くあるはずである。

③マーケッティング部門

市場強化、新市場開拓にマッチした開発（試作品）となっているか、という評価をする。

その開発製品が顧客ニーズ対応製品にしろ、自社独自の差別化製品にしろ、市場から喜ばれる製品化の観点から評価する。

④移管先事業部門

移管される新製品がつくりやすく、組み立てやすい構造になっているかなど、事業部門の生産面（資材購買、生産技術、製造技術）から評価する。

その評価資料が、その後のＶＥ会議、ＶＥ設計、標準化に向けての重要な資料となる。

22　改良試験

　新製品開発においては、計画どおりにいくのがまれで、改良試験は必ずついて回る試験であるともいえる。
　とくに独創的な新製品開発では、諸々のトラブルは付き物である。

　通常、新製品開発では、設計の節目節目ごとに開発会議（デザインレビュー）を開催し、図面段階でも、不確定要素をその会議の場で解決する方法を取っているが、試運転や性能確認試験を開始すると、予期せぬトラブルが発生する。
　このような場合は、まずトラブルの原因を見つけ、改良を行い、再度確認試験を行う。

　改良を行う目安としては、計画した性能、能力が確保できないときの改良について、時間がかかる場合がある。
　この場合はそれまでの資料（図面、技術資料〈計算書も含んだ〉、開発会議〈デザインレビュー〉議事録など）と試作品そのものを一つ一つチェック確認し、問題点を見つける。
　経験的には、計算ミス、手配ミス、加工ミス、組立ミスなどが考えられる。
　このような初歩的なミスの防止策としては、必ず他者のチェックを受け、それぞれの責任範囲を明確にして徹底させることが有効である。

　また、目でわかるトラブル、不具合の原因は容易に判断できるが、技術的な欠陥となると、原因を突き止めるには、多くの時間を費やすことになる。

万一、技術的な欠陥の場合、複合化された欠陥となっている例もある。
　通常は動力系、伝達駆動系、構造・機構面、材質面などを総合的に検討することにより、大まかな欠陥予測はつく。

　最終的には社内外の専門家に現状を見てもらい、欠陥個所を確定し、再設計をし、改良試験を行い、結果を判断して性能確認試験に移行する。
　また、以上の見直しの結果、重大な技術的欠陥が生じた場合は、社内外の研究所や専門家に改良試験を依頼することもある。

　改良試験のデータは必ず資料化し、図面を改正し、改正理由も記録しておく。
　これを怠ると欠陥のまま事業化され、同じトラブルが販売後の発生する危険があるので注意が必要である。

MEMO

23　共同研究（または開発）・技術交流

　共同研究も、技術交流も、よりよい新製品を開発するためには必要である。

　共同研究の場合は、共同研究をどちらが提案したかで、共同研究の内容も立場も異なってくる。
　自社で共同研究（または開発）を提案した場合は、自社では能力的にできない技術、または技術導入をしたほうがよい製品となるなどが考えられる。
　この場合の共同研究契約は慎重に行う。相手方の対応次第では開発ができなくなるので、共同研究の範囲、開発した新製品の帰属権（たとえば製造実施権、販売権、ロイヤリティーなど）を決め、お互いに悔いのない共同研究を行いたい。
　一方、他社から共同研究を提案された場合は、自社の技術力や開発力を見込まれての提案と考えられる。
　この場合も、契約はきちんと慎重に行う。
　こうしたケースでは、契約前の担当者ベースでの共同研究会議では、それぞれ納得し、持っている技術の提案、開発範囲、協力体制を話し合い了承しても、いざ契約の段になると、いずれかの開発責任者が、それまでの事前打合せを無視して建て前論を主張し、契約が破棄されたり契約が遅れたりする例がよくある。
　開発責任者は、開発部門担当者との報・連・相コミュニケーションを普段から密にしておくことが必要である。

　技術交流は、共同研究とくらべるともっと広義に考えられる。

技術交流は、技術情報を入手するためには有効な手段で、新製品開発を志向する企業では、多くの技術交流に顔を出し、多くのヒントを技術交流のなかから吸収することである。
　技術交流には以下の方法がある。

①社内技術交流
　社内での部門外の技術に対しては、意外に疎いものである。
　異なる機種のなかに、新製品開発に活用できる類似技術、参考技術が埋もれている。
　社内の技術発表会、部門間の技術交流会などに積極的に参画して、社内の保有技術を知ることも必要である。
　各部門で保有している技術をデーターベース化してあれば、どこにどんな技術があるかを確認することもできる。

②社外技術交流
　学会、大学、公的研究機関、見本市、展示会等々の技術交流については、ことあるごとに出席して、人的、物的な交流での技術情報の入手が必要である。
　社外の技術交流は、ただ単に研究報告や論文発表を聞くだけでなく、その後のパーティーなどにも積極的に出席し、その雑談のなかからの得られる本音情報も重要である。

MEMO

24　技術導入の検討

　新製品開発で、技術導入を検討する状況とは、自社の新製品開発が、他社ですでに確立した技術として使用されているか、特許調査で、他社が出願している事実があり、それに代わる技術がない場合である。

　技術導入の可否検討は、技術導入の損得の評価から始まる。
　技術導入をすることによって、開発期間が短縮でき、先駆けて新製品化できることによるメリット、先行することで、その技術の周辺の応用技術のノウハウ取得ができるというメリットなどを検討する。
　万一、技術導入先企業が同業の競合会社の場合はどうするかなど、戦略的な問題も絡んでくる。
　技術力の乏しい中小企業が、新製品開発で活性化するためには、異業種交流会での会員同士の技術導入による新製品開発、大学、公的機関や大企業の休眠特許からの技術導入による技術の活用などが提案されている。

　自社に必要な技術は、自らの足と目で情報を収集し、基本的には自社独自の新製品を開発するために技術導入を考えることが必要である。
　その場合には、自社の経営資源、自社の技術力で対応できる技術を導入することである。
　自社のポテンシャル以上の技術導入は、技術者の負担となり、プライドも自信も喪失し、やる気もなくしてしまう。
　経営者として、技術導入をして新製品開発を行う場合、思い込みや導入技術に酔うことなく、冷静な判断が求められる。
　技術導入に際しては、以下の点に留意しなければならない。

①技術導入先(企業、大学、公的機関研究所、個人等々)の調査
②技術導入の評価と確認(他分野への流用と応用技術の特許調査など)
③技術導入による自社への貢献度
④技術導入による技術の取扱いと技術契約の明確化
⑤技術導入による技術交流の促進、または共同研究(開発)の可否など

MEMO

25　加工性の確認とチェック

　独創的で独自性のある新製品開発の場合、従来の加工技術や製造方法では対応できない場合が出てくる。
　新しい加工部品、新規の構造・機構には必ず新しい加工技術が求められる。
　設計段階では、こんな形状で、こんな精度で、使用材料はこれで、使用条件はこれこれと、要求品質から導き出して設計図を作成する。
　開発担当者は新規の機構部の構成部品について、加工ができるのか、組立ができるのかを社内の専門家（製造部門の生産技術者）または社外の専門家に相談し、その部品の試作加工を依頼する。
　その試作加工品で目処がつけば、その加工法で加工を行う。
　またさまざまな加工法を試したいときは、それぞれの加工法と加工性について比較検討を行い、最終的な加工法を採用する。
　加工法や加工性を確認し、チェックすることは、新製品開発にはつきもので、新製品のQ（品質）、C（コスト）、D（納期）に関連してくる。

①新材料の加工
　新製品開発では新材料の使用が多くなる。新材料の加工法、加工性の把握は不可欠となる。

②新品部品加工
　部品は、形状、精度、寸法、材質、使用条件などで加工方法が異なってくる。要求品質を守って、かつ加工性も加味して、加工を容易にする治具などの設計も考慮する。

③新規の構造、機構
　機構部を構成する部品の加工性や、組み立てやすい部品が求められる。
　開発担当者（おもに機械技術者）は、機構部を複雑に考えがちであるが、たとえ新規の機構でもシンプルで加工しやすく、組み立てやすい設計を心がけたいものである。
　複雑な機構や構造は、当然ながらコストがかかる。とくに機械系の開発担当者は、「シンプル・イズ・ベスト」を念頭に置いて開発設計するとよい。

MEMO

26　加工品の評価

　新製品の重要部（コア技術）の機構部に使用される加工品は、初めての形状であったり、精度や使用材料も目安や基準がないため、重要部材、重要部品については、連続耐久試験終了後分解して重要加工品の外観、寸法検査などを行って評価する。また必要なら、各種の負荷試験などを行い、加工品の適格性を別の観点から評価する。

　この評価がなされていないと、事業化後の故障や破損などの大きなトラブルの原因ともなるので、評価には細心の注意が必要である。評価項目としては、形状、材質、精度を主に行う。

①形状

　形状が性能や能力に関係する場合は、形状の比較試験による評価が必要である。最終的に製缶加工や機械加工しやすい容易な形状としたい。

②材質

　新製品のいちばん重要な部分であれば、部材にしろ加工部品にしろ、最高の材料、材質を選定する。またそれが強度部材であれば、許容応力の高い材質を設計者は選ぶ。しかし耐久試験や各種の試験などで、机上の設計時の相違がわかることにより、正しい評価ができるので、材質の変更などが可能となる。

③精度

　新製品開発では、加工精度、組立精度などは、安全を考慮して高めに設定しがちである。精度については、連続運転終了時に分解し、加工部品の精度部分の目視観察、摩耗量計測などによって、加工時との差異を

第5章　新製品を開発する

観察し、評価する。

　以上の結果は、事業部門への移管時のＶＥ会議（コストダウン）の貴重な資料となる。
　形状（寸法）、材質、精度等は品質・コストに大きく関連し、コストダウンには避けて通れない重要なところである。
　性能、機能を落とさずコストダウンするためには、生産面の立場のコストダウンと、開発部門で確認した加工品の評価の資料も、コストダウンにはなくてはならない技術資料である。

MEMO

27　セミワーク試験

　新製品開発では、新材料、新規の機構、新規の制御ソフトなど、新しい技術が多く、とくに独創的な新製品にはさらに多く採用される。

　新製品は、その新しい技術が生命線で、その技術ですべての要求品質を満足させなければならない。そのため全体の性能確認試験に入る前にセミワーク的な単体での試験を行い、要求している仕様条件を個々の単体ユニットごとに確認する試験が必要となる。

　新製品開発においては、すべてが新しい事柄で、すべてのユニットでセミワーク試験が必要かもしれないが、基本的には、自社で初めての材料、新規の機構、新規の制御ソフトなどについて、事前に単体による確認試験（セミワーク試験）を行う。

①新しい材料

　使用する新しい材料の使用個所、使用条件などが決まっているので、条件を設定して確認試験を行う。

　通常は、材料メーカーの試験室または自社の実験場で実施する。

　このセミワーク試験により、新材料使用に対する最終評価が行われる。

②新規の機構

　セミワーク試験では、その機構部のモックアップまたは縮小模型を作成し、条件を設定して、機構部の作動確認や新規採用機構の不具合部、問題点の可否などを試験で確認する。

　このセミワーク試験で注意することは、機構部の作動確認を主にすることである。

　万一性能、能力まで確認する場合は、縮小模型ではなくフルスケール

でのモックアップのほうが確認可能である。

③新規の制御ソフト

　使用方法、作動状況などから想定した機械の側から制御系への要求に従って、制御担当者がアルゴリズムを作成し、制御ソフトシミュレーションを設計する。

　完全な制御にするため、事前にあらゆる条件を設定して試験を繰り返し、ソフト上のバグを少なくしておくことが必要である。

　この作業は、ソフト開発の当然の業務であるが、新製品に関しては、これも一つのセミワーク試験と考えられる。

MEMO

28 性能確認試験

　組立、調整、試運転、各部の作動確認を終了した後、性能試験を開始する。
　通常は、開発担当者が性能確認試験方案を準備し、各種の試験のやり方、内容、日程などを関係者全員で打合せを行い、試験情報を共有して性能確認試験を始める。
　各種の試験メンバーは、この会議で決まる。試験時の安全面のチェックも同時に行う。
　性能確認試験の目的は、新製品の全体性能の確認、各機構部が要求品質を満たしているかの確認、事業化段階へのデータ収集と技術資料の作成などである。

①性能確認
　計画した性能の良否の確認を行う。たとえば、速度、回転数とか、または製造物（気体・液体・固体）であれば、その性状、量などを計測する。最終的な性能確認の判定は、計画値の仕様が基準となる。

②各機構部の要求品質の確認
　①の性能確認試験をする前に、各機構部が設計時に設定した要求品質をクリアーしているかの確認を行う。要求品質は、各機構部の性能、寸法、材質、精度などで要求品質を守ることが条件となる。

③データ収集と技術資料の作成
　とくに新規採用の機構部の機能については、あらゆる条件を設定して試験確認する。おもに品質、コストに関連する機構部の形状（寸法）、

材質、加工精度などについては、確認試験を通してデータを収集し、技術資料としてまとめる。この資料は、事業化に向けてのコストダウンや標準化への貴重な資料となる。

　以上のように、性能確認試験は重要であるから、腰を落ち着かせてやりたい。
　しかし試験途中でも、計画どおりの性能が確認され、順調に推移していると、えてして開発責任者も社内外の関係者に早く見せたいという欲が出てくる。
　以前から決まっている見学なら差し支えないが、突然来る上層部の見学者に限って、「もっと能力は上がらないか」「このような条件ではできないか」などという発言をする。そんな場合、計画した試験を中断してやらざるをえなくなる。
　これらは、ふだんからのコミュニケーションが悪いと起きるので、常日頃から、報・連・相(ほうれんそう)コミュニケーションを実践し、かつ「情報の場」を活用して、情報を発信することが必要である。
　情報が提供され、現状が把握されていれば、上記のようなトラブルは回避できる。
　新製品開発の性能確認試験は社外秘事項である。見学には細心の注意が必要である。

MEMO

29 サンプル試作

　新製品が物を製造する装置で、製造物サンプルが、気体であれ液体であれ固体物であれ、その製造物が設定した品質、規格などに合致しているか確認する必要がある。
　当然、これは性能確認試験時に確認する事項でもあるが、サンプルの試作に絞った確認も重要な試験の一部である。
　サンプル試作は、以下のような試験を行い、最適な条件を把握する。

①設定条件を変える
　サンプルをつくる装置の設定条件を変え、サンプルの出来具合を比較する。たとえばスピードを変えたり、回転数を変えることにより、サンプルの出来具合への影響度を比較し、最適な条件を確定する。

②使用原料を変える
　使用原料を変え、原料の違いによるサンプルへの影響度を調査し、使用原料の良否を見極め、最適原料を選定する。

③物理的条件を変える
　サンプルの製造に影響する物理的な条件（たとえば量、時間、温度、湿度、混合比など）を変え、その影響度合いを判定し、最適な条件を見つける。

　以上のように、サンプル試作の最適条件試験は、組合せ条件が多く、試験日数が多くなる場合は、実験計画法や田口メソッド法などを活用し、実験回数を少なくして最適な条件を確定したい。

両法（実験計画法、田口メソッド法）とも、多くの影響因子がある場合、少ない組合せ回数で最適な組合せが把握できる便利な手法である。開発期間を短縮するためにも、このような手法の活用も必要となる。

　以上の試験から最適なサンプル試作が可能になった時点で、そのサンプルを必要とするユーザーなどに、新製品（サンプル試作品）の見学会や説明会などで、デモンストレーションを行う。
　サンプル試作のデモンストレーションについては、マーケッティング部門や営業部門と連携を取り、ターゲットユーザーを絞り込み、効率的な販売戦略が必要となる。

MEMO

30　サンプルの社外評価

　新製品が製造物（気体、液体、固体）の場合、サンプル試作試験終了後は、サンプルの社外評価を得るため、サンプル製品を取り扱う販売店や利用する顧客に対し、つくったサンプルを提供し、反響、反応を調査確認する。社外評価は、サンプルの完成度を判断するためにも必要不可欠である。

①サンプル製造業者の評価
　サンプル製品を供給する製造業者には、ユーザーニーズを満足させるサンプルをつくることのできる装置は魅力的である。それらの製造業者にはサンプルを見本として提供し、それまでの類似品との違いをアピールする。また場合によっては、サンプル製造中の装置を見学してもらい、装置とサンプルの優秀性を売り込む。

②サンプルの販売代理店の評価
　サンプル製品の販売代理店または商社などにサンプルを提供し、従来の類似品との違いを体験してもらい、サンプルの評価を依頼する。

③注文依頼によるサンプル製品の評価
　一つのサンプルを提供すると、色や形状を指定するサンプル依頼の注文が多くなる。これらの依頼には、極力協力を惜しまないことである。
　依頼先は、お客様（製造業者や販売代理店）になる業者である。
　注文に応じてサンプルをつくり、そのサンプルに対する忌憚のない評価を受けることが先決である。

以上のように、サンプルで社外評価を受ける場合は、試作機でできたサンプルだけを提供するだけでなく、ユーザーが指定するサンプルも提供できるような体制にする。
　この最初の評価が悪いと、成功の確率は低下する。また、この悪い評価を解消するには、大きなエネルギーと勇気が必要である。
　しかし開発責任者のなかには、サンプルの社外評価が悪いのは、開発した装置やサンプル製品ではなく、販売部門や営業部門が悪いなどと、責任転嫁するする人もいるが、新製品開発は、企業全体で取り組む問題である。セクショナリズムや縄張り根性は禁物である。

MEMO

31 技術サービス資料の作成

　技術サービス資料の作成は、開発プロジェクトチームで行う。通常、技術サービス資料は、取扱説明書の形で、一括して文書化する。
　取扱説明書の記載事項は「運転操作に関すること」「新製品の構造、機構に関すること」「メンテナンス管理に関すること」「安全対策に関すること」などが主であるが、同時にＰＬ法（製造物責任）の観点からの説明も必要となっている。目的は安全で効率のいい取扱いをしてもらうためである。
　技術サービス資料には、社外向けと社内向けがある。それぞれにより内容が多少異なる。

①社外向けサービス資料

　おもに社外のユーザーに対する技術サービス資料で、一般的には取扱説明書の形で編集したものを、ユーザーに提供する。内容としては、
- 安全面の説明
- 新製品の構造、機構などの技術的説明
- 運転操作の説明
- 保守・メンテナンスの説明
- 特記事項、その他など

　新製品に関する技術サービス資料は、新製品をもっともよくわかっている開発担当者が書かなければならない。当事者でない他人やテクニカルライターなどに書かせることは、新製品に対する責任を放棄したと思われても反論の余地はない。

②社内向け技術サービス資料

　社内向けの技術サービス資料は、ユーザーに対する技術サービス資料と異なり、部内の人びと（営業部門〈サービス営業も含む〉や販売部門）のための資料で、新製品を理解してもらうための全般的な技術的なものと、ユーザーに対する保守点検サービス、修理メンテナンスに関するものが主となる。

　とくにサービス営業担当者は、ユーザーとの技術的な接点があるから、新製品を十分理解し、ユーザーに対して自分の言葉で技術説明ができ、技術サービスができるようにする。

MEMO

32 技術予測（品質、コスト）

 新製品の事業化段階に入る前に、生産プロセスの基本となる品質、コスト面から技術予測を行う。
 まずコストを基準にして、それに関連する品質を検討し、最終的な品質、コスト、納期（日程）を決めることが事業化への第一歩となる。

①品質とコスト

 技術的な観点から見れば、開発担当者は品質重視となるが、コストを基準とした場合、新製品の性能、機能を落とさないために守らなければならない品質を示す。
 それに対し生産製造面の立場から、性能、機能が落ちない範囲での使用材料、加工、組立て面についての、最小コストとなる改良、変更提案を行い、品質面とコスト面からの技術的なキャッチボールを行い、最終的な品質とコストを決める。
 この技術予測では、機能を守ることだけを主張したり、意地の張り合いに終始したり、力関係で意見を通すと、下げられるコストも下がらなくなる。
 またいいなりにコストを下げたために、機能が低下して事業化が失敗することもある。
 参画者の筋の通った技術論と柔軟な対応が品質を守り、コストを最小にすることができる。
 万一判断ができない場合は、変更した材料、提案された加工、組み立てやすい形状などを採用し、早急に改良・改質試験を行い、確認してから最終決定を行う。

第5章 新製品を開発する

②生産日程(納期)把握

　品質とコストの関係から、生産部門の生産日程(納期)を決めることができる。

　この日程は、特殊材料の納期、加工部品の難易度や精度、組立て・調整・試運転難易度が高いなどにより、自ずから決まる。

　品質には、個々の部品段階の品質、一部組み立てたユニット段階の品質、最終製品になったときの品質など、すべてに責任があるため、どこもおろそかにできない。

　ここで決めた技術予測(品質、コスト)が事業化の出発点となる。

MEMO

33　新製品の輸出対策

　新製品開発の場合、新製品そのものの輸出と、その技術（新技術や生産・製造技術）を輸出する二つの方法がある。
　基本的には自社独自の新製品や技術力を活かして、海外へ輸出し、発展させることが必要である。以下のように、海外戦略を明確にして新製品の輸出対策を構築するとよい。
- グローバル化をめざし、互いに共通した認識のもと、それを分かち合う関係をつくる
- 現地化を進める
- 外部からの専門知識を活用する

①新製品の輸出対策
　自社に海外担当の起点があれば、そこを中心にして海外戦略を決め、ターゲット先を絞り込み、売込みに入る。

②技術の輸出対策
　新製品そのものの輸出と異なり、技術の輸出は企業が相手となる。技術面に関する工業所有権（特許、実用新案、意匠など）や技術資料（技術データ、図面など）を海外向けに技術説明用としてまとめる。
　また、海外の専門誌や学会への発表、海外主要国への特許出願など、あらゆる対策を講じることが必要である。海外企業との最終的な契約は、技術提携、技術移転、技術交流などの関係となる。
　以上のような、製品輸出にしろ、技術輸出にしろ、これからは、市場創造型で独自性に富み、新しい価値を気づかせる新製品でないと受け入れられない。

34 技術資料整備

　新製品開発も事業化段階に進むと、開発プロジェクトチームの役割は80％程度終了したことになる。

　新製品開発の技術資料の整備については、プロジェクトチームであるがゆえに、各自が独自の整備方法を行っていて、組織的な整備ができていないところが多いようである。

　新製品開発の技術資料とは、各種の技術調査資料、開発会議（デザインレビュー）の議事録、図面、各種（仕様決定、強度）計算書、技術文献資料、国内外特許、試験データ、新製品開発報告書などをいう。

　このなかで共通な技術資料の整備は、共通ファイルに、時系列的にファイリングできるが、個人所有の技術資料は、共有化できないのが現状である。

　新製品に関するすべての技術資料が整備されていれば、事業化展開時に発生する初期トラブルやクレームなどに対する問題点の解決も、開発時の技術資料が整備されていることにより早くなる。

　たとえば、トラブル個所の計算書や材質選定などが、技術資料として、整備され、ファイルされていれば、何が原因か、その資料から容易に想定できる。

　整備のこつは、リーダーが率先して共有化、共通化を図り、個人所有の技術資料についても個人の引き出しに入れさせず、共通の棚に置くようにすることである。

　以下に共有化、共通化すべき技術資料を示す。

①開発会議（デザインレビュー）議事録

　デザインレビュー議事録は、そのときそのときの議題に対する解決案

などの議論が具体的に示され、誰がいつまでに実行するかなどが記載されている。技術面に関するすべての動きがわかり、設計方針、計算、材質が、どこでどう変わったかなどが、時系列的に記録されている。

②図面

図面には、技術のすべてが凝縮されている。また、改正、変更があれば、必ず改正日時、理由、改正個所が明示される。

しかし、改正または変更通知を出さなかったり、現場で変更したため図面を直さなかったりなどというミスも多々ある。

整備時には、必ず最終図面であることを確認して共有化することが必要である。

③計算書

計算書は個人的な技術資料と考えられ、一つの技術資料として整備されていない。

仕様決定および品質決定の計算根拠、使用材質・使用形状決定の強度計算などは一括してまとめておくと便利である。

万一、故障や破損などのトラブルがあった場合、この計算書と照らし合わせることにより、すみやかに問題点を推定することができる。

以上の項目以外でも、必要と思われる技術資料は率先して共有化、共通化を図る。

MEMO

35　品質規格の決定

　新製品開発時の品質は、図面に表示されている寸法や精度、仕様項目が品質となる。新製品の性能が確認され、事業化が始まると、生産主導のいい製品をより安く、より速く製品化する方策に基づいて、品質、コストが決定される。

　品質規格は、部品段階、組立て段階、作動確認段階、それぞれについて品質を決める。これを守るため、品質管理部門は決められた品質規格を基準に検査を行い、規格内であることを確認し記録する。

　品質規格の決定に際しては、新製品の機能を損なわず、加工しやすく、組立てやすく、調達しやすい材料など、ムダ、ムリ、ムラのない生産活動を考慮して決める。

　また、生産部門の各担当者は、自分の担当分野の要求だけに終止せず、コストダウンを前提に、新材料の採用、新形状・新機構の提案、新加工法の導入など、柔軟な発想の展開が必要不可欠である。

　品質規格は品質保証をすることで、以下の項目別に決められた品質規格に基づいて確認する。

①加工部品の品質

　加工部品は、寸法、加工精度、公差などが、決められた品質規格内に収まっているか、検査で確認する。材料の場合は、メーカーからミルシートなどを取り寄せて準備する。

②組立て後ユニット部品の品質

　組立て後のユニット部品について、外観寸法やはめ合い寸法など、品質規格で決められた部分を測定し、品質規格内に収まっていることを確

認する。

③性能上の品質
　無負荷運転時および負荷運転時の性能に関する品質規格で、仕様どおりの性能、能力を計測し、確認して記録する。

　以上、決定した品質規格に不備や問題点があれば、適正な数値にすみやかに改正し、関係者一同に周知徹底を図る。

MEMO

36　初期流動（生産立ち上げ）

　新製品を本生産する場合、試作品会議を経て、新製品の初期流動管理期間に入る。初期流動管理期間のリーダーは、会社の方針にもよるが、通常は新製品を担当する事業部から人選される。
　すぐれたリーダーに初期流動管理の全権限を与えることが、成功の第一条件となる。
　新製品には非量産製品（受注型の少量生産または単品生産）と量産製品とがある。基本的には新製品を担当する事業部門が引き継ぐが、生産立ち上げ時は重要であるから、新製品のすべてを理解している開発プロジェクトチームのリーダーがそのまま引継ぎ、初期流動管理のリーダーになることも考えられる。この場合も、期間内の全権限をリーダーに与えることが条件である。
　引継ぎ要員として、引継ぎ担当事業部の２～３人の人材（将来当該新製品の担当者となる人）をパートナーにすることにより、終了後の引継ぎがスムーズとなり、成功の確率がさらに向上する。
　新製品が量産化製品の場合でも、すぐれたリーダーのもと、全権限を与えることが成功条件となる。量産化製品の違いは、初期流動管理期間中に量産のための標準化を図るため、設計と製造部門の共同作業が入ってくることである。
　量産、非量産を問わず、新製品は新材料、新部品、新規の機構、新規の制御ソフトなどの新技術が使われているので、新製品の品質保証条件を満たすためには、ＱＣやＩＥを駆使して、Ｑ（品質）、Ｃ（コスト）、Ｄ（納期＝生産日程）、Ｓ（安全性レベル）を決め、生産管理システムを設定し、材料発注から納入までの基準や規格などを決める必要がある。

37 マーケットの大きさの推定

　新製品開発が決定し、開発方針会議で開発コンセプト、ターゲット先が確定すると、マーケットに対する「販売開発」の方針が決まる。販売開発担当者がまずやるべきことは、マーケットの大きさを調査することである。

　担当者はターゲット先に出向き、自らの目で確かめる。同時に自社の営業部門やマーケッティング部門とタイアップして、最新情報の収集に励む。

①売上高の推定

　新製品投入による市場・業界動向を把握する。また、市場強化、市場拡大予測などから売上高を推定する。

　この予測は、代替の可能性、便益性の評価、ユーザーの顕在ニーズ、潜在ニーズなど間接的な要因を加味して想定する。

②自社および他社の技術動向から

　自社と他社の製品化技術、営業販売力、流通チャンネル、市場対応策（広告、宣伝など）などを探り、かつターゲット先マーケットの大きさやニーズ、他社の競争力を想定して調査する。

　この時点で、他社との優位性、差別化技術などを、マーケットに対して発信できないようでは、何のための新製品開発か疑問となる。

　調査時の陥りやすい欠点として、主観的なマーケット調査報告をしがちであるから、十分な注意が必要である。

③新市場開拓

　新製品が潜在ニーズを呼び起こす市場創造型の製品の場合、新市場のマーケットの推定はむずかしい。

　しかし、これまでの技術動向の流れ、時代の要求、潜在ニーズの拡大、自社の提案力と市場対応策などから、新市場のマーケットの大きさは、ある程度推定できると思う。

　また自社にとっても、新市場参入への参入シナリオは重要で、イノベーション構想に基づいた新製品開発で成長発展をめざす企業戦略の一環であるから、この調査の結果が開発プロジェクトのやる気を引き出し、新たな新市場を創造する原動力にもなる。

MEMO

38 需要構造（業界特性）の基礎調査

　市場の業界特性は不確定要素が多く、より広い視野から、それぞれの市場の特異性をいかに読み込めるかが重要となってくる。
　調査対象としての市場のターゲット先の需要キャパシティなど、この市場の業界特性を把握しておくことが必要である。
　基礎調査時点の調査項目としては、以下のような調査を重点的に行う。

①需要と成長性の把握
　ターゲット先の総需要量と成長性を調査する。
　調査はターゲット先の業界特性、技術動向、市場動向を外部情報や関連企業から聴取したりして、需要の予測と成長性を把握する。
　その総需要のなかで、自社の開発製品の市場性、占有率から、売上目標を決める。
　開発プロジェクトチームに、やる気の出る目標を提供することも重要である。

②ターゲット先の業界特性の把握
　新製品の潜在ニーズを呼び起こし、新しい価値を気づかせる製品なのか、市場ニーズ対応なのかによっても異なる。
　また、その製品が市場のなかで揺籃期か、成長期か、成熟期かによっても異なるので、新製品が業界のどの位置、どの場所なのかを把握しておく必要がある。
　・競争状況
　　ターゲット先の業界において、投入する新製品の競合企業の有無、業界の成長性などを業界情報や技術情報により把握する。また、業界

特有の参入障壁についても調査する。
- 国際化

業界特性として、国際化は避けて通れない問題である。

ターゲット先の業界の国際化の問題、輸出先での製品競争力、海外生産シフト問題などを十分把握しておかないと、無駄な投資となることもあるので、綿密な調査が求められる。
- 付加価値

新製品が、ターゲット業界に対してどのような付加価値を高められるか、また、業界が求めている付加価値は何かを把握して、それに沿った新製品を提供することが製品提供企業の役割となる。

以上の調査は、販売開発担当者の調査の一つとして行う。

調査結果は、開発担当者に調査情報として流し、お互いに共有することで、新製品開発のスピードと効率化に貢献することが可能となる。

MEMO

39　新製品の呼び名の設定

　従来の新製品開発は、その新製品開発名がそのものを表し、とくに新製品の呼び名を設定することは少なかった。

　しかし製造業でも、自動車や家電製品では従来からの呼び名がついていて、固有名詞化している製品も多い。

　昔の開発者は性能のいい製品、故障しない製品で、ユーザーに喜ばれる製品づくりを最優先していたが、現在は性能、品質はもちろんのこと、感性に訴える呼び名やデザイン、色、価格、使いやすさなどの表現が、不可欠の要素となっている。

　顧客ニーズのなかにもこれらの要望が多く、それらの感性表現が売上高にも影響する時代となっている。

　これまでの製造業では、それぞれの業種により役割分担が暗黙のうちに決まり、そのなかでの新製品開発に終始していたが、現在は異業種の参入が多く、従来の発想、思考では生き残れず、新しい発想で、かつ180度反転させたような柔軟な思考が必要となってきた。

　そして多くの企業がベンチャー的な発想からか、あの企業があんな新製品を、という事例が多くなってきた。

　独創的な一品料理的製品以外の量産型の汎用製品（身の回り品、日用雑貨、環境・衛生製品など）の開発にも異業種の参入が増え、競争が激化している。

　このような汎用製品の場合、差別化技術で新たな価値を気づかせる製品開発の必要条件であるが、顧客の感性に訴えた呼び名（ネーミング）などの感性表現は重要な要素となっている。

　ネーミングで顧客の潜在ニーズを呼び起こす可能性は十分あり、これからの市場開拓の一つの糸口になると思われる。

新製品の呼び名は自ずから限定されるが、基本的にはネーミングの設定は必要である。その製品の最終ユーザーは誰なのか、消費者なのか、中間需要者（メーカー）なのか、諸々のユーザー条件によって異なるが、呼び名の設定には十分な配慮と注意が必要である。

　呼び名（ネーミング）については、社内公募をしたり、ユーザーから募集したり、またはコピーライターに依頼することもある。

　ネーミングの使い方に習熟しないで、思いつきだけで「呼び名」を採用し、大々的に公表した後に、他社から商標に抵触していると訴えられ、高い使用料を請求されることもあるので、呼び名（ネーミング）の設定には十分な注意が必要である。

MEMO

40　販売流通方式の基礎的な調査

　ターゲット先ユーザーへの販売流通ルートについては、あらかじめ調査し、新製品の販売に活かすことが必要である。

　開発初期段階から流通方式に合ったパッケージ、許容重量、形状、デザインなど、開発担当者にフィードバックすることは、販売開発者の重要な業務である。

　とくに、開発製品が自社の従来の取扱い製品と大幅に異なる場合は、従来以上の販売流通方式の綿密な調査を行い、基礎的な事項を把握しておくことが必要である。

　これからの流通システムは、ジャストインタイム（JIT）による調達システムの拡大、大手消費財メーカーを中心とした販社統合をともなった大型物流システムの新設へと変化していく。したがってメーカーといえども、卸売業に代わって小売店配送をする時代である。

　以上のような流通の変化のなかで、自社の新製品のターゲット先が中間需要者（メーカー）なのか、一般市場（顧客）なのか、個人なのかなどによって、流通への対応が異なってくる。

　おもに製造業の開発製品と流通との関連で考えてみると、以下の販売流通方式がある。

①直販方式

　直販方式は、自社の営業部門やサービス部門が主体となる販売流通で、購入者に直接発送する。

　製品の信頼性、安全性、サービスの差別化をセールスポイントにするのであれば、いい方法であると思われる。

②代理店(商社・卸売業者)販売方式

　代理店による販売流通方式は、代理店の営業活動に左右されるため、カタログや取扱説明書などを充実させ、技術的な説明会も定期的に行う。代理店の営業担当者には、売れる製品(または商品)であることをアピールする必要がある。また、自社の重点地域、重点ユーザーに対しては、同行するなりしてきめ細かい対応を行う。

③通信販売方式

　従来の製造業の開発製品では、このような流通方式はほとんど採用していないが、今後、環境関連、健康関連、福祉・介護関連などの開発製品では、量産、非量産にかかわらず、通信販売方式を検討し、いつでもコンタクトできる道筋を持つことも必要である。同様に、インターネットによるオンラインショッピングについても活用を検討し、情報化時代にいつでも対応できる下地づくりも必要である。

MEMO

41　具体的ユーザーの探索

　新製品開発では、ユーザーの明確化は必要である。
　ユーザーを明確化するためには、以下のような項目について、ユーザーの探索を行い、具体化する。

①使用目的
　何のために、誰のために、どのような場合に使用するのか、それを使用することによりどんなメリットがあるのかを探索する。
　その使用目的でユーザーを絞り込むことで、明確化が可能となる。

②必要性
　新製品の必要性について、客観的属性（科学的に表現できるもの）と感性的属性（ユーザーの欲求に対応する主観的なもの）から、ユーザーに対して新しい価値を気づかせる提案をする。

③競合品との差別化
　新製品が市場創造型の独自性の高い製品の場合、まずどの領域のユーザーをターゲットにするのか、そのターゲット先の従来の競合企業（トップメーカー）はどこかを調べ、従来製品との差別化製品であることを明確にして、ターゲットユーザーにその価値を気づかせる戦略を策定する。

④マーケットの現状
　マーケットの潜在ニーズの現状（大きさ、受容能力、使用度）を調査し、それをもとに新製品の位置づけを明確にして、マーケット構想を計

画し、需要予測を行う。

　これからは、ユーザーとの関係の質が問われる時代である。関係の質をよくすることにより、顧客の潜在ニーズを呼び起こす新製品を提案、提供することができる。

MEMO

42 市場における期待度調査

　新製品の開発が確定した段階（調査段階）で、新製品に対する市場での期待度を調査する。
　この調査は、新製品に関連すると思われるルートからの情報を主に収集する。

①営業部門（サービス営業技術担当も含む）からの情報
　営業部門担当者に依頼する。担当者は新製品を使うと思われるユーザー先での生の声の情報を自らの目と耳で収集する。
　その情報収集のなかから、ユーザーの要望、潜在ニーズ、新しい製品への期待度などを整理分析し、営業部門からの期待度調査情報として入手する。

②販売ルートからの情報
　自社製品を取り扱っている販売代理店または販売ルートからも情報を入手する。
　販売代理店や販売ルートからの生の期待度情報は、自社の営業部門からの情報と異なり、新製品に対する要求、要望、期待度がリアルで切実であるから、参考になる情報が入手できるので、要求品質に反映させられる。

③ユーザーとの面接情報
　ユーザー先（チャンピオン、ターゲット）に出向き、現状の技術動向や新製品に対する要望、期待度などを調査する。
　ユーザーの本音を引き出すのは容易ではないが、真摯な対応により、

ある程度、新製品に対する期待度、将来像などの調査はできると思う。

　そのほか、新製品（技術）の関連学会での発表、メディアへの発表、業界誌への投稿、専門家との意見交換、応用技術利用および使用法などの公開により、市場の反響、反応、評価から、市場全体の期待度をつかむこともできる。

　友人、知人などの異業種（この場合の異業種仲間の例としては、他社の同じ部門の人、大学、高校の友人、業界の人、金融機関の人、専門誌・業界誌の人、官公庁の人、広告代理店の人、納入業者など）のネットワークの情報も、非公式な情報であるが、新製品の期待度への情報としては、上記の公式情報よりも的を射た情報となる場合もある。

MEMO

43　チャンピオンユーザーの策定

　新製品は，誰に、どこになど、ユーザーターゲットを明確にする。それにより市場が決まり、売上目標も決まってくる。

　従来のように、新製品開発の動機が顧客ニーズ対応であるなら、既存のチャンピオンユーザーの動向やニーズに対応するだけで十分であるが、市場創造型の新製品で潜在ニーズを呼び起こし、新しい価値をつくる製品の場合には、自らの構想に基づいた核となるユーザーを策定し、そのユーザーに提案することが必要である。

　自社の新製品戦略（開発、販売とも）を明確にして、新製品の優位性と差別化をユーザー自身に気づかせる。その価値に気づいたユーザーがチャンピオンユーザーとなる。

　チャンピオンユーザーの策定については、従来の顧客ニーズ志向による考え方は参考にならないので、注意が必要である。むしろ、新製品の価値を気づかせる販売戦略に、チャンピオンユーザーを策定する「鍵」があると思われる。そのためには、新製品の他社との差別化（製品そのもの、価格、広告、流通など）を明確化し、新製品に対する自社のビジョンを提案することである。

　したがってチャンピオンユーザーの策定は、以下のような自社のビジョン構想から策定される。

①目的
　何のため、誰のためなのか、ユーザーに明確に提案する。

②活動領域
　誰に、どのような市場が最適か、などを提案する。

③便益性

その新製品を使うことにより、何が便利になるのか、どんなサービスが期待できるのかを提案する。

④使用の場

どんな場合に使用するのかなど、機会の創造を提案する。

⑤差別化

潜在ニーズを呼び起こし、新しい価値の提案、競合性ヒントの差別化、競争相手との差別化を明確にして提案する。

以上のように、市場創造型の新製品では、従来のチャンピオンユーザーが、新製品のチャンピオンユーザーになるとは限らない。

新しい価値観を気づかせる提案が、チャンピオンユーザーの策定となり、チャンピオンユーザーをつくる。

MEMO

44　販売提携の検討

　新製品は、自社のイノベーション構想に基づいて決定した、新しい価値観を持った製品である。そのため、販売先は、製品開発戦略を理解した販売戦略を持つことが求められる。
　販売提携を進めるには、新製品の理解はもちろんのこと、以下の点について、販売ビジョンを持っていることが条件となる。

①潜在ニーズを把握している
　マーケットの潜在ニーズを把握し、潜在ニーズを呼び起こす意欲を持っている。

②新しい価値を気づかせる販売姿勢がある
　新製品の市場性を見抜き、将来への展望を持っている。
　マーケットや顧客に対し、新しい価値観を呼び起こす営業努力、販売努力を惜しまず、新製品の価値を評価している。

③マーケットに対する知識を持っている
　マーケットに対するサービスやニーズ探索（潜在ニーズ、顕在ニーズ）を心がけ、絶えずマーケットの動向を把握し、的確な判断をしている。
　また、製造メーカーに対する要求・要望も明確で、市場状況をよく把握し理解している。

　従来のマーケティング活動である市場強化、新市場拡大などの新製品の販売活動であれば、これまでどおりの販売代理店や商社などで十分である。

第5章　新製品を開発する　263

しかし、新技術をベースとした市場創造型で、かつ独自性の高い新製品の場合、顕在ニーズ対応の販売活動とは異なり、潜在ニーズの発掘や新しい価値観の構築など、従来の販売活動では対応できない。

　とくに、これからの新製品については、従来の販売代理店や商社などに対しても、新製品の価値観は共有できるかどうかを検討し、新しい販売提携先を選別することも、新製品販売戦略上から必要である。

MEMO

45　潜在需要調査

　市場創造型の新製品に対しては、潜在需要の調査が必要である。
　潜在需要は新しい価値観となりうるので、調査は以下の観点から行う。

①ニーズの長期的傾向からの調査
　新製品の類似製品やその関連製品などの長期的傾向から、潜在している需要ニーズを調査する。

②市場調査の分析による不満の発見からの調査
　新製品の市場調査や期待度調査を分析することにより、要求、要望、不満やクレームなどから、潜在している需要ニーズを把握する。

③新しい使用方法の探索からの調査
　新製品はターゲットユーザーを想定して開発するが、新しい分野、新しい使用方法および応用技術、技術移転などの可能性探索のなかから、潜在している需要を把握する。

④将来の技術的可能性の調査
　多方面への可能性などの調査から、新製品の同業種や異業種分野などへの新製品の将来の潜在需要が把握できる。

⑤新製品の可能性と市場の魅力度調査
　新製品の可能性と市場の魅力度の大きさ、組合せを考えた調査により、埋もれている潜在需要が予測できる。

⑥改良製品(新製品類似製品)の調査

既存製品の改良製品市場での評価や将来性の調査により、潜在需要がわかってくる。

⑦自社の顧客や既存製品の用途関連の調査

自社の既存製品を使用している顧客の、将来についての要求、要望や用途関連の調査を通して、潜在需要がわかる。

⑧ニーズ予想による調査

国内外の類似製品の時系列的なニーズ動向を調査することにより、潜在している需要の傾向が把握できる。

⑨自社マーケッティング力の強みからの調査

自社マーケッティング力の強みを利用し、さまざまな角度から調査することにより、新製品の潜在需要が浮かび上がってくる。

⑩外部情報の調査

関連学会の先端技術動向、業界の技術動向、同業他社の動向、特許出願傾向、専門誌・業界誌などの情報分析から、新製品の潜在的な需要動向が把握できる。

MEMO

46　需要量と価格の関係調査

　独自性のある新製品ほど、正確な需要量を把握するのはむずかしいことであるが、「潜在需要調査」でおおまかな需要量は調査できる。一般的に量産品については、需要量と価格の関係は、需要量が増えれば製造コストは下がり、販売価格も下がるといわれている。
　一方、非量産品では、受注生産のため、生産過程でコストダウンができないと、市場からの値下げの要求に対応できない場合もある。たとえ新製品でも、競争社会では価格においても優位性を保ち、価格面での差別化も必要である。
　新製品の価格設定にはさまざまな要素があるが、以下のような考え方もある。

①新製品開発費用の償却期間から

　新製品の総開発費用を、何か月、何年で償却するか決める方法である。この場合は、新製品の販売量（需要量）の算定と、総開発費要の償却期間の設定で決まる。
　たとえば、開発可否の予想式（第1章「21　新製品開発可否の判断法」参照）を使い、総開発費用の何倍以上の売上高（需要量 × 価格）がないと、償却不可となるかを算定する。
　需要量が想定できれば、新製品1台当りの価格が決まる。その価格を販売価格にするかどうかは、最終的には経営判断で決めるが、償却期間を変えることにより、販売価格を変えることはできる。

②製造コストから

　生産活動のコストを積み上げた製造コストに、利益率を加味して販売

価格を決める。この場合も、年間何台の売上という需要量を見込むことにより、量産効果によりコストを低減することができるが、通常販売価格は、製造コストによって決まる。

　以上①、②では、需要量と価格はそれなりに関連はあるが、関係が成り立たない例も多々ある。
　新製品が新しい価値観を持った製品でも、類似製品の市場価格が先行して、市場の実勢価格（ある価格以上になると売れない）が優先することがある。その価格が、自社の製造コスト内に収まっていれば競争も可能だが、コスト割れの場合は、たとえ新製品といえども、早急なコストダウンが必要となる。しかし、価格は需要量以外でも、品質やサービスの絶対的な差別化により、高くても抵抗なく認知されることもある。

MEMO

47　製品パンフレットの作成

　新製品の目途がつき事業化段階に入ると、開発した新製品のパンフレットを作成する。
　パンフレットは市場や顧客に対して、新たな価値観を気づかせることを主目的にする。

①性能、品質の表示
　性能面においては、競合品、類似品にくらべはっきりわかる優位性を持っていることを、数字または表などで示す。その数字、表は、市場および顧客のニーズを十分満足させることが重要である。

②特徴の表示
　下記に示す項目について、特徴や差別化できていることを記述し、競合品や競合企業との差をはっきりさせる。
- 新製品の新しい価値、ユニーク性など
- 性能面・品質面での差別化
- 価格面の優位性の差別化

③新製品への企業としての対応
　新製品のアピールも大切であるが、企業が一体となって新製品に賭けている経営姿勢をパンフレットのなかに記載し、以下のような項目をアピールする。
- すぐれた営業部門（または営業技術サービス）が対応すること
- 自社の市場に対する訴求力が強いこと
- 販売促進力が強いこと

- 流通チャンネルがすぐれていること
- 企業自体に活力があり、開発風土が活性化していること

以上のように、新製品のパンフレットの作成は、まず新製品の特徴が一目でわかることが基本である。

また、製品の仕様要目や写真などの多用により、新製品のイメージが湧いてくるようにする。

市場創造型の新製品の場合は、潜在ニーズに訴えたり、新しい価値観を提案することも必要である。

これからは製品戦略の一環として「わかりやすい」「訴求力がある」「読みやすい」などを念頭に置いて制作することが必要である。

MEMO

48　テストセールの実施

　新製品のテストセールスはタイミングが重要である。
　試作機または製造物がうまくいくと、上層部は発表や事業化時期の前倒しを指示する。
　急いだために、手抜きが生じ、スタートダッシュに失敗することがあるので、テストセールスを実施する場合は万全な状態で臨むことが必要である。
　以下にテストセールスを行う場合の留意点を示す。

①新製品の完成品でのテストセールス

　試作機ですべての問題点を改善し、要求品質どおりの仕様に満足し、予定していた性能確認試験が終了してから、新規製作したモデル機でテストセールスを行う。
　テストセールスで大切なことは、仕様どおりの性能、能力を実際に作動させ発揮させることで、見学者や招待客に、新しい価値を認識させ、購入意欲を持たせることが必要だということである。
　説明は開発プロジェクトチームと営業部門で担当する。
　また見学者から、もっと速くならないかとか、もっと重いものを動かせないかなどの要求があると、冷静な対応ができなくなり、無理して動かして失敗することがある。
　テストセールスを成功させるため、このような場合を想定し、それぞれの役割を明確にして、見学者の要求、要望に対処する。
　テストセールスを成功させることが、事業化に向けての大事なステップとなる。

②製造物（気体、液体、固体）のテストセールス

　新製品が製造物の場合のテストセールスも、事業化前の重要なセレモニーである。

　この製造物を売り物として、十分に対応できる完成品であることが条件である。

　このテストセールスは、新しい価値を認識してもらうため、市場および顧客の評価を得ることが目的である。

　また、提供した製造物に対するアンケートも忘れずに行う。

　以上のように、テストセールスは新製品を見てもらい、触れてもらい、使ってもらい、新しい価値を認識してもらい、評価してもらう。

　そのときの要求、要望、意見などの評価を、事業化に向けての新製品にフィードバックして活かすことも、開発者として重要な仕事となる。

MEMO

49　販売予測

　事業化段階での販売予測は「需要量調査」「サンプルの社外評価」「テストセールスの実施時の評価」などを参考にして、販売予測を立てる。
　一方、開発費用を償却することを前提として売上高（販売量 × 販売価格）、すなわち販売予測を行うこともある。

　新製品は、潜在需要に左右される。潜在需要はさまざまな観点から調査するが、調査する人の主観も入りやすく、潜在需要からの販売予測自体、ファジーな部分を含んでいる。とくに新製品が市場創造型で潜在ニーズ対応の場合の調査は、さらにむずかしくなる。
　また、サンプルの社外評価やテストセールスを実施することにより、販売予測の精度は上がってくると思われる。
　上記の評価時に、対象のターゲット先を絞り込むことにより、かなり確率の高い評価を肌で感じることができるので、販売予測も正確になってくる。
　この予測をもとに、事業化を推進することになるので、大事な予測となる。
　しかし、市場創造型の新製品の場合は、市場の潜在ニーズの発掘と新しい価値観への動機づけによって、販売予測以上に大化けすることもある。
　この販売予測に基づいて、新製品の販売計画を立案することになるが、いかにユーザーや顧客に対して動機づけとなる仕掛けをつくるかが、販売計画の重要な要素となる。

50　販売計画

　販売計画のもとになる資料としては、「販売予測」による販売量が基準となる。

　マーケットについては、すでに「サンプルの社外評価」の依頼先やテストセールス時の見学者や招待客などの名簿で把握できているので、販売計画は立てられる。

　計画自体は、多くの調査データの資料（潜在需要調査、サンプル社外評価、テストセールス実施時の評価）で予測できるので、後は製造部門の生産能力を加味して、適正な販売計画を立てることができる。

　販売計画と同時に重要なのは、潜在ニーズを発掘し、新しい価値を気づかせる動機づけ対応が、どの程度売上に貢献できるかでる。それによって、販売計画の予測は変わる。

　販売計画を計画どおりに推進させるためには、計画に見合った仕掛けづくりを確実に行うことである。

　また、販売計画を立てるだけではなく、計画に基づいて事業を継続しなければ意味がない。

　そのためには、開発にタッチした関係者はもちろんのこと、関係者全員で、ユーザーに対し、新しい価値観を気づかせる販売活動をするバックアップ体制をつくることが必要である。

①潜在ニーズを呼び起こすための販売活動
- 品質、信頼性、安全性、価格などで優位性を活かす
- 既存のものよりすぐれた価値を提案する
- 既存のものより明確に差別化ができていることを気づかせる提案をする

- 斬新でユニーク性を他社に先行して開発し利便性を向上させたことを示す

② **新しい価値を気づかせる販売活動**
- 対人安全性を考慮している新製品であることを示す
- 環境と共存し環境に悪影響を及ぼさないことをアピールする

以上のように、販売計画を計画だけで終らせないためには、計画に沿った販売活動が必要で、その販売促進用の資料の整備が必要である。

MEMO

51　販売促進資料の整備

　販売計画を守り推進するために、販売促進を行う。
　販売促進には、促進用の資料が必要である。さらに、その販売促進用の資料の整備もまた必要である。
　新製品の販売促進用として準備すべき資料を以下に示す。

①**製品パンフレット**
　製品パンフレットは、マーケットに対して新しい価値観を気づかせることを目的とする。

②**技術サービス資料**
　技術サービス資料の中心は、取扱説明書である。技術的な説明の構成について、以下のことが説明されている。
　・性能、能力、形状などを示す仕様
　・構造、機構などの説明、運転操作などの説明
　・安全性、ＰＬ対策
　・自社のサービス特性
　したがって、本取扱説明書を読めば、新製品のすべてがわかるようになっている。

③**技術資料**
　本資料は、上記取扱説明書以外の、技術面のより詳細なデータ、特許、差別化技術の内容などをまとめたものである。ユーザーの担当技術者などから要求があったときだけ提出したり、説明用として活用する。説明

は、開発担当者または営業技術サービスの担当者が行う。

④カタログ

　カタログは、販売促進の有力な商品となる。

　カタログ制作は、開発プロジェクトチームの領域である。

　製造業などの大方の開発担当者は、試作が終了すると安心するが、新製品の特性、特徴を細かく理解しているのは開発担当者である。

　外部に委託したり、他人任せににせず、開発者自ら立案し、内容をチェックすることが大切である。

⑤ネーミング

　新製品において、ネーミングは現在見直されている。

　ネーミングは顧客の感性に訴える効果があるので、それだけで、新たな価値や潜在ニーズを呼び起こす可能性を持っている。

MEMO

52　販売方策の決定

　販売方策の決定は、新製品の製品化の目途がつき並行して行った「販売予測」「販売計画」「販売促進のための資料整備」により、煮詰まってくる。
　新製品の販売方策の目的は、潜在ニーズの発掘と新しい価値観を気づかせることである。
　また、新製品の販促を営業部門や販売部門の活動だけでは、新製品の本当の価値観、差別化製品であることを伝えきれない。
　新製品の事業化を軌道に乗せるためには、開発を担当していたときの情熱、やる気、意気込みを絶やさず、販売促進に注入することも、開発部門の役割の一つである。
　えてして従来の開発者は、開発はわれわれがやったのだから、後は営業や販売に頑張ってもらうというような考えがあるようだが、最終段階でのフォローと、技術面のバックアップがないと、新製品の販売は成功しない。
　販売方策の決定は、販促活動をスムーズに実行、実践するためのもので、広告・宣伝活動もセールスキャンペーン活動も、本方策のなかに組み込まれる。
　ここで大事なことは、決定した販売方策を確実に推進することである。
　確実に推進させるためには、販促グループ員（理想としては営業部門＋販売部門＋新製品開発担当者）の取組み方が問題となるので、販促前の十分な教育と新製品に対する理解が必要である。
　あらためて以下の点の再確認教育を行い、新製品についてすべてを共有することが必要である。

①目的(何のため、誰のためなど)
②差別化(競合相手、競争会社との相違点)
③活動領域(誰に、ターゲットなど)
④便益性(何を、何に)
⑤機会の創造(使用の場、どのような場所など)

　以上のように、一人や二人の努力では、新製品の販促活動は不可能である。
　理想的には社長自ら陣頭指揮をし、他社にないものをわれわれは開発している、というベンチャー精神を組織に浸透させることが必要不可欠である。

53　広告・宣伝活動

　広告・宣伝活動をスムーズにするためには、まずカタログを作成する。

　開発者は、新製品開発をすることで企業に貢献すると信じ、情熱を注ぐが、上手に広告・宣伝して、売るのは他人（販売部門や営業部門）と考え、カタログづくりも開発者の領域であることに気づいていない。

　製品はユーザーに買ってもらい、喜ばれ、評価され、収入を得ることが、メーカーの最終目標となる。

　そのために新製品の場合は、マーケットから評価を得るために、セールスキャンペーンやマスメディアを利用して広告・宣伝活動を行う。

　その媒体であるカタログに、開発者の夢や希望、悩みや喜びを伝達する社内システムがないと、カタログが活きてこない。

　競争に勝つためには、開発者の開発マインドを次の販促グループにバトンタッチし、共有する必要がある。

　カタログづくりは、開発者にとって新製品の仕上げであり、販促グループのセールステキストであり、スタートラインである。この連携が新製品の開発を成功させる一つの要素である。

　新製品は、売れて、評価され、利益が出て、はじめて成功といえる。新製品を開発しただけでは、ただ、モノをつくっただけのことである。

　宣伝にはタイミングもある。新製品の発表を急ぐあまり、一部の性能確認だけでプレス発表したり、業界誌などに宣伝したり、製造コストなどの確認以前に価格発表したりするなど、その後の対応に苦慮することもある。

　タイミングが悪いと、自社の信用と信頼を落とすことになるので、宣伝や広報には細心の注意が必要である。

新製品の広告・宣伝活動を行うことにより、企業イメージや知名度を高めるPR効果もある。

　同時に間接的な効果として、優秀な人材の獲得、知名度向上による企業内の活性化などの相乗効果により、いい方向へと波及すると考えられる。

MEMO

54　セールスキャンペーン

　新製品の集大成を発揮する場が、セールスキャンペーンである。
　開発者は、自分はいい製品をつくっていると自負しているが、往々にして「われわれは新製品を開発するのが役目で、後は売る人の役目である。売れないのは売り方が悪いからだ」とか「ユーザーが新製品のよさをわかっていないからだ」などとして、セールスキャンペーンに関わろうとしない者が多々いる。
　開発者は仕事にプライドを持つことは必要であるが、開発しただけ、報告書を出すだけでは、新製品開発の意味がなく、売れる新製品はできない。新製品は、最終ユーザーに買ってもらい、使ってもらい、利益が出てはじめて成功したことになる。
　開発担当者もセールスキャンペーンのスタッフとなり、セールスに専念すべきである。
　以下のように、それぞれの役割を決めて分担し、セールスキャンペーンを成功させる努力をすることが重要である。

①営業部門
　営業部門は、これまでの営業活動エリアのユーザーに対して、新製品のパンフレットやカタログを持参し、新製品の啓蒙、宣伝をおもに行う。脈のあるユーザーに対しては、販売担当者や開発担当者を派遣し、技術的な内容に関する質問などにも答えられるようにする。

②販売部門
　販売担当者は、新製品の新規開拓先に対して、潜在ニーズの掘り起こしや新しい価値観をわからせる販売活動を行う。また、営業部門からの

指示により、興味のあるユーザーに対して、販売活動を積極的に行う。

③開発担当者

　ユーザーは、新製品の詳細な技術面の打合せなどを要望する。

　そのような場合は、新製品を開発した担当者自ら出向いて説明を行い、責任ある対応をすることが、開発者の務めであるし、新製品を成功させる方策の一つといえる。

　以上は、セールスキャンペーン時のそれぞれの担当部門の役割であるが、会社全体で行うセールスキャンペーンもある。

　たとえば、展示会とか業界の見本市などに参加して、パンフレット、カタログ、新製品モデル機などを展示して、売込みを行う。

　これは宣伝が主であるが、多くの業種の人びとの目にとまるよい機会である。

MEMO

あ と が き

　1995年、中小企業事業団主催の中小企業大学校カタライザー（コンサルタント＋中小企業診断）養成合宿コースで、広瀬と渡辺の出会いがあった。
　広瀬は、当時金沢大学教授で、石川県中小企業団体中央会から推薦されて参加した。工学博士として大学で教鞭を執るかたわら、石川県技術顧問、技術アドバイザー、金沢市技術顧問、技術エキスパートなどを務め、金沢大学と企業との委託研究、新製品開発の共同研究や、日本規格協会での品質管理に関する講義、企業への指導を通じて、県内外の企業との交流は多かった。
　渡辺は、埼玉県中小企業団体中央会の推薦で参加した。中小企業診断士として、東京都や埼玉県を中心に活動する経営コンサルタントであった。とくに、異業種間の交流、創業支援、経営力改善について、積極的に取り組んでいた。
　この融合化指導の進め方を中心にしたカタライザー研修合宿の7日間に、二人は意気投合した。そして、研修修了後も、機会あるごとにいろいろな局面で、情報を交換し、多岐にわたる意見交換をした。

　この研修修了後に、二人の中小企業団カタライザーとしての活動が始まった。石川県、埼玉県、東京都の依頼による異業種交流会での新製品開発・新事業起ち上げ・創業支援などの指導はもとより、中小企業を中心とする民間企業からの経営・創業相談、経営診断、経営力（マネジメント・技術力・組織力・財務力）改善の支援・サポートを行った。また、開発助成金などの申請、契約関係、特許に関する製造販売

実施権、ロイヤリティー、さらには、開発後の成果に関すること、経営マネジメントに関することなど、さまざまな指導を行ってきた。
　それらを通じて、二人は、多くを経験し、多くを見聞きした。交流を深めるなかで、企業、とくに中小企業やベンチャー企業が生き残るためには、絶えず新しい技術、新しい製品を求め、常に問題意識、目的意識を持って、アンテナを張り、前向きに行動することの必要性を、二人は、痛感したのである。
　このような二人の経験・体験のなかから、企業が新製品開発を進めるうえで必要な手法や考え方が培われた。それは、理論的・専門的な手法と実践的・トライアンドエラー的な手法とが調和したものとなっていった。
　本書の新製品開発に対する考え方、取り組みの姿勢は、そうした二人の経験・体験から生み出され、形成されたものである。
　新製品開発は自社に利益をもたらし、社会に貢献して初めて本当の成功といえる。たとえ開発に成功したとしても、社会に受け入れられないまたは売れない製品・商品は、ムダな開発をしたことになる。
　本書は、おもにイノベーションを目指す中小企業またはベンチャー企業に向けた内容になっているが、それ以外の経営者の方々、企業の開発担当者、創業者および第二創業者をはじめ、起業を目指す学生諸君や一般の方々にも、十分に役立つと考えている。
　ぜひ、意識のイノベーションのために活用していただきたい。

2009年3月

広　瀬　幸　雄

渡　辺　直　人

■ 著者略歴

広瀬 幸雄（ひろせ　ゆきお）
1940年11月30日、石川県金沢市生まれ。
金沢大学理学部物理学科卒業、同大学院理学研究科修士課程修了後、金沢工業大学、金沢大学助教授を経て、1985年金沢大学教授、同大学大学院教授（材料強度学）。同大学学生部長、同大学共同研究センター長、同大学ベンチャービジネスラボラトリー長を歴任、2006年、金沢大学を定年退職。現在、金沢学院大学知的戦略本部長、同大学大学院教授（経営情報学）、金沢大学名誉教授、同大学大学院特任教授（信頼性システム工学）を兼任。工学博士。
2003年、「烏を寄せ付けない銅像の化学的研究」でイグ・ノーベル賞を受賞。
2004年から『月刊北國アクタス』に60回にわたり「笑える科学のススメ」を連載。2009年から「ビジネスのネタ探し」を連載中。
2009年「超音波計測による骨密度評価法の開発、育成」で文部科学省より科学技術賞（技術部門）を受賞。
著書　『ＣＩＭ・経営高度化のために』『日本型ＣＩＭ事典』日刊工業新聞社、『おはなしＱＲコード』日本規格協会、『品質管理工学』日新出版、『工業教育法』コロナ社、他多数。

渡辺 直人（わたなべ　なおと）
1942年7月24日、群馬県前橋市生まれ。
慶應義塾大学経済学部卒業。
石川島播磨重工業株式会社（現ＩＨＩ）本社新製品開発業務担当として新製品開発に関わり、1992年、同社を退職。1993年、有限会社渡辺アイエムオーを設立、中小企業診断、経営コンサルタントなどに携わる。
現在、同社代表取締役。社団法人中小企業診断協会正会員、財団法人中小企業振興公社経営相談員。中小企業診断士。

中小企業の生き残り戦略──価値創造のイノベーション

2009年4月10日　　初版1刷発行Ⓒ

著　者　　広瀬 幸雄　　渡辺 直人
発行者　　川上　徹
発行所　　㈱同時代社
　　　　　〒101-0065　東京都千代田区西神田2-7-6
　　　　　Tel 03-3261-3149　　Fax 03-3261-3237

企画・制作　いりす
　　　　　〒113-0033　東京都文京区本郷1-1-1-202
　　　　　Tel 03-5684-3808　　Fax 03-5684-3809

装丁　斉藤茂男　　印刷・製本　モリモト印刷株式会社

定価はカバーに表示してあります。落丁・乱丁はおとりかえいたします。
ISBN978-4-88683-641-0